böhlau

Herausgegeben im Auftrag der Plattform zeithistorischer politischer Archive:

Karl von Vogelsang-Institut zur Erforschung der Geschichte der christlichen Demokratie in Österreich

Kreisky-Archiv

Verein für Geschichte der ArbeiterInnenbewegung

Forschungsinstitut für politisch-historische Studien der Dr.-Wilfried-Haslauer-Bibliothek

Michaela Maier · Maria Mesner · Robert Kriechbaumer
und Johannes Schönner (Hg.)

DIE KRISEN DER DEMOKRATIE IN DEN 1920ER UND 1930ER JAHREN

Spanien – Portugal – Italien – Jugoslawien –
Ukraine – Ungarn – Rumänien – Polen – Österreich

BÖHLAU

*Zukunfts***Fonds**
der Republik Österreich

NATIONALFONDS
DER REPUBLIK ÖSTERREICH FÜR OPFER DES NATIONALSOZIALISMUS

Veröffentlicht mit der Unterstützung durch den Zukunftsfonds der Republik Österreich und den Nationalfonds der Republik Österreich für die Opfer des Nationalsozialismus

Bibliografische Information der Deutschen Nationalbibliothek:
Die Deutsche Nationalbibliothek verzeichnet diese Publikation
in der Deutschen Nationalbibliografie; detaillierte bibliografische Daten
sind im Internet über http://dnb.d-nb.de abrufbar.

Umschlagabbildungen: © VGA, Wien

© 2023 Böhlau, Zeltgasse 1, A-1080 Wien, ein Imprint der Brill-Gruppe
(Koninklijke Brill NV, Leiden, Niederlande; Brill USA Inc., Boston MA, USA; Brill Asia Pte Ltd, Singapore; Brill Deutschland GmbH, Paderborn, Deutschland; Brill Österreich GmbH, Wien, Österreich)
Koninklijke Brill NV umfasst die Imprints Brill, Brill Nijhoff, Brill Hotei, Brill Schöningh, Brill Fink, Brill mentis, Vandenhoeck & Ruprecht, Böhlau, Verlag Antike und V&R unipress.

Alle Rechte vorbehalten. Das Werk und seine Teile sind urheberrechtlich geschützt.
Jede Verwertung in anderen als den gesetzlich zugelassenen Fällen bedarf der vorherigen schriftlichen Einwilligung des Verlages.

Einbandgestaltung: Michael Haderer, Wien
Satz: Michael Rauscher, Wien
Druck und Bindung: Hubert & Co, Göttingen
Gedruckt auf chlor- und säurefrei gebleichtem Papier
Printed in the EU

Vandenhoeck & Ruprecht Verlage | www.vandenhoeck-ruprecht-verlage.com

ISBN 978-3-205-21858-6

Inhalt

Vorwort 7

Grzegorz Rossoliński-Liebe
Stepan Bandera und die Krise der ukrainischen, europäischen und globalen Demokratie. Historische Forschung, politische Debatten und Umgang mit Gewalt 13

Walther L. Bernecker
Spanien. Der doppelte Zusammenbruch der Demokratie in der Zwischenkriegszeit 25

Walther L. Bernecker
Portugal in der Zwischenkriegszeit. Von der liberalen Demokratie zur korporatistischen Diktatur 47

Federico Scarano
Die Krise der liberalen Demokratie in Italien nach dem Ersten Weltkrieg und die Machtübernahme des Faschismus 65

Marie-Janine Calic
Jugoslawien. Vom Parlamentarismus zur Königsdiktatur 81

Béla Rásky
Keine Demokratie und trotzdem Krise(n). Ungarn in den 1920er und 1930er Jahren 95

Florian Kührer-Wielach
Masse und Messianismus. Rumäniens Integrationsprozess zwischen den Weltkriegen 123

Stephanie Zloch
Zweierlei Krisen. Zeitdiagnosen und Demokratiewissen zu Polen 137

Michael Gehler
Deutsche Reichs- und Österreichs Bundesverfassung 1919–1920.
Entstehungsgeschichte und Entwicklungen im Vergleich 153

Stefan Schima
Staat und Religion in Österreich in den 1920er und 1930er Jahren 165

Helmut Wohnout
Demokratiekritik im Politischen Katholizismus und bei der Christlichsozialen
Partei 185

Wolfgang Maderthaner
Legitimationsmuster des Austrofaschismus 201

AutorInnen und HerausgeberInnen 223

Vorwort

Die vorliegende Publikation ist das Ergebnis eines Symposions, das sich im November 2022 dem Thema »Die Krisen der Demokratie in den 1920er und 1930er Jahren« gewidmet hat.

Durch die Aufarbeitung der Faschisierung mit dem Schwerpunkt auf Süd- und Osteuropa und einem besonderen Akzent auf die österreichische Entwicklung vervollständigt der Band, wenn man so will, ein geschichtswissenschaftliches Triptychon, das den Bogen spannt vom Ersten Weltkrieg und dem Zerfall der Habsburgermonarchie über Demokratie und Erste Republik bis hin zu autoritären Systemen Europas im Vorfeld des Zweiten Weltkrieges – der Band stellt damit den Abschluss einer Serie dar, die die »Plattform zeithistorischer politischer Archive« im Böhlau-Verlag herausgebracht hat. Die Dramaturgie und die Reihenfolge der hier veröffentlichten zwölf Studien folgen dem Konzept des Symposions.

Die 1920er und 1930er Jahre in Europa sind geprägt durch Widersprüche und Ambivalenzen, gesellschaftliche Aufbrüche, wirtschaftliche Krisen und Einbrüche sowie den damit verbundenen sozialen und politischen Konflikten.

Der erste Beitrag von Grzegorz Rossoliński-Liebe beschäftigt sich mit dem Mythos und dem Kult um Stephan Bandera in der Ukraine und eröffnet so einen Diskurs nicht nur über die Krise der ukrainischen und europäischen, sondern auch der globalen Demokratie. Da nach der Ermordung Banderas der Kult um seine Person in Argentinien, Australien, Kanada, Westdeutschland, England, Frankreich, Spanien sowie den USA und anderen Ländern, in denen die ukrainische Diaspora lebte, prosperierte, wurde dadurch ein höchst bedenklicher Umgang mit der ukrainischen Geschichte sowie der Geschichte des Holocaust und des Zweiten Weltkriegs globalisiert, so die These von Rossoliński-Liebe.

Nicht ohne Grund nennt Walther L. Bernecker seinen Beitrag über Spanien den »doppelten Zusammenbruch der Demokratie in der Zwischenkriegszeit«. Während des größeren Teils des 19. und 20. Jahrhunderts war Spanien eine der am tiefsten gespaltenen Gesellschaften Europas. Diese Spaltung führte zu wiederholten Bürgerkriegen und zu ständigen sozialen Spannungen. Die Jahre zwischen den zwei Weltkriegen waren eine Periode besonders heftiger Konflikte: Das System des oligarchischen Liberalismus brach zusammen (1917–1923), gefolgt vom Staatsstreich und der Diktatur Primo de Riveras (1923–1930), die Monarchie stürzte, und die Republik wurde ausgerufen (1931). Nach fünf turbulenten Jahren parlamentarischer Demokratie (1931–1936) kollabierte das demokratische System, und ein dreijähriger, zerstörerischer Bürgerkrieg (1936–1939) brach aus. Spanien war das einzige europäische Land, in dem nach einer kurzen, aber intensiven Phase politischer Massenmobilisierung die Demokratie zweimal durch direkte militärische Intervention beendet wurde. Doch auch hier war der negative Ausgang nicht zwangsläufig, das Scheitern des demokratischen Experiments war nicht vorherbestimmt. 1936 siegte bei Wahlen die Volksfront (Republikaner, Sozialisten, Kommunisten, Syndikalisten), und Manuel Azana wurde Staatspräsident. Dies führte im ganzen Land zu bürgerkriegsähnlichen Zuständen. Der Militäraufstand im Juli 1936, angeführt von mehreren Generälen, darunter Francisco Franco, stützte sich auf Monarchisten, Katholiken und die von Antonio Primo de Rivera, dem Sohn des Diktators, 1933 gegründete faschistische Falange. Der nun beginnende brutal geführte spanische Bürgerkrieg von 1936 bis 1939 wurde durch die internationale Beteiligung zu einem europäischen Bürgerkrieg.

Die besondere Situation Portugals wurde auf der Tagung ursprünglich von David Schriffl behandelt. Für den schriftlichen Beitrag zum Tagungsband stand David Schriffl bedauerlicherweise nicht mehr zur Verfügung. Die Herausgeber sind aus diesem Grund Walther L. Bernecker besonders dankbar, dass er neben seinem Beitrag über Spanien kurzfristig auch den Länderbeitrag über Portugal übernommen hat. Nach der Abschaffung der Monarchie in Portugal (1910) konnte sich aufgrund der als radikal empfundenen Wende hin zu einem demokratisch-parlamentarischen Systems keine feste Regierungsgewalt bilden. Dies wird nicht zuletzt daran deutlich, dass zwischen 1911 und 1926 acht Präsidenten und 44 Regierungen amtierten. Im selben Zeitraum fanden 20 Revolutionen und Staatsstreiche statt. Im Mai 1926 kam es schließlich zum Militäraufstand unter dem General Gomes da Costa. Dieser als »Nationale Revolution« bezeichnete Staatsstreich fand ohne ein weltanschauliches Programm statt und mündete schließlich in die Auflösung des Parlaments und der Aufhebung der Verfassung. Bei aller Kritik an westlichen Demokratien gelang es Portugal dennoch, stabile Kontakte nach allen Seiten aufrecht zu erhalten. Im Zweiten Weltkrieg blieb Portugal, das besonders freundschaftliche Beziehungen zu Großbritannien und eine enge Verbindung zu Spanien (»Iberischer Block«) hatte, neutral.

Die wirtschaftlichen Krisen, die unzähligen Streiks in den Fabriken, die permanenten Unruhen, die Inflation und der Rohstoffmangel erschütterten das Nachkriegsitalien. Das Land wurde von einer Staatsverschuldung devastiert, die von 13 auf 94 Milliarden Lire hochgeschnellt war. Das Auftreten von Gewalt im öffentlichen Raum wurde virulent. Federico Scarano beschreibt in seinem Beitrag die unmittelbar nach dem

Ersten Weltkrieg einsetzenden wirtschaftlichen, politischen und sozialen Dynamiken, die letztendlich in der Machtergreifung der Faschisten unter Benito Mussolini kulminierten.

Der südslawische Nationalstaat (das Königreich der Serben, Kroaten und Slowenen, SHS), der ab 1929 Jugoslawien hieß, bekannte sich vorerst zum liberalen Rechts- und Verfassungssystem, zur kapitalistischen Wirtschaftsordnung, zur bürgerlichen Kultur sowie zu Fortschritt von Bildung und Wissenschaft. Die strukturellen Herausforderungen wie regionale und ethnische Diversität, Revisionismus und Irredentismus führten jedoch zunehmend zu Instabilität. Die Innenpolitik war durch harte ideologische Auseinandersetzungen und wachsenden Extremismus geprägt, verschärft durch sozial-ökonomische Krisen. Wie viele junge Demokratien in Europa ging auch der SHS-Staat ab den 1920er Jahren in ein diktatorisches Regime über. Marie-Janine Calic beschreibt in ihrem Beitrag den Weg Jugoslawiens vom Parlamentarismus zur Königsdiktatur.

Ungarn war ab 1933 in Bezug auf die Kleine Entente, das Verhältnis zu Dollfuß-Österreich und den Plan Mussolinis, ein österreichisch-ungarisches Staatenbündnis unter der Patronanz des faschistischen Italien zu installieren – als ernstzunehmende Gegenmacht zu Hitlers nationalsozialistischem Deutschland – ein gewichtiger politischer Faktor. Ungarn war insofern einen Spezialfall, als es während der Zwischenkriegszeit keine Demokratie, sondern formell eine parlamentarische Monarchie war. Anstelle eines Königs wurde 1920 vom Parlament ein »Reichsverweser« gewählt: Admiral Miklós Horthy. Die Regierung war dem Parlament verantwortlich, das das Ergebnis einer – unfairen – Mehrparteienwahl war, so Béla Rásky in seiner Studie »Keine Demokratie und trotzdem Krise(n)«. Der Machtbereich des Reichsverwesers als Staatsoberhaupt erfuhr Erweiterungen, die in erster Linie weniger gegen die weitgehend lahmgelegte Linke als vielmehr gegen die erstarkende radikale Rechte gerichtet waren. Sie umfassten jedoch nicht fundamentale Befugnisse: Horthy konnte die vom Parlament verabschiedeten Gesetze bestenfalls zur Überprüfung zurückschicken, musste aber bei einem Festhalten diese dann doch verlautbaren. Er konnte das Parlament unter gewissen Umständen auflösen, musste aber dann umgehend Neuwahlen ausschreiben. Béla Rásky zeichnet in seinem Artikel die politischen Machtverhältnisse in Ungarn sowie die damit verbundenen wirtschaftlichen und sozialen Krisen jener Jahre nach.

Der Aufsatz von Florian Kührer-Wielach setzt sich mit den endogenen und exogenen Faktoren auseinander, die zum Scheitern des Demokratisierungsprozesses in Rumänien beitrugen. Inwieweit kann in Rumänien von einer »Demokratie in der Krise«

gesprochen werden? Für eine solche Krise wären demokratische Strukturen sowie demokratische Praxis die Voraussetzung. Und in der Tat, so Kührer-Wielach, sind in der rumänischen Zwischenkriegszeit Ansätze zur Demokratisierung zu finden. Diese wurden jedoch stets von der Widersprüchlichkeit der legistischen, administrativen und politischen Realität unterlaufen.

Die Zwischenkriegszeit mit ihren Demokratiegründungen wird am Beispiel Polens im Aufsatz von Stefanie Zloch näher untersucht. Die Autorin vertritt die These, dass zwischen zweierlei Krisen zu unterscheiden ist: eine, die sich auf die politische Konstellation in Polen vor 1926 bezieht, und eine andere, die, im Widerspruch dazu, durch den Übergang vom demokratischen zum autoritären Regime nach 1926 ausgelöst wurde. Für die Analyse wurden als Quellen die zeitgenössische politische Publizistik sowie einschlägige Fachliteratur zur Geschichte Polens und zu Fragen von Nation und Demokratie in polnischer, englischer und deutscher Sprache herangezogen.

Die vier letzten Beiträge widmen sich dem Schwerpunktthema Österreich:
Michael Gehler vergleicht die beiden Verfassungen von Deutschland und Österreich aus den Jahren 1919–1920. Die »Verfassung des Deutschen Reichs« wurde vom Staatsrechtler Hugo Preuß ausgearbeitet und trat mit 14. August 1919 in Kraft – dieses Datum wurde zum Nationalfeiertag der Republik in Erinnerung an die Geburtsstunde der deutschen Demokratie. Bald jedoch wurde die sogenannte »Weimarer Verfassung« von den Deutschnationalen, der völkischen Rechten und den Nationalsozialisten aufgrund der jüdischen Herkunft seines Verfassers als »undeutsch« diskreditiert. Die österreichische Bundesverfassung geht auf den Völkerrechtler und Rechtstheoretiker Hans Kelsen zurück. Am 10. November 1920 trat sie in Kraft, hatte aber von Beginn an mit erheblichen Schwierigkeiten zu kämpfen und blieb unvollständig, weil Christlichsoziale und Sozialdemokraten sich in wichtigen Punkten nicht einigen konnten. Auch Kelsen wurde aufgrund seiner jüdischen Herkunft angefeindet und letztendlich ins Exil vertrieben. Den Fragen nach den zentralen Grundsätzen der beiden Verfassungen, den Lücken und Möglichkeiten – in Deutschland wie auch in Österreich ab den 1930er Jahren – die Demokratie auszuhebeln, geht M. Gehler in seiner Studie nach.

Helmut Wohnout befasst sich mit »Demokratiekritik im Politischen Katholizismus und bei der Christlichsozialen Partei«. Er analysiert die Skepsis und die Beweggründe seitens der Christlichsozialen in Bezug auf das neue Staatswesen, die Republik Österreich. Den katholischen Eliten war der Abschied von der alten Ordnung schwergefallen – in den bürgerlichen Kreisen wurde die Republik als notwendiges Übel angesehen. Der 15. Juli 1927 – der Justizpalastbrand – ist ein gewichtiger Impuls in Richtung Radikalisierung und Abwendung von demokratischen Grundprinzipien. Die politischen Fronten verhärten sich. Ab diesem Zeitpunkt beginnt auch Ignaz Seipel, als Gegensatz zur »Formaldemokratie« der Verfassung von 1920, eine »wahre Demokratie«, basierend auf einer starken exekutiven Gewalt, heraufzubeschwören. Die sukzessive Abwendung vom demokratischen Weg und das Verlangen nach autoritärer Lösung werden immer stärker.

Stefan Schima betrachtet das Thema »Staat und Religion« vom rechtshistorischen Blickwinkel aus. Die Kontinuitäten und Umbrüche im Verhältnis zwischen (neuem) Staat und Kirche untersucht er an Hand der gesetzlich anerkannten Religionsgemeinschaften: der katholischen Kirche, der evangelischen Kirche und der israelitischen Religionsgemeinschaft. Wie werden Religionsfreiheit, Religion und Weltanschauung, die Anerkennung von Religionsgemeinschaften im Verhältnis zu bestehenden Gesetzen definiert? Von der Monarchie zur Ersten Republik und der Zeit der Diktatur »der vielen Namen« (ab 1934) bis zum Beginn des Nationalsozialismus zeichnet Schima die Stellung dieser Religionsgemeinschaften nach, deren Entwicklung jeweils vom politischen Machtgefüge abhängig war.

Wolfgang Maderthaner konstatiert in seinem Beitrag »Legitimationsmuster des Austrofaschismus«, dass im Gefolge des *Krisenszenarios* der *Großen Depression* die parlamentarische Demokratie und die (industrielle) Moderne insgesamt ihre Anziehungs- und Integrationskraft eingebüßt haben. Dem politischen Ideal der bürgerlichen Freiheiten wurde das Ideal eines autoritär-diktatorischen, vormodernen Ständestaates gegenübergestellt; der Gesellschaftsvertrag im Sinne der Aufklärung erhielt das Stigma der Blasphemie. Das seit dem März 1933 in Österreich entstandene Herrschaftssystem stellte in vielerlei Hinsicht eine historische Anomalie dar. Es ahmte äußerlich Formen des Faschismus nach, entlehnte sie dem italienischen und deutschen Vorbild und versuchte, wesentliche Elemente faschistischer Ideologie mit katholischem Klerikalismus zu verknüpfen. Es stützte sich auf soziale Trägerschichten und Eliten, die vorkapitalistischen Zeiten und der Vormoderne zuzuordnen sind. Die ideologischen Versatzstücke für die autoritär-ständische Neukonstruktion des gesellschaftlichen Aufbaus lieferte, neben einer nachwirkenden katholischen Reichsromantik, vor allem die teleologische Ganzheitsmetaphysik Othmar Spanns. Ganz in diesem Sinne entsprachen die Entwürfe zur gesellschaftlichen Neuordnung, die Legitimationsstrategien des Austrofaschismus der Ideologie und dem Bewusstseinsstand seiner sozialen Basis und intellektuellen Eliten: restaurativ, autoritär, antidemokratisch, legitimistisch, österreichisch-national – verstanden als restaurativ-diktatorischer Gegenentwurf zu den Konsequenzen der modernen Industriegesellschaft und der sie repräsentierenden Sozialdemokratie.

Unser Dank gilt den Autorinnen und Autoren, die in anregenden Beiträgen und fortgesetzten Diskussionen den Forschungsstand zur gegenständlichen Problematik gleichermaßen reflektiert und weiterentwickelt haben.

Michaela Maier, Maria Mesner, Robert Kriechbaumer,
Johannes Schönner für die Plattform zeithistorischer politischer Archive
Wien, März 2023

Grzegorz Rossoliński-Liebe

Stepan Bandera und die Krise der ukrainischen, europäischen und globalen Demokratie

Historische Forschung, politische Debatten und Umgang mit Gewalt

Die Frage der Demokratie ist für das Verstehen von Stepan Banderas Leben und der ukrainischen Geschichte zentral. Ohne Bezug auf Demokratie und demokratische Werte lässt sich Banderas Biographie nicht kontextualisieren und erforschen. Umgekehrt sagt Banderas Leben viel über die Krisen der Demokratie aus. Sein Kult verrät auch viel über die europäische Krise der Demokratie vor dem und im Zweiten Weltkrieg und auch darüber, wie sich die Demokratie nach dem Zweiten Weltkrieg nicht erholen und wie eingeschränkt sie nach der Auflösung der Sowjetunion in der Ukraine funktionieren konnte. Da der Bandera-Kult, vor allem nach seinem Tod, ein globales Phänomen war, kann man daran auch die globale Krise der Demokratie erkennen bzw. den undemokratischen Umgang mit der Geschichte des Faschismus, des Holocaust und der Gewalt in verschieden Ländern der Welt beobachten.

Eine geschichtswissenschaftliche Untersuchung von Bandera geht aber über die Frage der Demokratie hinaus und hängt vor allem von der Auswertung historischer Dokumente ab. Wichtig für Banderas Erforschung sind die Faschismusforschung, Holocaustforschung, Gewaltforschung und die osteuropäische Geschichte. In diesem Zusammenhang lohnt es sich, an den polnisch-jüdischen Anwalt Rafael Lemkin zu erinnern, der sich lebenslang damit beschäftigte, wie man mit Gesetzgebung Genozide verhindern kann, und der den Begriff »Genozid« erfunden und geprägt hat. Lemkin starb in demselben Jahr wie Bandera, hatte aber andere Erfahrungen gesammelt, verfügte über ein anderes Weltbild und vertrat radikal andere Werte als der ukrainische Nationalist, Faschist und antisowjetische »Freiheitskämpfer«.

Bandera gehörte lange zu jenen Akteuren der Geschichte, die vielen zwar dem Namen nach bekannt sind, von deren Leben und Handeln aber kaum jemand etwas Genaueres weiß.[1] Während des Kalten Kriegs war er in westlichen Ländern bei vielen antisowjetischen Aufmärschen auf Transparenten präsent. Zugleich war er ein wichtiger Bestandteil der antiwestlichen sowjetischen Propaganda. Da seine Vita und die

---

1 Der Beitrag basiert auf meiner Biografie Banderas, vgl. Grzegorz Rossoliński-Liebe, Stepan Bandera. The Life and Afterlife of a Ukrainian Nationalist. Fascism, Genocide, and Cult, Stuttgart 2014.

Geschichte seiner Bewegung nicht erforscht waren, konnte man auf ihn verschiedene Ideen projizieren und ihn als ein Symbol sowohl des nationalen Freiheitskampfes als auch des mörderischen Nationalismus benutzen.

Die ersten kritischen und komplexen Studien, die Bandera im Kontext der transnationalen Faschismusforschung untersuchten, stießen auf aggressive Ablehnung und Kritik. Sie wurden von politischen Aktivisten angegriffen, deren Weltbilder dadurch hinterfragt wurden, und von Historikern abgewiesen, die ihre Publikationen, Positionen oder Interpretationen verteidigen wollten. Dabei ist die Faschismusforschung neben der Geschichte des Holocaust und der Sowjetunion von zentraler Bedeutung, um Banderas Leben, den Kult um ihn sowie die Geschichte der Organisation Ukrainischer Nationalisten (OUN) zu verstehen. Eine kritische Erforschung der OUN ist wiederum wichtig, um eine komplexe Geschichte der Ukraine schreiben zu können und den Faschismus in Ostmitteleuropa in seiner transnationalen Dimension zu rekonstruieren. Auf der politischen Ebene birgt die Marginalisierung, Ignorierung oder Leugnung einer kritischen Bandera-Forschung Gefahren, wie in den vergangenen Jahren unter anderem an der Radikalisierung und Destabilisierung der Ukraine deutlich wurde.[2]

1. Biographie und Vorgeschichte

Stepan Bandera wurde am 1. Januar 1909 in Staryj Uhryniw geboren, einem Dorf in Ostgalizien, der östlichsten Provinz der Habsburger Monarchie. Seine Heimat war von Ukrainern, Polen, Juden, Deutschen, Tschechen und anderen ethnischen Gruppen bewohnt, von denen vor allem Ukrainer und Polen miteinander rivalisierten und sich im Nationalismus gegenseitig übertrafen. Beide erhoben den Anspruch auf die Westukraine bzw. Südostpolen. Juden hingegen wurden zum Feind beider nationalen Gruppen stilisiert, wobei sie in diesem Teil Europas im Holocaust überwiegend von ihren ukrainischen Nachbarn und Deutschen ermordet werden sollten.[3]

---

2 Für Beiträge, die Banderas Verantwortung für die Verbrechen der ukrainischen Nationalisten leugnen und die Holocaust- und Faschismusforschung ignorieren, siehe z.B. Gerhard Simon, Bandera – der überanstrengte Mythos, (8.8.2019); https://ukraineverstehen.de/simon-bandera-der-ueberanstrengte-mythos/ (Zugang 30.12.2021); Andrii Portnov, Bandera mythologies and their traps for Ukraine, openDemocracy, 22.6.2019; https://www.opendemocracy.net/en/odr/bandera-mythologies-and-their-traps-for-ukraine/ (Zugang 30.12.2021).

3 Omer Bartov, Anatomy of a Genocide. The Life and Death of a Town Called Buczacz, New York 2018; John-Paul Himka, Ukrainian Nationalists and the Holocaust. OUN and UPA's Participation in the Destruction of Ukrainian Jewry 1941–1944, Stuttgart 2021; Kai Struve, Deutsche Herrschaft, ukrainischer Nationalismus, antijüdische Gewalt. Der Sommer 1941 in der Westukraine, Berlin 2015;

Da der ukrainische Staat erst 1991 entstanden ist, waren Ukrainer lange verschiedenen imperialen und nationalen Politiken ausgesetzt. Obwohl dies aus nationaler Sicht bis heute als ungünstig interpretiert wird, förderte es die Vielfalt der ukrainischen Kultur und Selbstverständlichkeit. Bis 1914 lebten etwa 80 Prozent aller Ukrainer im Russischen Reich, das im Gegensatz zur Habsburger Monarchie eine restriktivere Politik gegenüber der Entfaltung nationaler Kulturen anwandte und die Ukraine russifizierte, indem es unter anderem mit dem Emser Erlass 1876 die Verbreitung literarischer Schriften in der ukrainischen Sprache verbot. Nach der Russischen Revolution proklamierten ukrainische Politiker im November 1917 einen Staat in Kiew, ein Jahr später in Lemberg einen weiteren. Ihre Armeen waren jedoch zu schwach, um sich erfolgreich gegen Polen und Russen zu verteidigen, die die Ukraine als ihren eigenen Territorien zugehörig verstanden. Aufgrund dieser Entwicklungen lebten in der Zwischenkriegszeit erneut etwa 80 Prozent aller Ukrainer in der sowjetischen Ukraine und etwa 20 Prozent in Polen, zu dem neben Ostgalizien auch Wolhynien gehörte.[4]

Bereits in seiner Kindheit wurden Banderas politische Ansichten und sein Weltbild von diesen gescheiterten Kämpfen um einen eigenständigen ukrainischen Nationalstaat geprägt. Als Kind beobachtete er, wie ukrainische Soldaten im Ersten Weltkrieg unweit seines Hauses in Staryi Uhryniv gegeneinander kämpften. Ebenso war er Zeuge davon, wie sein Vater Andrii Bandera 1918 an der Errichtung der Verwaltung des ukrainischen Staates in der Kreisstadt Kalusch beteiligt war und wie er die Ukrainische Galizische Armee als Kapelan unterstützte. Des Weiteren war Bandera durch die griechisch-katholische Religion geprägt, die in der Familie Bandera eine zentrale Rolle spielte, zumal Andrii Bandera ein Priester war. Im Gegensatz zu seinem Vater schrieb Stepan jedoch dem Nationalismus vor allem in seiner faschistischen Form mehr Wert als der Religion zu.[5]

2. Europäischer Faschismus und Entwicklung der OUN

Nach dem Ersten Weltkrieg befanden sich die in Polen lebenden ukrainischen Nationalisten, die immer mehr zum Faschismus neigten, in einer ähnlichen politischen Situation wie Kroaten in Jugoslawien oder Slowaken in der Tschechoslowakei. Sie

---

Rossoliński-Liebe, Stepan Bandera. The Life and Afterlife of a Ukrainian Nationalist; Dieter Pohl, Nationalsozialistische Judenverfolgung in Ostgalizien 1941–1944. Organisation und Durchführung eines staatlichen Massenverbrechens, München 1997.

4 Serhy Yekelchyk, Ukraine. Birth of a Modern Nation, New York 2007, 33–84; Frank Golczewski, Deutsche und Ukrainer 1914–1939, Paderborn 2010, 240–360.

5 Rossoliński-Liebe, Stepan Bandera. The Life and Afterlife of a Ukrainian Nationalist, 91–114.

mussten zuerst einen Nationalstaat aufbauen, um anschließend ein faschistisches Regime zu errichten. Ihre Bewegung wies jedoch große Ähnlichkeiten nicht nur mit der kroatischen Ustaša und Hlinkas Slowakischer Volkspartei auf, sondern auch mit der rumänischen Eisernen Garde, den ungarischen Pfeilkreuzlern und dem polnischen Nationalradikalen Lager.[6] Benito Mussolini bildete einige OUN-Kader zusammen mit Ustaša-Kämpfern auf Sizilien aus. Dadurch baute die OUN besonders gute Kontakte zu den kroatischen »Freiheitskämpfern« auf. Öffentliche Aufmerksamkeit erlangten zwischenfaschistische Netzwerke und die Rolle des Duces bei ihrer Etablierung unter anderem durch zwei Attentate 1934. Am 15. Juni ermordete die OUN in Warschau den polnischen Innenminister Bronisław Pieracki und am 9. Oktober fielen der jugoslawische König Alexander I. Karađorđević und der französische Außenminister Louis Barthou in Marseille der Zusammenarbeit von Ustaša und Innerer Mazedonischer Revolutionärer Organisation zum Opfer.[7]

Bevor Stepan Bandera sich der OUN anschloss, hatte er der Ukrainischen Militärischen Organisation (UVO) angehört, die 1921 in Prag durch Veteranen des Ersten Weltkriegs gegründet worden war. Die Bewegung gewann jedoch erst in den späten 1920er Jahren an Bedeutung, als andere Gruppierungen sich ihr anschlossen und sie sich für die galizische Jugend öffnete. Die 1929 gegründete OUN bestand von Anfang an aus zwei Generationen. Die ältere der um 1890 Geborenen gründete zuerst die UVO, dann die OUN und kontrollierte die Führung der OUN im Exil. Die jüngere Generation war als die Bandera-Generation bekannt. Sie bestand aus Personen, die um 1910 geboren wurden und die Landesexekutive in Südostpolen kontrollierten. Sie kannten den Ersten Weltkrieg nur aus den Berichten ihrer Eltern und träumten davon, in einem weiteren Krieg für die Freiheit ihres Landes zu kämpfen, und schreckten nicht davor zurück, Massengewalt anzuwenden. Der im Exil lebende Führer der gesamten OUN, Jewhen Konowalez, genoss, anders als sein Nachfolger Andrij Melnyk, auch den Respekt der jüngeren Generation.[8]

Umfassend faschisierte die OUN ihre Ideologie erst in den 1930er Jahren, doch einige Ideologen wie Dmytro Donzow waren bereits in den frühen 1920er Jahren davon ausgegangen, dass ukrainische Nationalisten auch ukrainische Faschisten seien. In dem 1923 veröffentlichten Artikel »Sind wir Faschisten?« erklärte Donzow, der

---

6 Zur Frage des Faschismus in Ostmitteleuropa siehe Constantin Iordachi, Introduction. Fascism in Interwar East Central and Southeastern Europe. Toward a New Transnational Research Agenda, in: East-Central Europe 2–3/2010, 161–213.
7 Stanley G. Payne, A History of Fascism, 1914–1945, Madison 1995, 406.
8 Franziska Bruder, »Den ukrainischen Staat erkämpfen oder sterben!«. Die Organisation Ukrainischer Nationalisten (OUN) 1929–1948, Berlin 2007, 118f; Grzegorz Rossoliński-Liebe, Der europäische Faschismus und der ukrainische Nationalismus. Verflechtungen, Annäherungen und Wechselbeziehungen, in: Zeitschrift für Geschichtswissenschaft 2/2017, 155–159.

großen Einfluss auf die Bandera-Generation hatte, das Programm der italienischen Faschisten und folgerte: »Wenn dies das Programm des Faschismus ist, dann sind wir meinetwegen Faschisten!« Gleichzeitig riet er aber dazu, in der Öffentlichkeit nicht als Faschisten aufzutreten, um der Bewegung nicht zu schaden.[9] Jewhen Onazkyj argumentierte zunächst, dass die Bewegung nicht faschistisch sein könne, weil kein ukrainischer Staat existiere, in dem sie ihr faschistisches Regime aufbauen könne. Erst infolge interner Debatten änderte er seine Position und behauptete, dass der Faschismus auch eine Revolution sei, die zur Staatlichkeit führe.[10] Mykola Sciborśkyj, dessen Beziehung mit einer Jüdin zu Diskussionen in der Bewegung führte, erfand das politische System für den zukünftigen OUN-Staat und nannte es »Naciokratija« (Diktatur der Nation). Obwohl er mehrmals betonte, dass dieses nicht faschistisch sei, enthielt sein Entwurf alle zentralen Charakteristiken eines faschistischen Staates.[11] Der Antisemitismus wurde in der OUN unter anderem durch Volodymyr Martyneć rassistisch umgedeutet. In der 1938 veröffentlichten Broschüre »Das jüdische Problem in der Ukraine« behauptete er, dass Juden eine fremde Rasse seien, die von Ukrainern isoliert und nach allen Kräften vom öffentlichen Leben ausgeschlossen werden sollte.[12]

Bandera, der bereits zu Schulzeiten in Kontakt mit anderen jungen Nationalisten gestanden hatte, verinnerlichte ab seinem Eintritt in die OUN 1929 diese Ideologie und trug sie aktiv mit. Er stieg in der Organisation schnell auf und stand – zunächst durch eine Haftstrafe daran gehindert – ab Anfang 1933 offiziell an der Spitze der Landesexekutive. Er organisierte mehrere Attentate, professionalisierte die ideologische, geheimdienstliche und militärische Ausbildung und verlangte von seinen Untergebenen absoluten Gehorsam. Die Zahl der Morde an OUN-Mitgliedern, die der Zusammenarbeit mit dem polnischen Geheimdienst oder ideologischer Abweichungen bezichtigt wurden, stieg unter seiner Führung deutlich an. Außerdem forcierte Bandera die Propagandakampagnen gegen polnische Schulen und andere Institutionen der Zweiten Polnischen Republik, indem er unter anderem ukrainische Schüler einbezog. Auch wenn die Radikalisierung der westukrainischen Gesellschaft durch die OUN nicht ohne weitere Protagonisten seiner Generation möglich gewesen wäre, ist sie doch maßgeblich auf Banderas Eifer und organisatorische Fähigkeiten zurückzuführen.[13]

Die OUN nutzte 1935/36 Prozesse gegen sich in Warschau und Lemberg, die wegen des Attentats auf den polnischen Innenminister Pieracki und anderer Verbrechen

---

9 Dmytro Donzow, Čy my fašysty?, in: Zahrava 1/1923, 97–102, hier 100.
10 Jewhen Onackyj, Lysty z Italiï I. Deščo pro fašyzm, in: Rozbudova natsiï 3/1928, 95; ders., Fašyzm i my (Z pryvodu statti prof. Mytsjuka), in: Rozbudova natsiï 12/1929, 397.
11 Mykola Sciborśkyj, Naciokratija, Paris 1935, 50, 84, 87, 114ff.
12 Volodymyr Martyneć, Żydivśka problema v Ukraïni, London 1938.
13 Rossoliński-Liebe, Stepan Bandera. The Life and Afterlife of a Ukrainian Nationalist, 91–116.

stattfanden, um ihren »Freiheitskampf« international bekannt zu machen. Bandera stilisierte sich nun explizit zum Führer einer faschistischen Bewegung, die die Ukraine befreien würde. Im Gerichtsaal wurde er von seinen Kampfgenossen mit faschistischem Gruß geehrt. Die Verhängung der Todesstrafe, die in Polen jedoch noch vor der Vollstreckung abgeschafft wurde, verstärkte seinen Ruhm: Bandera wurde endgültig zur politischen Kultfigur. Bereits zu dieser Zeit schrieb man Lieder über ihn und brachte junge ukrainische Freiheitskämpfer mit seinem Namen in Verbindung. Nachdem der OUN-Führer Konowalez vom sowjetischen Geheimdienst am 23. Mai 1938 in Rotterdam ermordet worden war, versuchte eine Gruppe ukrainischer Nationalisten, Bandera aus dem Gefängnis zu befreien. Seine Zeit in Haft nutzte er unter anderem dafür, junge Ukrainer zu radikalisieren, die im Zweiten Weltkrieg Massenmorde organisieren sollten.[14]

3. Staatlichkeit, Massenmorde und politische Ziele

Wenige Tage nach Beginn des Zweiten Weltkriegs brach Bandera aus dem Gefängnis in Brześć aus und begab sich nach Lemberg. Zu dieser Zeit überlegte die OUN, einen Nationalaufstand zu initiieren und einen ukrainischen Staat auszurufen, gab diesen Plan jedoch auf, weil die Westukraine aufgrund des geheimen Ribbentrop-Molotow-Paktes in die sowjetische Ukraine eingegliedert worden war. Bandera verließ wie einige hundert andere OUN-Mitglieder die Westukraine und ging nach Krakau, der Hauptstadt des Generalgouvernements. Dort wurde 1940 der Generationen-Konflikt in der OUN ausgetragen, der zur Spaltung der Bewegung in die radikalere OUN-Bandera und die »gemäßigte« OUN-Melnyk führte. Obwohl sich beide Fraktionen vehement bekämpften, kollaborierten sie beide mit den Deutschen und halfen ihnen, den Angriff auf die Sowjetunion vorzubereiten. Gleichzeitig überlegten sie, wie sie anschließend ihren eigenen faschistischen Kollaborationsstaat errichten könnten.[15]

Die OUN-B kontrollierte den Großteil des Untergrundes in der Westukraine und erarbeitete im Generalgouvernement einen detaillierten Plan, den sie »Ukrainische Nationale Revolution« nannten, für den Ausbau eines faschistischen Staates auf allen administrativen Ebenen. An seiner Verwirklichung sollten sich unter anderem die aus ukrainischen Freiwilligen bestehenden Bataillone »Roland« und »Nachtigall« der deutschen Wehrmacht sowie die sogenannten Marschgruppen beteiligen. Die OUN-B hoffte, dass die Nationalsozialisten ihren Staat akzeptieren würden und dieser ähn-

---

14 Rossoliński-Liebe, Stepan Bandera. The Life and Afterlife of a Ukrainian Nationalist, 117–166.
15 Struve, Deutsche Herrschaft, 90–118, 172–207.

lich wie die Slowakei im März 1939 und Kroatien im April 1940 zu einem politischen Organismus des »Neuen Europa« unter deren Führung werden würde.¹⁶

Auf einem Kongress Anfang April 1941 in Krakau radikalisierte sich die OUN-B weiter und leistete dadurch einen Beitrag zur Gestaltung des europäischen Faschismusdiskurses. Sie führte unter anderem den Gruß »Ehre der Ukraine! – Ehre den Helden!« ein, diskutierte die Gesundheit der ukrainischen Rasse und verdammte die Juden als Stütze der Sowjetunion. Das Führerprinzip baute sie auf dem Begriff *providnyk* auf, weil der eigentlich besser geeignete Ausdruck *vožd* bereits zuvor von Melnyk verwendet worden war. Einen Widerspruch zwischen Faschismus und Nationalismus sah die Führung der OUN-B nicht. Ganz im Gegenteil: Ihren eigenen Nationalismus verstand sie – ähnlich wie schon in den 1930er und teilweise auch 1920er Jahren – als eine Form des europäischen beziehungsweise globalen Faschismus.¹⁷

Beim Überfall auf die Sowjetunion am 22. Juni 1941 trat die OUN-B als Verbündete Deutschlands auf. Ohne die Zustimmung der nationalsozialistischen Führung begann sie, die Ukrainische Nationale Revolution umzusetzen. Obwohl die OUN-B die Abwehr und die Wehrmacht beim Krieg gegen die Rote Armee und den Sicherheitsdienst bei der Ermordung von Juden unterstützte, verbot das Reichssicherheitshauptamt (RSHA) Bandera, sich in die »befreiten« Gebiete zu begeben. Daher wurde ihr Staat am 30. Juni 1941 in Lemberg nicht durch den *providnyk*, sondern seinen Vertreter Jaroslav Stećko ausgerufen, der darüber in Briefen die faschistischen Führer Europas informierte und um Akzeptanz bat. Wenige Stunden vor der Proklamation begannen in Lemberg antijüdische Ausschreitungen, die die OUN-B mit den deutschen Truppen in einen zwei Tage dauernden Pogrom verwandelte.¹⁸ Ähnliche Pogrome, die von nationalen Feierlichkeiten begleitet wurden, fanden in vielen ostgalizischen und wolhynischen Orten statt. Bandera wurde von den revolutionären Massen als der Führer des ukrainischen Staates gefeiert. Nachdem er am 5. Juli 1941 verhaftet worden war, weil die OUN-B die Staatsproklamation nicht zurücknehmen wollte, baten Hunderte in Briefen an Hitler um seine Freilassung.¹⁹

Die Nationalsozialisten errichteten generell keine Kollaborationsstaaten in Gebieten, die bis zum 22. Juni 1941 im sowjetischen Einflussgebiet gelegen waren. Stećko

---

16 Grzegorz Rossoliński-Liebe, Der Verlauf und die Täter des Lemberger Pogroms vom Sommer 1941. Zum aktuellen Stand der Forschung, in: Jahrbuch für Antisemitismusforschung 22/2013, 213–216.
17 Grzegorz Rossoliński-Liebe, The »Ukrainian National Revolution« of Summer 1941, in: Kritika: Explorations in Russian and Eurasian History 12, (2011), 91–95.
18 John-Paul Himka, The Lviv Pogrom of 1941. The Germans, Ukrainian Nationalists, and the Carnival Crowd, in: Canadian Slavonic Papers 2–4/2011, 209–243; Grzegorz Rossoliński-Liebe, Der Verlauf und die Täter des Lemberger Pogroms vom Sommer 1941. Zum aktuellen Stand der Forschung, in: Jahrbuch für Antisemitismusforschung 22 (2013), 207–243.
19 Rossoliński-Liebe, The »Ukrainian National Revolution« of 1941, 106–113.

und einige weitere prominente OUN-B Mitglieder wurden ähnlich wie Bandera verhaftet und bis Herbst 1944 als Sonderhäftlinge des RSHA in Berliner Gefängnissen und im Konzentrationslager Sachsenhausen festgehalten. Dort war Bandera im gleichen Zellenbau untergebracht wie Horia Sima, der Führer der Eisernen Garde, und einige andere prominente politische »Ehrenhäftlinge«, zu denen auch Kurt Schuschnigg zählte.[20] Darüber hinaus verhafteten die Deutschen einige hundert weniger bekannte OUN-Mitglieder, von denen etwa 200 ins Konzentrationslager Auschwitz deportiert wurden. Da auch sie bevorzugt behandelt wurden, überlebten etwa 80 Prozent von ihnen das Lager. Unter den Gestorbenen beziehungsweise Ermordeten befanden sich jedoch Banderas Brüder Vasyl und Oleksandr.[21]

Während Stepan Banderas Zeit in Berlin und Sachsenhausen wurden in der Ukraine unzählige Juden ermordet. Die Hälfte aller ukrainischen Juden – etwa 800.000 – wurde in dem kleinen Gebiet der Westukraine getötet, wo die OUN-B trotz der Verhaftung ihrer Führungsriege die Deutschen beim Judenmord unterstützte. Damit folgte sie ihren ideologischen Prämissen, die Ukraine ethnisch zu homogenisieren bzw. die »Feinde der Ukraine«, zu denen vor allem Juden, Polen und Russen zählten, zu ermorden. Die OUN-B schickte ihre Mitglieder zur Polizei, damit sie bewaffnet wurden und die Besatzer bei den Deportationen und Erschießungen unterstützen konnten. Aufgrund der kleinen Anzahl von deutschen Polizisten in der Ukraine wäre die Ermordung von mehr als 90 Prozent aller westukrainischen Juden ohne sie nicht möglich gewesen.[22] Etwa zur selben Zeit, als die Deutschen Wolhynien und Ostgalizien für »judenfrei« erklärten, begann die Anfang 1943 von der OUN-B aufgestellte Ukrainische Aufständische Armee (UPA), dort auch massenhaft Polen zu ermorden. Mit Beginn dieser »Säuberung« der Westukraine von Polen schlossen sich ihr etwa 5.000 ukrainische Polizisten an, die zuvor die Deutschen beim Holocaust unterstützt hatten. Insgesamt ermordete die UPA zwischen 70.000 und 100.000 Polen und zwang viele weitere dazu, ihre Lebensorte zu verlassen.[23]

---

20 Grzegorz Rossoliński-Liebe, Inter-Fascist Conflicts in East Central Europe: The Nazis, the »Austrofascists«, the Iron Guard, and the Organization of Ukrainian Nationalists, in: Arnd Bauerkämper/Grzegorz Rossoliński-Liebe (Hrsg.), Fascism without Borders. Transnational Connections and Cooperation between Movements and Regimes in Europe from 1918 to 1945, Oxford 2017, 176–184.
21 Rossoliński-Liebe, Stepan Bandera. The Life and Afterlife of a Ukrainian Nationalist, 251.
22 Gabriel N. Finder/Alexander V. Prusin, Collaboration in Eastern Galicia: The Ukrainian Police and the Holocaust, in: East European Jewish Affairs 34, 2 (2004), 95–118; Grzegorz Rossoliński-Liebe, Ukraińska policja, nacjonalizm i zagłada Żydów w Galicji Wschodniej i na Wołyniu, in: Zagłada Żydów. Studia i Materiały 13 (2017), 57–79; Himka, Ukrainian Nationalists and the Holocaust; Shmuel Spector, The Holocaust of Volhynian Jews 1941–1944, Jerusalem 1990.
23 Grzegorz Motyka, Ukraińska partyzantka 1942–1960. Działalność Organizacji Ukraińskich Nacjonalistów i Ukraińskiej Powstańczej Armii, Warschau 2006, 298–413.

Bandera ist für die Verbrechen, die OUN-B und UPA während seiner Internierung in Berlin und Sachsenhausen verübten, nur indirekt verantwortlich. Viele OUN-B-Mitglieder, die während des Holocaust in der deutschen Polizei dienten, und ein Teil der UPA-Partisanen, die Polen und Juden ermordeten, identifizierten sich zwar mit Bandera und betrachteten ihn als ihren *providnyk* oder bezeichneten sich selbst als *banderivci* (Bandera-Anhänger), aber Bandera erteilte ihnen keine Befehle. Seine politische Wirkungsmöglichkeit war in dieser Zeit eingeschränkt. Die politische Leitung war in den Händen von Roman Schuchewych, Mykola Lebed, Dmytro Kliachkivśkyj und anderen, die direkt vor Ort die Morde anordneten und die »Säuberung« der Westukraine koordinierten. Als Führer der Bewegung war Bandera jedoch moralisch für die Verbrechen der OUN-B und UPA verantwortlich. Vor dem Krieg machte er kein Geheimnis daraus, dass »nicht nur Hunderte, sondern Tausende Menschenleben geopfert werden müssen«,[24] damit die OUN ihre Ziele realisieren und ein ukrainischer Staat entstehen könne. Die Massenvernichtung beziehungsweise die »Säuberung« der Ukraine von Juden, Polen, Russen und anderen »Feinden« der Organisation war ein zentraler Bestandteil seiner Ziele.[25]

4. Kalter Krieg, Mord und Neubelebung des Kultes

Am 28. September 1944 wurde Bandera aus Sachsenhausen entlassen, weil die Nationalsozialisten nach erheblichen Niederlagen Osteuropäer für den Kampf gegen die Rote Armee mobilisieren wollten. Bandera wirkte daran mit, verließ jedoch im Februar 1945 mit seiner Familie Berlin und versteckte sich in den folgenden Monaten in Österreich und Süddeutschland. Kurz nach dem Ende des Kriegs baute er mit Unterstützung des amerikanischen und britischen Geheimdienstes ein OUN-Zentrum in München auf. Die CIA, der MI6 und später auch der Bundesnachrichtendienst arbeiteten mit ihm zusammen. Sie finanzierten seine Organisation, schützten ihn und seine Familie vor dem sowjetischen KGB und bildeten seine Anhänger aus, die sie als Spione in die sowjetische Westukraine schickten, um dort Kontakt zum ukrainischen Untergrund aufzubauen. Doch weitere Konflikte innerhalb der OUN, auch wegen Banderas radikaler Ansichten und andauernder Begeisterung für den Faschismus, schwächten die Bewegung. In den frühen 1950er Jahren verspielte er das Vertrauen

---

[24] Gerichtsprotokoll, 26.1.1936, CDIAL (Central'nyj deržavnyj istorychnyj archiv u L'vovi), f. 371, op. 1, spr. 8, od. 75, Bl. 176.
[25] Grzegorz Rossoliński-Liebe, Bandera, masowa przemoc i odpowiedzialność. Czy Stepan Bandera był odpowiedzialny za zbrodnie popełnione przez OUN i UPA?, in: Zagłada Żydów. Studia i Materiały 15 (2020), 219–250.

zuerst der CIA und anschließend auch des MI6, die lieber Mykola Lebed und dessen Anhänger innerhalb der OUN unterstützten. Nur der Bundesnachrichtendienst distanzierte sich nicht von Bandera und arbeitete weiterhin mit ihm zusammen, bis er am 15. Oktober 1959 in München durch den jungen westukrainischen KGB-Agenten Bohdan Stašinskyj ermordet wurde.[26]

Der Mord an Bandera, der erst aufgeklärt werden konnte, nachdem der Attentäter sich im August 1961 der Westberliner Polizei gestellt hatte, belebte den Kult um seine Person erneut. Mehrere Tausend seiner Verehrer hatten die Westukraine im Sommer 1944 mit den Deutschen verlassen und sich nach dem Krieg in Nordamerika, Großbritannien und auch Westdeutschland niedergelassen. Für sie wurde Bandera zum Märtyrer, der wie ein Held im Kampf um die Freiheit seines Landes gefallen war. Er wurde in Dutzenden von Orten, in denen die ukrainische Diaspora lebte, jedes Jahr zu seinem Todestag mit zahlreichen Trauergottesdiensten, politischen Versammlungen oder antikommunistischen Aufmärschen geehrt. Diesem Kult setzte die Sowjetunion ihre eigene Propaganda entgegen. Ihr zufolge hätten die ukrainischen Nationalisten die Sowjetunion verraten und seien moralisch und politisch sogar schlimmer als die Nationalsozialisten gewesen, weil sie nach dem Sieg der Roten Armee ihre Landsleute in der Westukraine bis in die frühen 1950er Jahre hinein noch terrorisiert hätten. Bandera ist in diesem Diskurs zum Symbol des Verrats und der Massenmorde an sowjetischen Bürgern geworden. Die Bezeichnung *banderivci* wurde unter anderem benutzt, um gegen Dissidenten vorzugehen. Bandera wurde für die Diaspora zur Identifikationsfigur eines antisowjetischen Nationalhelden, der sein Leben für eine freie Ukraine gegeben hatte.[27]

Ab den späten 1980er Jahren, noch vor dem Zerfall der Sowjetunion, tauchte der Bandera-Kult auch in der Westukraine erneut auf. Nach 1991 wurden vor allem in Ostgalizien für den *providnyk* mehrere Denkmäler errichtet, vier Museen eröffnet und Hunderte Straßen nach ihm benannt. Ebenso wurde er im Unterricht in Schulen und an Universitäten gewürdigt. Doch erst im Laufe der Präsidentschaft von Wiktor Juschtschenko (2005 – 2010) wurde der öffentliche Kult auf die übrige Ukraine ausgeweitet. Er stieß jedoch auf politischen und kulturellen Widerstand, weil die Mehrheit der dort lebenden Menschen sich mit der sowjetischen und nicht mit der nationalistischen Geschichte ihres Landes identifizierte und in Bandera weiterhin einen Verräter sah. In den vergangenen Jahren wurde der Kult um den westukrainischen Nationalhelden – der ein überzeugter Faschist gewesen war – zumindest ansatzweise auch aus demokratischen Gründen hinterfragt. Dies sorgte in allen Teilen des Landes für Verwirrung und wurde als eine Bedrohung eigener Traditionen wahrgenommen.

---

26 Rossoliński-Liebe, Stepan Bandera. The Life and Afterlife of a Ukrainian Nationalist, 309 – 336.
27 Ebenda., 347 – 456.

Insbesondere die Faschismus- und Holocaust-Forschung erregte die Gemüter vieler Kenner der ukrainischen Geschichte und motivierte sie zur Verteidigung eigener, zum großen Teil im Kalten Krieg konzeptualisierter und bis heute nicht revidierter Denk- und Forschungsansätze.[28]

5. Schlussbetrachtung

Stepan Bandera und sein Kult verdeutlichen, wie fragil die Demokratie im 20. und am Anfang des 21. Jahrhunderts in der Ukraine, in Europa und anderen Kontinenten der Welt war und wie wichtig die auf Archivdokumente gestützte Forschung für die Demokratisierung der Gesellschaft ist. Obwohl Banderas Ziel vor allem war, einen ukrainischen Staat zu erkämpfen, schreckte er nicht davor zurück, jede Methode einschließlich der Massengewalt zu verwenden, um seine Absichten zu realisieren. Des Weiteren ging er davon aus, dass der ukrainische Staat ein faschistischer sein muss, und wollte mit Hitler, Mussolini, Pavelić, Franko und anderen faschistischen und autoritären Führern Europa regieren. Die Ermordung bzw. Vertreibung von Juden, Polen, Russen und anderen ethnischen Gruppen, die die Ukraine bewohnten, standen auf der Agenda der OUN und UPA und wurden teilweise eigenständig, teilweise in Kollaboration mit den Nationalsozialisten realisiert. Als Namensgeber und Symbolfigur einer Generation von Ukrainerinnen und Ukrainern ging Bandera in die ukrainische, europäische und globale Geschichte deshalb als ein Nationalist, Faschist und antisowjetischer »Freiheitskämpfer« ein.

Durch Instrumentalisierung und mangelnde historische Forschung wurde Bandera zu einer Projektionsfläche für verschiedene geschichtspolitische Ziele. Während der Majdan-Proteste 2013/14 in Kiew demonstrierten nicht nur neofaschistische, sondern auch die Demokratie unterstützende Ukrainer mit Bandera-Transparenten für die Annäherung der Ukraine an die EU beziehungsweise die Beendigung der prorussischen Politik. Der Bandera-Kult hat bis heute kaum an Wirkungsmacht verloren, weil bestimmte Aspekte der ukrainischen Geschichte lange Zeit einerseits nicht erforscht, andererseits bewusst tabuisiert wurden. Dazu gehörten neben der Beteiligung ukrainischer Nationalisten am Holocaust auch die Faschisierung der Bewegung beziehungsweise die innovative Schöpfung eines genuin ukrainischen Faschismus. Die Untersuchung dieser Themen war deshalb unerwünscht, weil sie Aspekte der sowjetischen Propaganda bestätigen würden. Die Erforschung der Vita Banderas und der Geschichte seiner Bewegung ist jedoch für die Demokratisierung der Ukraine zentral.

---

28 Ebenda., 459–530.

Da der Bandera-Kult nach seiner Ermordung in Argentinien, Australien, Kanada, Westdeutschland, England, Frankreich, Spanien, USA und anderen Ländern blühte, in denen die ukrainische Diaspora lebte, wurde dadurch ein undemokratischer Umgang mit der ukrainischen Geschichte sowie der Geschichte des Holocaust und des Zweiten Weltkriegs globalisiert. Obwohl viele dieser Länder demokratisch waren, verstanden ihre Behörden nicht, woran die Veteranen der OUN, UPA, Waffen-SS-Galizien auf den Bandera-Veranstaltungen erinnerten oder was sie in ihrer Zeitung veröffentlichten. Der enthusiastische Antikommunismus der Veteranen der OUN trug ebenso wie der kanadische Multikulturalismus dazu bei, dass ihr Umgang mit der Vergangenheit nicht nur als unproblematisch, sondern sogar als ein Beitrag zur Demokratie verstanden wurde. Jaroslav Stećko, der am 22. Juni 1941 in Lviv den ukrainischen Staat proklamierte und ein überzeugter Antisemit war, wurde 1983 in das Weiße Haus eingeladen, um dort den US-Präsidenten Ronald Regan und im Kongress den Vizepräsidenten George Bush zu treffen. Wie Bandera symbolisierte Stećko zu dieser Zeit den »demokratischen« Geist des Antikommunismus, weil die Sowjetunion die westliche Demokratie gefährdete. Diese Deutung der faschistischen und genozidalen Form des ukrainischen Nationalismus blieb bis heute in der Ukraine erhalten. Ob sich der Umgang mit Bandera, Stećko, OUN, UPA in Zukunft ändert, hängt von vielen Faktoren ab.

Walther L. Bernecker

Spanien

Der doppelte Zusammenbruch der Demokratie
in der Zwischenkriegszeit

Wenn für viele Beobachter die unmittelbare Phase nach dem Ersten Weltkrieg die »Stunde der parlamentarischen Demokratie« war, dann gilt diese Aussage nicht für Spanien. Vorerst erhielt das Land weder eine neue Verfassung noch eine neue Regierungsform. Allerdings lässt sich auch zur Bedeutung des Ersten Weltkriegs für die Entwicklung Spaniens sagen, dass der Krieg – wenn auch indirekt, vermittelt und zeitverschoben – zum Zusammenbruch der »Alten Ordnung« führte, die im spanischen Fall mit der konstitutionellen Restaurationsmonarchie von 1875 gleichgesetzt werden kann. In Spanien erfolgte der Zusammenbruch gewissermaßen in Etappen, deren wichtigste die Ereignisse der Jahre 1898, 1909, 1917, 1923, 1931 und 1936 waren.

Während des größeren Teils des 19. und 20. Jahrhunderts war Spanien eine der am tiefsten gespaltenen Gesellschaften Europas; diese Spaltung führte zu wiederholten Bürgerkriegen, zu zahlreichen Putschen, zu ständigen sozialen Spannungen. Die Jahre zwischen den zwei Weltkriegen waren eine Periode besonders spannungsreicher Konflikte; in jenen Jahren brach das System des oligarchischen Liberalismus zusammen (1917 – 1923), es fanden der Staatsstreich und die Diktatur Primo de Riveras statt (1923 – 1930), die Monarchie stürzte, und die Republik wurde ausgerufen (1931); es folgten fünf turbulente Jahre parlamentarischer Demokratie (1931 – 1936), an deren Ende der Kollaps des demokratischen Systems und ein dreijähriger Bürgerkrieg standen (1936 – 1939). Spanien war das einzige europäische Land, in dem nach einer kurzen, aber intensiven Phase politischer Massenmobilisierung die Demokratie zweimal durch eine direkte militärische Intervention beendet wurde.

1923 scheiterte die konstitutionelle Ordnung Spaniens zum ersten Mal. Der Wehrbereichsbefehlshaber von Katalonien, Generalkapitän Miguel Primo de Rivera, beendete das politische System der Restauration in einem unblutigen Putsch, der vielfältige zivile Unterstützung erfuhr. Der zweite Versuch, die Demokratie durch einen Militärputsch zu beenden, scheiterte 1936 und führte zu einem Bürgerkrieg. Die Frage liegt nahe, was den Unterschied zwischen 1923 und 1936 ausmachte.

1. Die Krise der Restaurationsmonarchie (1898–1923)

Fragt man nach den Krisen, die 1923 schließlich zum Zusammenbruch des Restaurationssystems führten, muss man mindestens bis ins Jahr 1898 zurückgehen. Damals verlor Spanien seine letzten Überseekolonien Kuba, Puerto Rico und die Philippinen. Bei jener in der spanischen Historiographie als »Desaster von 1898« bezeichneten Kolonialniederlage ging es nicht nur um das Ende Spaniens als Kolonialmacht; vielmehr wurde der Verlust der letzten Kolonien schon von Zeitgenossen als Zusammenbruch des gesamten Restaurationssystems, von vielen Systemvertretern gar als eine Art *finis Hispaniae* gedeutet.[1]

Zu den größten Belastungen der Restaurationspolitik in den ersten Jahrzehnten des 20. Jahrhunderts gehörte der spanische Imperialismus in Nordafrika, dessen Hintergrund der Wunsch war, nach dem Verlust der Überseekolonien eine Kompensation in Marokko zu finden, um im allgemeinen imperialistischen Wettlauf der europäischen Mächte mithalten zu können. Als Anfang Juli 1909 in Madrid die Nachricht von Gefechten mit Eingeborenenstämmen in der Nähe von Melilla eintraf, ordnete der Kriegsminister die Entsendung von Truppenverstärkungen (40.000 Mann) an. Der daraufhin ausgebrochene Proteststreik wurde schnell zu einer allgemeinen Antikriegsdemonstration. In der »Tragischen Woche« *(Semana Trágica)* wurden 21 Kirchen und 40 Klöster von radikalisierten Kräften und antiklerikalen Anarchisten niedergebrannt.[2]

Von den 1909 zu Tage getretenen Problemen wurde in den folgenden Jahren kein einziges gelöst. Das Marokkoproblem belastete weiterhin die spanische Politik. Der Krieg blieb in der Bevölkerung äußerst unpopulär, die außerdynastische Linke der Republikaner und Sozialisten bekämpfte ihn, das Heer spaltete sich in *africanistas* und *peninsulares*, die Kosten stiegen. Die Restaurationspolitiker verstanden die Warnung von 1909 nicht; sie verstrickten sich zusehends in einen Kolonialkrieg, der schließlich zum endgültigen Zusammenbruch des Restaurationssystems führen sollte.

Nach den ersten beiden Erschütterungen von 1898 und 1909, die das Restaurationssystem – wenn auch deutlich angeschlagen – noch überstehen konnte, trafen im Sommer 1917 drei Krisen aufeinander, die dem System einen tödlichen Schlag versetzten, von dem es sich nicht mehr erholte. Die erste dieser Krisen ging vom Militär aus. Die auf der Halbinsel stationierten Soldaten fühlten sich von der Regierung schlechter behandelt und weniger schnell befördert als die in Marokko eingesetzten *africanistas*.

---

1 Vgl. (aus der Fülle der Literatur zu 1898) Juan Pan Montojo (Hg.), Más se perdió en Cuba. España, 1898 y la crisis de fin de siglo, Madrid 1998.
2 Zur »Tragischen Woche« vgl. Joan Connelly Ullman, The Tragic Week. A Study of Anticlericalism in Spain, 1875–1912, Cambridge 1968.

Seit 1916 gingen die Infanterieoffiziere dazu über, als informelle Interessenvertretungen und autonome berufsständische Verbände »Verteidigungsjuntas« *(Juntas de Defensa)* zu organisieren.³ Im Frühsommer 1917 widersetzten sich die Juntas dem Auflösungsbefehl der liberalen Regierung Manuel García Prieto (1859–1938); aus der darauffolgenden Kraftprobe zwischen der Offiziersbewegung und der Regierung ging diese, die außerdem von einem Generalstreik bedroht wurde, geschwächt hervor. García Prieto musste zurücktreten, der Konservative Eduardo Dato (1856–1921) wurde im Juni 1917 neuer Regierungschef und erkannte die Juntas als Sprachrohr der Militärbelange an. In den folgenden Monaten unterbreiteten die Offiziersjuntas König Alfons XIII. wiederholt Ultimaten; durch dieses Verhalten etablierten sie eine mit der verfassungsmäßigen Exekutive konkurrierende autonome Vetomacht, die auch den König unter Druck setzte. Faktisch war damit das Ende des Restaurationssystems als funktionierendes konstitutionelles Parteiensystem erreicht, da die Zivilregierung sich effektiv dem Machtanspruch des Militärs unterordnen musste.

Der zweite Krisenherd resultierte aus dem katalanischen Nationalismus, dessen bürgerliche Träger durch die wirtschaftliche Entwicklung während des Ersten Weltkriegs ökonomisch und politisch deutlich gestärkt worden waren. Zu Beginn des Krieges hatte Spanien seine Neutralität erklärt, wenn auch im Innern eine deutliche politische Spaltung stattfand.⁴ Unabhängig von dieser ideologischen Spaltung verstand es die Wirtschaft des Landes, die offizielle Neutralität Spaniens in Handelsgewinne umzusetzen. Vor allem die katalanische Wirtschaft erlebte als Lieferant der kriegführenden Mächte – besonders der *Entente* – einen bedeutenden Aufschwung. In Zusammenhang mit der *Juntero*-Rebellion erblickte nun die katalanische Bourgeoisie im Sommer 1917 die Chance, ihren Einfluss auf die Madrider Regierung zu erweitern, die katalanische Autonomie auszubauen und eine Verfassungsrevision im Sinne einer föderalistischen Staatsstruktur herbeizuführen. Diese Ziele verfolgte das (trotz Regierungsverbots erfolgte) Parlamentariertreffen in Barcelona *(Movimiento Asambleista)*, an dem schließlich allerdings nur katalanische Abgeordnete teilnahmen.

Die dritte, gleichzeitig auftretende Krisensituation entstand aus dem im August 1917 von der sozialistischen Gewerkschaft *Unión General de Trabajadores* (UGT) ausgerufenen »revolutionären Generalstreik«, dessen Hintergrund die Verschlechterung der sozio-ökonomischen Lage der Arbeiterschaft war. Diese wiederum resultierte aus der Kehrseite der wirtschaftlichen Kriegsentwicklung: In ihrer Studie über die Industriewirtschaft während des Ersten Weltkriegs und in der ersten Nachkriegszeit haben José Luis García Delgado und Santiago Roldán nachgewiesen, dass und wie die Kriegssituation sich auf Spanien und seine Wirtschaft auswirkte. Äußerlich do-

---

3 Carolyn P. Boyd, Praetorian Politics in Liberal Spain, Chapel Hill 1979.
4 Fernando Díaz-Plaja, Francófilos y germanófilos. Los españoles en la guerra europea, Barcelona 1973.

minierten die Anzeichen von Prosperität: Überschuss in der Zahlungsbilanz, beachtliche Gewinne im Industriesektor. Längerfristig waren die Folgen der kriegsbedingten Außenwirtschaftssituation verheerend; nach 1918 geriet die spanische Wirtschaft in die Krise, ihre Struktur wurde geschwächt, da während des Krieges ein Prozess der Entkapitalisierung stattgefunden hatte.[5] Die sozialen Auswirkungen der Kriegsentwicklung gingen zulasten der Arbeiterschaft: In der Textilindustrie blieben die Löhne lange Zeit eingefroren; der Anstieg der Sparquote der großen Masse der Bevölkerung blieb weit hinter den Preissteigerungen und der Erhöhung der Geldumlaufgeschwindigkeit zurück, so dass von einer Verarmung der Mehrheit und einer Bereicherung der Minderheit gesprochen werden kann. Der schließlich im August 1917 – zum gleichen Zeitpunkt wie die katalanische Parlamentarierversammlung – von den Sozialisten ausgerufene »revolutionäre Generalstreik« (die anarchosyndikalistische Gewerkschaft *Confederación Nacional del Trabajo* CNT blieb weitgehend marginalisiert) wurde allerdings weder von den oppositionellen Katalanen noch von den revoltierenden *junteros* unterstützt. Im Gegenteil: *Lliga*-Chef Francesc Cambó (1876–1947) und die katalanische Industriebourgeoisie wurden sich sehr schnell ihrer Klasseninteressen bewusst und bekannten sich unmissverständlich zur Restaurationsordnung; das Militär schlug im Namen von Recht und Ordnung den Arbeiteraufstand rücksichtslos nieder.[6]

Obwohl somit im Sommer 1917 die Proteste des Militärs, der Arbeiterschaft und der politisch organisierten Katalanen gleichzeitig artikuliert wurden und eine Staatskrise heraufbeschworen, erfolgte kein zielgerichtetes Zusammenwirken. Zu unterschiedlich waren Voraussetzungen und Interessen. Im Grunde genommen läutete jedoch die Krise von 1917 das Ende der Restaurationsära ein. Besonders dramatisch verliefen in der unmittelbaren Nachkriegszeit die wirtschaftliche Entwicklung und, in ihrem Gefolge, die sozialen Auseinandersetzungen. In der Nachkriegsdepression mussten allein in Katalonien 140 Textilfabriken schließen, im Baskenland standen die Werften leer, Bergwerke sowie die Eisen- und Stahlindustrie mussten zu Kurzarbeit übergehen und massenweise Arbeiter entlassen. Die angespannte Situation im Sozialbereich führte zwar zu gewissen staatlichen Zugeständnissen (1919 Einführung des Achtstundentages in der Industrie durch die liberale Regierung Romanones, 1920 Schaffung des Arbeitsministeriums); insgesamt jedoch sah sich die Arbeiterbewegung in die Defensive gedrängt.[7]

In Katalonien begannen die Unternehmer 1919 eine (bis zur Diktatur Primo de Riveras 1923 andauernde) Großoffensive gegen die Arbeiterorganisationen, die jenen

---

5 Santiago Roldán/José Luis García Delgado, La formación de la sociedad capitalista en España, 1914–1920, 2 Bde., Madrid 1973.
6 Gerald H. Meaker, The Revolutionary Left in Spain 1914–1923, Stanford 1974.
7 Juan Antonio Lacomba Avellán, La crisis española de 1917, Madrid 1970.

Landesteil zum Schauplatz der wohl heftigsten Sozialkonflikte im damaligen Nachkriegseuropa machte. Die gedungenen Pistolenschützen *(pistoleros)* der Unternehmerseite und die radikalisierten Anarchosyndikalisten lieferten sich in Barcelona fast täglich Gefechte und Straßenschlachten, deren prominenteste Opfer der konservative Ministerpräsident Eduardo Dato (1922) und der gemäßigte CNT-Führer Salvador Seguí (1923) waren.

Neben dem industrialisierten Katalonien war 1918–1920 die Situation besonders auf dem andalusischen Land konfliktreich. Seit der klassischen Darstellung von Juan Díaz del Moral über die andalusischen Unruhen werden jene Jahre das »bolschewistische Triennium« genannt;[8] zweifellos wurden die zahlreichen Landbesetzungen und Agraraufstände – der Höhepunkt wurde 1919 mit 200 und 1920 mit 183 Landarbeiterstreiks erreicht – von den aus Russland eindringenden Nachrichten über die dortige Revolution beeinflusst, wenn auch die Kenntnis über die Ereignisse im entfernten Russland sehr beschränkt gewesen sein dürfte. Das revolutionäre Fieber jener Jahre erfasste vor allem einen Flügel der Sozialistischen Partei, aus dessen Abspaltung 1920/21 – zusammen mit einer ebenfalls minoritären Fraktion der Anarchosyndikalisten – die »Kommunistische Partei Spaniens« *(Partido Comunista de España)* hervorging.[9]

Den letzten Anstoß zum endgültigen Zusammenbruch des Systems lieferte erneut die Kolonialpolitik in Marokko. Die während des Ersten Weltkriegs unterbrochenen militärischen Operationen waren seit 1919 unter Hochkommissar Dámaso Berenguer (1873–1953) wiederaufgenommen worden. Im Juli 1921 erreichte eine Kette demütigender Niederlagen im Krieg gegen die Rifkabylen sodann ihren Höhepunkt: General Manuel Fernández Silvestre erlitt bei Annual, während eines schlecht koordinierten Vormarsches auf das zwischen Ceuta und Melilla gelegene Alhucemas, eine geradezu vernichtende Niederlage, die ihm der Kabylenführer Mohammed Abd el Krim beibrachte (1880–1963).[10] *El desastre de Annual* kostete über 12.000 spanische Soldaten das Leben; seit 1909 waren damit über 20.000 Spanier im Marokkokrieg, der die spanische Regierung damals die astronomische Summe von sieben Millionen Peseten pro Tag kostete, gefallen. Nach Annual setzte die Suche nach den Verantwortlichen für die Katastrophe ein. Der amtliche Untersuchungsbericht wurde vorerst nicht publiziert; unter den Militärs bestand jedoch kein Zweifel darüber, dass die Ursache des Debakels in der Unfähigkeit der zivilen Regierungen, im »Verrat der Heimatfront«, in den chronischen Führungskrisen der dynastischen Parteien und der dadurch bedingten Widersprüchlichkeit der Kolonialpolitik zu sehen war.

---

8 José Luis García Delgado (Hg.), La crisis de la Restauración: España entre la Primera Guerra Mundial y la Segunda República, Madrid 1986.
9 Guy Hermet, Los comunistas en España, Paris 1972.
10 David S. Woolman, Rebels in the Rif. Abd El Krim and the Rif Rebellion, Stanford 1968.

Die Restaurationsmonarchie hatte eine Epoche von bis dahin beispielloser Stabilität eingeleitet. Es war zugleich die »bürgerliche« Epoche schlechthin, in der die verschiedenen Fraktionen der Oligarchie sich an der Macht ablösten und durch ein ausgeklügeltes Manipulationssystem lange Zeit zu verhindern wussten, dass die aufstrebenden Schichten des Republikanismus und Sozialismus ihre Machtposition gefährden konnten.

Die seit der Jahrhundertwende verschärften Konflikte zwischen den dynastischen Parteien trugen dazu bei, dass das Militär bis 1923 seine strukturelle Autonomie weiter ausbauen konnte. Zeitweilig konnte es eine mit der Exekutive konkurrierende militärische Vetomacht errichten. Nach dem endgültigen Zusammenbruch des *turno*-Systems in der Staatskrise von 1917 bis 1923 war es sicherlich kein Zufall, dass am Ende der Restaurationsära eine politische Situation erreicht war, die – bei erneutem Eingreifen des Königs in die Regierungsgeschäfte und direkter Intervention des Militärs in die politische Sphäre – derjenigen ähnelte, die in der »Ära der *pronunciamientos*« im 19. Jahrhundert vorherrschend gewesen war.

2. Die Diktatur Primo de Riveras (1923–1930)

Am 13. September 1923 erfolgte schließlich das *pronunciamiento* des Generalkapitäns von Katalonien, Primo de Rivera. Der von der katalanischen Bourgeoisie begrüßte Staatsstreich wäre fehlgeschlagen, wenn der König ihm seine Unterstützung verweigert hätte. Im vollen Bewusstsein der Folgen seiner Handlung ernannte aber Alfons XIII. Primo de Rivera zum Präsidenten eines Militärdirektoriums. Damit fand das konstitutionelle System von 1876 sein Ende.

Die strukturellen Ursachen des *pronunciamiento* von 1923 waren die im Verfassungssystem niedergelegte politische Dominanz der Krone gegenüber dem Parlament und die durch ihre Bindung an die Krone begründete Autonomie des Militärs. Die elitäre Grundstruktur der dynastischen Parteien, ihre starre zentralistische Ausrichtung und ihre mangelnde soziopolitische Integrationsfähigkeit verhinderten, dass das System der Restaurationsmonarchie breiter legitimiert und politisch abgesichert wurde. Von entscheidender Bedeutung war die Haltung der katalanischen Bourgeoisie, die – wie viele Zeitgenossen – aufatmete, als der Staatsstreich Primo de Riveras erfolgte. Äußerlich wurde mit dem *pronunciamiento* eine autoritäre Lösung der Staatskrise angestrebt, deren Symptome unübersehbar waren. Seit 1917 hatten sich 15 Regierungen im Amt abgelöst, die *Cortes* waren wiederholt vertagt worden, die Presse wurde ständig zensiert, bei den Wahlen von 1923 enthielt sich die Hälfte des Wahlkörpers, die soziopolitischen Auseinandersetzungen hatten einen Höhepunkt erreicht. Tatsächlich aber ging es um viel mehr.

Durch den Staatsstreich Primo de Riveras versuchten die dominanten Schichten der Restauration, einschließlich der Krone, das System von 1876 zu perpetuieren. Die unkontrollierbar gewordenen Arbeiterorganisationen sollten unterdrückt (Anarchosyndikalisten) oder voll in das System integriert (Sozialisten), die Interessen der Agrar- und Finanzoligarchie durch die Macht des Militärs gewahrt werden. Der Schlag gegen das konstitutionelle System der Restauration erfolgte zu einem Zeitpunkt, als eine Verschiebung der Macht von der Oligarchie auf neue soziale Schichten in den Bereich der politischen Möglichkeiten gelangte. Diese reale Gefährdung des Restaurationssystems galt es zu verhindern.

Primo de Rivera hat selber wiederholt die Argumente geliefert, die seinen Staatsstreich legitimieren sollten. »Terrorismus« und »soziale Unordnung« gelte es zu bekämpfen, der »verdeckte« Separatismus Kataloniens, der allerdings eine ökonomische Zusammenarbeit nicht ausschloss, müsse unterbunden werden. Gegenüber dem liberalen Merkantilismus von Wirtschaftsminister Santiago Alba sollte zur Beruhigung von Cambós *Lliga* eine protektionistische Zollpolitik durchgesetzt werden. Hinzu kamen die schon traditionellen Themen des Regenerationismus wie Moralisierung des öffentlichen Lebens, Rettung des Vaterlandes und infrastruktureller Ausbau Spaniens.[11]

Zum Zeitpunkt des Staatsstreichs erfuhr Primo de Rivera vielfältige Unterstützung, vor allem aus Kreisen der Wirtschaft. Sowohl die ländliche wie die städtische Bourgeoisie hatten die atmosphärischen Bedingungen für den Staatsstreich geschaffen, indem sie immer wieder sagten, sie könnten dem sozialen Radikalismus nicht Einhalt gebieten, wenn sie weiterhin auf die parlamentarischen Politiker vertrauten. Der Katalanist Cambó behauptete sogar, in Vertretung der katalanischen Großbourgeoisie, dass die Diktatur in Barcelona geboren worden sei und Ergebnis des dortigen *ambiente* war. Alle »normalen« Methoden zur Bekämpfung der gewerkschaftlichen Demagogie, argumentierte er, seien fehlgeschlagen. Deshalb sei eine neue Form der Bekämpfung sozialer Unruhen erforderlich geworden. Die Euphorie, mit der die katalanischen Industrie- und Handelskammern den Diktator begrüßten, wurde von diesem mit »sozialem Frieden« und den höchsten Schutzzöllen in Europa belohnt.

Soziologisch betrachtet, resultierte die Diktatur aus der anfänglichen Konvergenz zweier dominanter Gruppen: der Agraroligarchie des Zentrums und der Industriebourgeoisie der Peripherie. Äußerlich blieb die katalanische Bourgeoisie zwar distanziert; faktisch erfolgte jedoch jene Art von Unterstützung, die zwar nicht die politi-

---

11 Zusammenfassende Analysen der Diktatur liefern Shlomó Ben-Ami, Fascism from Above, Oxford 1983; Jordi Casassas Ymbert, La dictadura de Primo de Rivera (1923–1930), Barcelona 1983; James H. Rial, Revolution from Above. The Primo de Rivera Dictatorship in Spain, 1923–1930, London 1986; María Teresa González Calbet, La Dictadura de Primo de Rivera, Madrid 1987.

sche Führung anstrebte, aus ihrer Haltung aber ökonomischen Nutzen zog. Zu den Unternehmern gesellte sich als weitere Regimestütze die Kirche, die umworben und mit vielen Privilegien auf dem Erziehungssektor ausgestattet wurde.

Das Militär stand dem Staatsstreich anfangs reserviert gegenüber. Zwar opponierte kein General gegen die Machtübernahme Primo de Riveras, aber seine Pläne zu einem möglichen Rückzug aus Marokko stießen im Heer auf Ablehnung. Gerade die Kolonialpolitik sollte dem Diktator jedoch schließlich großes Prestige und die Unterstützung der Armee einbringen. Der Angriff Abd el Krims auf Französisch-Marokko hatte einen Umschwung in der spanischen Nordafrikapolitik bewirkt. In Zusammenarbeit mit den Franzosen führte Spanien eine kriegerische Operation durch, bei der spanische Truppen 1925 bei Alhucemas landeten. 1927 konnte der Marokkokrieg im Wesentlichen als beendet, das Protektorat trotz anhaltender gelegentlicher Guerrillatätigkeiten als »befriedet« gelten.[12]

Zu all diesen Gruppen gesellte sich noch, zweifellos einzigartig im europäischen Kontext, die Unterstützung der Diktatur durch die Sozialisten. Unter Rückgriff auf die katholische Soziallehre nahm Primo de Rivera noch vor der Falange in den 1930er Jahren die Verschmelzung von Nationalismus und Sozialismus vor. Der Diktator war zweifellos am Wohlergehen der Arbeiterschaft interessiert. Ihm schwebte in seiner paternalistischen Grundeinstellung eine Interessenharmonie zwischen Kapital und Arbeit vor. Die Zusammenarbeit der Sozialisten mit dem Regime erfolgte vor allem durch die paritätischen Schiedsgerichte *(Comités Paritarios)*, die seit 1926, übrigens gegen den erklärten Willen der Unternehmer, zur Regelung von Arbeitskonflikten im Industriebereich eingerichtet wurden. UGT-Chef Largo Caballero wurde »Staatsrat« für Arbeitsfragen. In den Jahren der Diktatur sanken die sozialen Auseinandersetzungen deutlich. Hatte es 1923 noch 465 Streiks gegeben, ging diese Zahl in den Folgejahren auf durchschnittlich 100 zurück.

Erst 1929 distanzierten sich die Sozialisten von der Diktatur. Sie weigerten sich, an der »Beratenden Versammlung« *(Asamblea Consultiva)* teilzunehmen, mit der Primo de Rivera seinem Regime seit 1926 eine repräsentative Fassade geben wollte. Auch nach ihrer Distanzierung von der Diktatur blieben PSOE und UGT allerdings vorsichtig. Der republikanischen Verschwörung schlossen sie sich erst spät, im Oktober 1930, an.

Die »dynastischen« Parteien durchliefen nach 1923 einen schnellen Auflösungsprozess. Viele ihrer führenden Mitglieder liefen zu republikanischen Parteien oder zur regimekonformen *Unión Patriótica* über. Diejenigen, die eine klare Gegnerschaft zur Diktatur bezogen, wurden verfolgt, ihrer Ämter enthoben oder verbannt. Auch die katalanische *Lliga* erlitt dieses Schicksal. Von den alten Parteien konnte Alfons XIII.

---

12 Shannon E. Fleming u.a., Primo de Rivera and Spain's Moroccan Problem, 1923–1927, in: Journal of Contemporary History 12, 1977, 85–99.

nach Beendigung der Diktatur nicht die Rettung seiner Krone und der liberal-konstitutionellen Monarchie erwarten. Die republikanischen Parteien wiederum erfreuten sich eines regen Zuspruchs.

Nachdem die Diktatur errichtet war, fand ein Institutionalisierungsprozess statt. Die politischen Instrumente der Restaurationsmonarchie (*Cortes*, Provinziallandtage, Stadtverwaltungen) waren funktionslos geworden. Das »Provisorium« musste überwunden werden, da dessen Aufrechterhaltung über kurz oder lang eine Rückkehr zu jenem »alten« System bedeutet hätte, das gerade abgeschafft werden sollte. Hinzu kam die Gefahr, die von der demokratischen Opposition ausging. Wollte man nicht zur »alten« Ordnung zurückkehren, blieb nur deren Reform oder die Schaffung einer »neuen« Ordnung. Die schließlich anvisierte Lösung resultierte aus dem Zusammenwirken des paternalistischen Konservativismus Primo de Riveras und des korporativistischen Autoritarismus der traditionellen Rechten: Der Übergang vom Militärdirektorium zu einer Zivilregierung 1925, der Ausbau der paramilitärischen Bürgerwehr *Somatén*, der (fehlgeschlagene) Versuch einer Massenmobilisierung durch die *Unión Patriótica*, vor allem aber die Schaffung des Pseudoparlaments *Asamblea Nacional Consultiva* stellten die Elemente einer Verständigung zwischen den verschiedenen Fraktionen dar.

Mit diesen Institutionen sollte einerseits die politische Mobilisierung bestimmter sozialer Schichten für eine ständige Unterstützung der Diktatur und zugleich die Organisation einer »Notablenelite« erreicht werden, die als neue »politische Klasse« fungieren würde. Andererseits ging es um die Schaffung einer neuen Legalität und Legitimität. Hierzu aber bedurfte es, nachdem die Verfassung von 1876 außer Kraft gesetzt worden war, einer neuen Konstitution. Die Ausarbeitung dieser neuen Verfassung war die wichtigste Aufgabe der *Asamblea*. Der im Juli 1929 der Öffentlichkeit vorgelegte Entwurf wurde aber von Liberalen, Monarchisten und Republikanern einhellig als absolutistisch im Inhalt und undemokratisch in der Entstehung abgelehnt. Der Verfassungsentwurf war Ausdruck der traditionellen Gegnerschaft der Rechten gegen eine parlamentarische Regierung. Die Minister sollten nicht verantwortlich sein. Allerdings wurde auch, unter dem Einfluss Mussolinis, die königliche Prärogative beschnitten, weshalb Alfons XIII. dem Entwurf, der sehr schnell zurückgezogen wurde, ebenfalls ablehnend gegenüberstand.

Man hat den Institutionalisierungsprozess Mitte der 1920er Jahre als den Versuch gedeutet, die vorläufig-bonapartistische in eine institutionalisierte »Notabelndiktatur« zu verwandeln.[13] Insgesamt gilt die Diktatur als eine »Übergangsetappe«, in der viele

---

13 Raúl Morodo, El 18 Brumario español. La dictadura de Primo de Rivera, in: Triunfo 28/Nr. 572, 15.9. 1973, 22–27. Als Zusammenfassungen vgl. auch Pierre C. Malerbe, La dictadura de Primo de Rivera, in: Historia 16/Nr. 3, 1977, 75–87; ders., The Dictatorship of Primo de Rivera, A Political Reassessment, in: Journal of Contemporary History 12, 1977, 65–84.

ältere politische Bewegungen in Frage gestellt wurden, ein Versuch erfolgte, den institutionellen Korporativismus einzuführen, und, zumindest teilweise, die Voraussetzungen des konservativen Restaurationsstaates liquidiert wurden. Ideologisch konnte Primo de Rivera auf ältere »Modelle« der Rechten zurückgreifen, die zur doktrinären Grundlage seines Regimes wurden: auf den Traditionalismus mit seinen korporativen und antiliberalen Konzepten, auf den Sozialkatholizismus mit seinem Versuch, eine Verankerung in breiten Bevölkerungsschichten zu erreichen, auf den Konservativismus »mauristischer« Prägung. Die Diktatur profitierte aber ebenso von der liberalen Kritik am Restaurationssystem, da die regenerationistische Ablehnung der Systemmängel in vielen Fällen zur Kritik am konstitutionellen System insgesamt wurde. Es kam nicht von ungefähr, dass Primo de Rivera sich selbst als den vom Regenerationisten Costa geforderten »eisernen Chirurgen« bezeichnete, der den erkrankten sozialen und politischen Körper Spaniens heilen würde.

Primo de Riveras »Revolution«, so nannte der Diktator seine Machtergreifung, wollte den alten regenerationistischen Begriffen der »nationalen und patriotischen Revolution von oben«, wie sie von Costa bis Maura verkündet worden waren, Gestalt verleihen: Spanien sollte »erneuert« werden. Lange Zeit wollten Primo de Rivera und die ihn unterstützenden Kräfte der Rechten keinen »neuen Staat« errichten; sie gingen davon aus, dass sie nach geleisteter »Erneuerungsarbeit« sehr bald wieder von der politischen Bühne abtreten würden. Raúl Morodo sieht aufgrund der Klassenkonstellation wie infolge der Mechanismen, Plebiszit oder Identifizierung des »Chefs« mit dem »Volk«, den Staatsstreich durch die Elemente des »Regenerationismus und Bonapartismus« charakterisiert. Der Regenerationismus äußerte sich im »residualen Liberalismus«, auch wenn dieser autoritär auftrat; der Bonapartismus manifestierte sich in der besonderen Art des Gleichgewichts zwischen den sozialen Klassen, in der modernen Form der Massenmanipulation, im organizistischen Populismus und im soziopolitischen Paternalismus. Die Diktatur Primo de Riveras bedeutete, so gesehen, die Institutionalisierung des Regenerationismus mit bonapartistischen Techniken.

Der Versuch der Institutionalisierung einer Diktatur provozierte nicht nur extrasystemische, sondern vor allem intrasystemische Spannungen, auf die 1929 die internationale Wirtschaftskrise traf. Die Privilegierung der Kirche, besonders im Erziehungsbereich, provozierte die Opposition der Intellektuellen, der Studenten und des aufgeklärten Bürgertums. Damit aber wurde die klare Ausgangskonstellation der Diktatur zusehends diffuser. Primo de Rivera agierte nicht mehr als eindeutiger Protektor der traditionell dominanten Schichten, als deren Verteidiger er sich an die Macht geputscht hatte. Zur Rettung der Monarchie und zur Beibehaltung des Gleichgewichts zwischen den führenden Schichten hatte Primo de Rivera die Diktatur errichtet. Eben diese Monarchie und die führenden Schichten hielten es 1930, um sich abermals zu retten, für erforderlich, sich des Diktators zu entledigen.

Man hat nachgewiesen, dass der Anstoß zur Bildung einer Militärdiktatur nicht aus den Reihen des Militärs kam, sondern auf Druck der katalanischen Großbourgeoisie zurückging, die in einer militärischen Führung des Landes das einzig probate Mittel sah, der zunehmenden sozialen Unruhen Herr zu werden. Man könnte von einer abermaligen Instrumentalisierung der Armee durch die politisch schwache Bourgeoisie sprechen, die nicht in der Lage war, sich ein geeignetes politisches Instrument zur Durchsetzung ihrer Interessen zu schaffen, sondern im Krisenfall stets auf bewaffnete Lösungen zurückgriff. Allerdings stellt die Tatsache, dass aus dem *pronunciamiento* von 1923 eine Militärdiktatur hervorging, das auffälligste Unterscheidungsmerkmal zu den militärischen Interventionen im 19. Jahrhundert dar. Der Staatsstreich Primo de Riveras ist daher eine neue Form militärischer Intervention in die Politik, wie sie für das 20. Jahrhundert charakteristisch geworden ist. Die Armee intervenierte nun in die Politik mit der offensichtlichen Absicht, sich selbst als Interpret der nationalen Interessen in ihrer umfassendsten Definition darzustellen.[14]

Letztlich war die Diktatur ein »Aggiornamento« der Beziehungen zwischen den verschiedenen Fraktionen des dominanten Blocks: den Großgrundbesitzern, der Großfinanz und Schwerindustrie auf der einen, den katalanischen Industriellen und Großhändlern auf der anderen Seite. Seit 1917 hatte sich das traditionelle Verhältnis zwischen dem dominanten Block der Restaurationsära und der politischen Macht aufgelöst. Der Kazikismus und die Manipulation zur Erhaltung der Macht funktionierten nicht mehr. Die Diktatur entstand daher als »Notpakt« zwischen den in ihrer Machtausübung bedrohten Gruppen der Oligarchie, die dem Heer und dem König eine neue Herrschaftsform antrugen, da die überkommene konstitutionelle Monarchie sich als funktionsunfähig erwiesen hatte. Die Diktatur war eine Lösung »technischer« Art zur Erhaltung der vom Umsturz bedrohten gesellschaftlichen Machtverhältnisse. Sie stellte den letzten Versuch der konservativen Oligarchie des 19. Jahrhunderts dar, ihre Privilegien im Rahmen eines Staates und einer Gesellschaft zu bewahren, die die »bürgerliche Revolution« nicht erfolgreich durchführen konnte.

Äußerlich und oberflächlich war der Staatsstreich Primo de Riveras der Versuch, die ungelösten sozialen und kolonialpolitischen Fragen autoritär zu lösen. Indem der König der Aufhebung der Verfassung zustimmte und die Eliminierung der traditionellen (dynastischen) Rechtsparteien duldete, trug er selbst zur Zerstörung der sozialen Basis der Monarchie bei. Die Diktatur Primo de Riveras war das gescheiterte »autoritäre Modell« einer Modernisierung, bei der die traditionellen Eliten ihre Privilegien zu konservieren trachteten. Dieses Scheitern des autoritären Lösungsweges erklärt den Übergang zur demokratischen Staatsform im Jahr 1931. Die modernisierungswilligen

---

14 Shlomó Ben-Ami, La dictadura de Primo de Rivera 1923–1930, Barcelona 1984; Carlos Seco Serrano, Militarismo y civilismo en la España contemporánea, Madrid 1984.

Sektoren des Landes, die Bourgeoisie und die Arbeiterschaft, hatten der autoritären Staatsform ihre bedingte Unterstützung in der Erwartung zukommen lassen, eine effektive Modernisierung und die Beteiligung an der Macht zu erlangen. Angesichts des Fehlschlags dieser Hoffnungen optierten sie für eine demokratische Republik.

3. Die Zweite Republik (1931 – 1936)

Die Ausrufung der Republik bedeutete die demokratische Machtübernahme der bürgerlich-republikanischen Parteien, die von ebenfalls modernisierungswilligen Teilen der Arbeiterschaft (besonders der Sozialistischen Partei) in ihrem Bestreben, die tradierten sozioökonomischen Strukturen aufzubrechen und durch adäquatere zu ersetzen, unterstützt wurden. Die Republik begann ihre wechselvolle Existenz nicht nur unter der Last der traditionell ungelösten Probleme, sondern sah sich in ihren ersten Jahren außerdem noch den in Spanien verspätet eintretenden Folgewirkungen der Weltwirtschaftskrise ausgesetzt. Zuerst sollte ein laizistischer und liberaler Staat geschaffen werden, der den bürgerlich-republikanischen Bestrebungen Ausdruck verlieh. Erstrebt wurde daher eine demokratische Verfassung, eine Militärreform, die Beschränkung der Macht der Kirche, eine Bildungsreform; den sozialistischen Alliierten wurde durch Einfügung sozialer Reformen, besonders auf dem Agrarsektor, entgegengekommen.

Die Eigenart des republikanischen Wahlsystems – Parteienbündnisse wurden gegenüber isoliert antretenden Parteien dadurch begünstigt, dass bereits die relative Mehrheit in einem Wahlkreis zu überproportionaler Mandatszuteilung führte – bewirkte, dass die Geschichte der Zweiten Republik in drei deutlich voneinander unterscheidbare Phasen eingeteilt werden kann. In der ersten Phase *(bienio de reformas)* nahm die republikanisch-sozialistische Regierungskoalition unter Manuel Azaña die Reform der überkommenen Probleme in Angriff. Die Durchführung der Reformmaßnahmen sollte allerdings zu einer weitgehenden Isolierung der Regierung führen. Die Agrarreformen und der laizistische Staat wurden von der grundbesitzenden Oligarchie bzw. von der Kirche als frontaler Angriff auf ihre säkularen Rechte verstanden, ohne dass sie die modernisierende Funktion dieser Maßnahmen verstanden. Diese Haltung führte zum Verlust der Unterstützung nicht nur durch die besitzenden Schichten, sondern ebenso durch eine breite Schicht »mittlerer« Bauern. Die Arbeiter und Tagelöhner wiederum hielten die Reformen für nicht weitreichend genug; außerdem seien sie viel zu zaghaft angewandt worden.

Nachdem die bei der Ausrufung der Republik konzeptlose Rechte ihre politische Organisationsfähigkeit wiedererlangt hatte, schloss sie sich um verschiedene Zentren zusammen, deren bedeutendstes die konservativ-katholische *Confederación Española de Derechas Autónomas* (CEDA, Spanischer Bund Autonomer Rechtsparteien) war. Im Herbst 1933 war die republikanische Regierung Azaña isoliert: Zu ihrer Linken äußerten die Sozialisten, die Anarchisten und die Kommunisten ihre Unzufriedenheit über die geringe Reichweite und zögerliche Anwendung der Reformmaßnahmen; die Rechte wiederum erstrebte eine korporativ-reaktionäre (CEDA) oder faschistische (Falange) Ordnung. Die Novemberwahlen von 1933 gaben denjenigen Rechtsparteien die Mehrheit, die ihre Kampagne auf die Revision der Reformgesetzgebung konzentriert hatten. Der Wahlsieg der Rechten, der die zweite Phase in der Geschichte der Republik einläutete *(bienio negro)*, bedeutete in vielen Bereichen eine Paralysierung, ja Rückgängigmachung von Reformen. Aus sozialer Perspektive handelte es sich um die konfliktreichste Phase der Zweiten Republik. Die Linksorganisationen neigten immer mehr zum bewaffneten Widerstand gegen eine Regierung, die sie für faschistisch hielten. Das Frühjahr 1934 erlebte einen massenhaften Landarbeiterstreik, der jedoch unterdrückt wurde. Die Zerschlagung vieler Landarbeiterorganisationen hinderte das organisierte Agrarproletariat daran, sich an der asturisch-katalanischen »Oktoberrevolution« jenes Jahres zu beteiligen. Die »Oktoberrevolution« konnte nur in Asturien vorübergehend einen Erfolg erringen, wurde nach einigen Wochen aber durch massiven Militäreinsatz niedergeschlagen.[15] Die Härte der Repression provozierte auf der Seite der Linken eine Solidaritäts- und Einheitsbewegung, deren Hauptziel die Amnestie der Inhaftierten war. Dieses politische Zusammenstehen ebnete der Wahlallianz der Volksfront den Weg.

Angesichts der Gefahr einer sozialen Revolution schlossen sich die Sektoren der Rechten um die am meisten radikalisierten politischen Organisationen zusammen: um den Monarchisten José Calvo Sotelo und den »Nationalen Block« oder die Jugendorganisation der CEDA. Zwischen dieser und den Militärs kam es zu ersten Kontakten für den hypothetischen Fall eines Wahlsiegs der Linken. Als sich dieser im Februar 1936 tatsächlich einstellte, war – politisch betrachtet – die reformerische und modernisierende Konstellation der ersten zwei Republikjahre wiederhergestellt; der Kontext dieser dritten Phase der Republik jedoch war ein anderer: Die Sozialisten waren radikalisiert, die Rechten allenfalls noch fanatischer. Paramilitärische Verbände beider Seiten lieferten sich Straßenschlachten, ein Klima von Gewalt griff um sich.[16] Die erneute Inkraftsetzung der Agrarreform und die revolutionären Bewegungen auf dem Land ließen die Agraroligarchie erkennen, dass sie nicht nur die politische

---

15 Zur »Oktoberrevolution« vgl. den Sammelband: Octubre 1934. Cincuenta años para la reflexión, Madrid 1985 sowie Adrian Shubert, Hacia la revolución. Orígenes sociales del movimiento obrero en Asturias, 1860–1934, Barcelona 1984 und ders., The Road to Revolution in Spain, Urbana 1987.
16 Hierzu (mit quantifizierenden Angaben) Stanley G. Payne, Political Violence During the Spanish Second Republic, in: Journal of Contemporary History 25 2,3 (1990), 269–288.

Macht verloren hatte, sondern dass sie Gefahr lief, auch die wirtschaftliche Macht, die soziale Kontrolle und die ideologische Beherrschung der Gesellschaft zu verlieren.

Da das parlamentarische System den traditionellen Eliten keine Mechanismen zur Bewahrung ihrer privilegierten Position in die Hand gab, rekurrierten sie auf das Militär zur gewaltsamen Wiederherstellung ihrer vordemokratischen Stellung. In den vorangegangenen fünf Jahren war das Grundproblem der spanischen Gesellschaft deutlich geworden, das die Modernisierung und die Durchführung einer »bürgerlichen Revolution« in Spanien verhinderte. Es war die Konfrontation zwischen der grundbesitzenden und in archaischen Strukturen verwurzelten Oligarchie mit ihren Verbündeten, die zu keinerlei Veränderung ihrer privilegierten Stellung bereit waren, und den Sektoren der Land- und Industriearbeiter, die in der Republik das Vehikel zur Überwindung ihrer überkommenen Benachteiligung erblickten und sich, nachdem sie in der Hoffnung auf schnelle Veränderung ihrer Situation enttäuscht worden waren, von der bürgerlich-demokratischen Republik ebenso abwandten, wie ihre »Klassenfeinde« dies bereits getan hatten. Der Bürgerkrieg war das Ergebnis dieser unüberbrückbaren Gegensätze und der verzweifelte Versuch zuerst der Rechten, in Reaktion darauf dann auch der Linken, ihr Gesellschafts-, Wirtschafts- und Staatsmodell, das mit reformistisch-friedlichen Mitteln nicht zu erreichen war, gewaltsam durchzusetzen. In der angesprochenen Modernisierungsperspektive besiegelte der Krieg das Scheitern des modernisierenden Reformismus.

Die entscheidende Frage für die Historiker lautet, wieso die Zweite Republik, der erste ernsthafte Versuch einer spanischen Demokratie, fehlschlug. Dabei lassen sich in der Forschung der letzten Jahrzehnte zwei Schwerpunkte erkennen: zum einen die Agrarproblematik, zum anderen die politische Rolle der beiden einflussreichsten Flügelparteien, der Sozialistischen Partei PSOE und der konservativen CEDA. Im Agrarbereich lässt sich erkennen, dass bereits die gesetzgeberische Tätigkeit der provisorischen Regierung (1931) einen grundlegenden Gesinnungswandel signalisierte. Die Republik trat mit dem Anspruch auf, die Interessen der Mittellosen und der Landarbeiter zu vertreten. Die bedeutendste Maßnahme auf dem Agrarsektor war das Reformgesetz von 1932, dessen wechselvolle Geschichte in der grundlegenden Studie von Edward Malefakis untersucht worden ist.[17] Die wichtigsten Bestimmungen regelten die Fragen der Grundbesitzenteignungen, der Entschädigungen sowie der Landverteilung an die Agrarbevölkerung. Da die Reform primär unter politischen und sozialen Gesichtspunkten anvisiert wurde, ging es nicht nur um eine Änderung der Grundeigentumsverhältnisse, sondern darüber hinaus um eine Beseitigung des

---

17 Edward Malefakis (Hg.), Agrarian Reform and Peasant Revolution in Spain: Origins of the Civil War, New Haven 1970. Vgl. auch José Luis García Delgado (Hg.), La Segunda República española. El primer bienio, Madrid 1987.

Eigentummonopols an Grund und Boden. Unter dem Einfluss der Schriften Joaquín Costas wurde den Gemeinden die Rückerstattung des Besitzes zugesprochen, der vor den »Desamortisationsgesetzen« des 19. Jahrhunderts kollektiver Bewirtschaftung durch die Gemeindemitglieder unterworfen war.

Malefakis ist davon überzeugt, dass das Gesetz bei konsequenter Durchführung relativ erfolgreich hätte sein können. Die Regierung Azaña, insbesondere Landwirtschaftsminister Marcelino Domingo, legte jedoch ein auffälliges Desinteresse im Hinblick auf die Realisierung des Gesetzes an den Tag. Für den parlamentarischen Bereich führt Malefakis das Scheitern der Agrarreform letztlich auf die Inkompatibilität der gemäßigten Linksrepublikaner und Sozialisten zurück. Seiner Studie zufolge wäre angesichts der komplexen Situation Spaniens in den 1930er Jahren eine konsequente Agrarreform wahrscheinlich auch unter anderen Bedingungen gescheitert; allenfalls hätte eine konsequente und dynamisch-zielgerichtete Reformpolitik der zusammenarbeitenden Linksrepublikaner und Sozialisten erfolgreich sein können. Außerdem hätte die Rechte mit der Reformpolitik der laizistischen Republik, die extreme Linke wiederum mit den reformistischen Maßnahmen der liberal-kapitalistischen Republik ausgesöhnt werden müssen. All diese Bemühungen aber wären der Quadratur des Kreises gleichgekommen.

Im Hinblick auf die politische Verantwortung der Parteien für den Untergang der Republik dreht sich ein Großteil der Diskussion um die Rolle der CEDA. Zu den ersten (und bis heute umstrittenen) Studien über die CEDA gehört das Werk von Richard A. H. Robinson,[18] dessen These (und Ergebnis) lautet, dass das Schicksal der Republik von den Massenparteien CEDA und PSOE abhing. Die CEDA war in die politische Arena Spaniens eingetreten, als der Antiklerikalismus der Allianz zwischen Azaña und den Sozialisten die traditionelle Stellung der Kirche im gesellschaftlichen und politischen Bereich abbaute. Robinson zufolge schworen die Sozialisten als erste den Möglichkeiten des Parlamentarismus ab, da sie zuerst zur Gewalt aufriefen. Damit trieben sie jenen Prozess der Meinungspolarisierung voran, der schließlich in den Bürgerkrieg mündete; daher komme ihnen bei der Zerstörung der Republik auch eine größere Verantwortung zu, während die CEDA länger bemüht gewesen sei, sich an die Verfassung zu halten. Robinsons Behauptung, dass der sozialistische Maximalismus und die daraus resultierende »Oktoberrevolution« von 1934 angesichts der realen politischen Verhältnisse im Lande ungerechtfertigt und in ihren Konsequenzen sowohl für die Republik wie für die Linke tödlich waren, stellte zum Zeitpunkt des Erscheinens seiner Studie eine neue Erkenntnis dar. Ein Novum war allerdings seine Interpretation der CEDA und ihres Führers José María Gil Robles. Während

---

18 Alan Richard Robinson, The Origins of Franco's Spain. The Right, the Republic and Revolution 1931–1936, Pittsburgh 1970.

frühere Darstellungen die Verantwortung für das Schicksal der Republik ungefähr zu gleichen Lasten auf die Schultern der Linken und der Rechten verteilt hatten, versuchte Robinson, letztere weitestgehend aus der Verantwortung zu entlassen. Er sieht in der CEDA eine Partei, die sich mehr oder weniger in den Strom des europäischen Sozialkatholizismus oder der Christdemokratie einfügen ließ und bestrebt war, die parlamentarisch-laizistische Republik auf friedlich-evolutionärem Weg in einen von den Enzykliken Leos XIII. und seiner Nachfolger beeinflussten korporativen Staat zu verwandeln.

So berechtigt es ist, die angeblich ausschließlich »faschistische« Orientierung der CEDA zu relativieren, so deutlich muss jedoch andererseits hervorgehoben werden, dass der verantwortliche sozial-katholische CEDA-Kurs, wie ihn etwa sein Inspirator Angel Herrera und der reformerische Landwirtschaftsminister Manuel Jiménez Fernández proklamierten und wie er von Robinson als die CEDA-Orthodoxie schlechthin ausgegeben wird, keineswegs charakteristisch für den Kurs der Gesamtpartei war, die einen Zusammenschluss verschiedener konservativer Gruppierungen darstellte, bei denen die Imperative päpstlicher Enzykliken nur geringen Eindruck hinterließen.

Robinsons Überzeugung, dass Gil Robles und die CEDA sich ausschließlich friedlichen Methoden der Machterringung verschrieben hatten, lässt ihn das militant-aggressive Auftreten der Parteijugend ebenso übersehen wie deren (und vieler führender Parteimitglieder) faschistischen Sprachgebrauch, ihre Bewunderung für Dollfuß und dessen ständisch-autoritäre Vorstellungen und die aus dieser Ideologie resultierende Angst der Linken vor der CEDA. Von Zeitgenossen wurde die CEDA – und gar nicht so sehr die Falange – als spanische Form des Faschismus betrachtet; als 1934 drei CEDA-Minister in die Regierung eintraten, wurde das von der Linken als der letzte Vorbereitungsschritt zur Errichtung eines faschistischen Regimes gedeutet; der asturische Oktoberaufstand gegen die Rechtsregierung wurde von der defensiven Überzeugung der Arbeiter getragen, sie kämpften als einzige Proletarier in Europa gegen den Faschismus.[19]

Robinsons Interpretation deutlich relativierend, verweisen Paul Preston und viele andere Historiker auf die Verantwortung der Rechten.[20] Sie lassen deutlich werden, dass in ihrem Programm, ihrer Wählerschaft und ihrer politischen Haltung die CEDA der Christlich-sozialen Partei Österreichs vergleichbar war. Die Partei akzeptierte den parlamentarischen Legalismus primär als Mittel zur Machterringung, ihr Ziel war jedoch die Überwindung des republikanischen Parlamentarismus und die Ersetzung

---

19 Hierzu Walther L. Bernecker, Spaniens ›verspäteter‹ Faschismus und der autoritäre ›Neue Staat‹ Francos, in: Geschichte und Gesellschaft 12/2 (1986), 183–211.
20 Paul Preston, The Coming of the Spanish Civil War: Reform, Reaction and Revolution in the Second Republic, London 1973, ²1994; ders., The Spanish Civil War 1936–39, London 1986, ²1990.

des demokratischen Systems durch ein korporatives. Preston hebt hervor, wie Stil und Ziel der Rechten mit der Existenz der Republik unvereinbar waren; er sieht den zentralen Konflikt der Jahre 1931–1936 in den Auseinandersetzungen zwischen PSOE und CEDA um die Durchsetzung ihrer jeweiligen Sicht von gesellschaftlicher Organisation. Dass weder die CEDA noch der PSOE organisatorisch in der Lage waren, den Staat zu ›erobern‹ und ihn in Übereinstimmung mit einem politischen Programm umzuwandeln, hat auch Santos Juliá in mehreren Studien zur Linken in den Friedensjahren der Zweiten Republik betont.[21] Preston und Juliá skizzieren die Schwierigkeiten der Sozialisten seit der Spaltung der Partei in den Jahren nach der Russischen Revolution; vor allem nach 1931, als der PSOE die Regierung stellte, zeigten sich die innerparteilichen Spannungen immer deutlicher, die von größter Bedeutung für die Schwäche und den letztendlichen Untergang der Republik wurden. Es dürfte wesentlich auf die personelle (Francisco Largo Caballero/Indalecio Prieto) und ideologische (Maximalismus/Reformismus) Spaltung der Sozialisten zurückzuführen sein, dass sie kein stärkerer Integrationsfaktor im republikanischen Parteienspektrum werden konnten.[22] Der »legale« Weg der CEDA wiederum zur Errichtung eines korporativen Staates scheiterte spätestens mit den Volksfrontwahlen; daraufhin ergriff das Militär, auf Drängen der traditionellen Eliten hin, die Initiative zur Lösung *manu militari* einer sich zusehends polarisierenden Konfliktsituation, nachdem der Wahlsieg der Linken bei jenen Kräften, die ihre sozioökonomischen und politischen Interessen bis dahin in der Anwendung ›legaler‹ Methoden am besten vertreten sahen, den Glauben an die Möglichkeit erschüttert hatte, das demokratisch-parlamentarische System weiterhin instrumentalisieren zu können.

Letztlich erwies sich die Republik als zu schwach, um sich gegen die revolutionären Angriffe der landlosen Arbeiter einerseits und die zunehmende Aggressivität der Rechten andererseits zu verteidigen. Die Regierungen Azaña und Santiago Casares Quiroga waren mittelständisch, liberal und demokratisch, die Arbeiterparteien des Volksfrontbündnisses jedoch proletarisch, sozialistisch-kommunistisch und (zumindest teilweise) revolutionär. Außerdem hatte das republikanische System unter der Gegnerschaft der Anarchisten zu leiden.[23] In Anbetracht der geringen numerischen Bedeutung eines staatsbejahenden, republikanisch eingestellten Mittelstandes war die soziale Basis der Regierung zu schwach, um eine konsequent reformerische, zugleich

---

21 Santos Juliá, El socialismo en España. Desde la fundación del PSOE hasta 1975, Madrid 1986; ders., La izquierda del PSOE (1935–1936), Madrid 1977.
22 Andrés Blas Guerrero, El socialismo radical en la IIa República, Madrid 1978; George Collier, Socialists of Rural Andalusia, Stanford 1987.
23 Zum Verhältnis der Anarchisten zur Republik vgl. John Brademas, Anarco-sindicalismo y revolución en España, Barcelona 1974; Robert Kern, Red Years, Black Years: A Political History of Spanish Anarchism, 1911–1937, Philadelphia 1978.

jedoch nichtsozialistische Politik durchführen zu können. In den Monaten nach den Volksfrontwahlen wurde sodann deutlich, dass die Reformpolitik der republikanischen Regierungen die drängenden strukturellen Probleme der spanischen Wirtschaft und Gesellschaft nicht lösen konnte. Die Arbeiterorganisationen wiederum konnten (und wollten) ihre Mitglieder nicht davor zurückhalten, die lange versprochenen, jedoch nicht realisierten Veränderungen – vor allem auf dem Agrarsektor – auf revolutionäre Weise in Angriff zu nehmen. Nach den Volksfrontwahlen 1936 überstürzten sich die Ereignisse, bis durch den Militäraufstand die Republik in einer blutigen Katastrophe endete.[24]

In den letzten Jahrzehnten ist viel darüber gestritten worden, ob der Spanische Bürgerkrieg unvermeidbar war oder nicht. Unbestritten ist allerdings, dass die Zweite Republik von Anfang an mit strukturellen Problemen zu kämpfen hatte, die ihre friedliche Existenz schon bald gefährdet erscheinen ließen. Martin Blinkhorn hat vor einiger Zeit schon auf die Hauptschwierigkeiten der spanischen Demokratie in ihren Friedensjahren hingewiesen und drei Aspekte betont:

Der erste war der unvermittelte Druck zur Durchführung schneller und durchgreifender institutioneller und sozialer Reformen; der zweite war die anhaltende Macht konservativer Interessen; der dritte war das Wirtschaftsklima, das sich sehr von den prosperierenden 1920er Jahren unterschied. Die weltweite Depression sollte die Reformen erschweren und das soziale Klima noch angespannter machen, als es ohnehin schon war. Blinkhorns Fazit bezüglich der Verantwortlichkeiten lautet: »Wenn die Absicht der Republik darin bestand, lediglich zu überleben, dann wird man kaum leugnen können, dass sowohl Republikaner als auch Sozialisten dazu beigetragen haben, dass der Überlebensversuch scheiterte, indem sie eine ›gemäßigte‹, d.h. konservative Republik unmöglich machten, die unter denen, die etwas zu verlieren hatten, weniger Antagonismen erzeugt hätte. Wenn jedoch das Ziel der Republik darin bestand, Spanien die politische und soziale Demokratie zu bringen, dann muss man zugeben, dass die konsequentesten und resolutesten Feinde der Demokratisierung auf der Rechten anzutreffen waren.«[25]

Das Versagen der Monarchie vor 1923 und erneut 1930/31, einen allmählichen Übergang vom oligarchischen Liberalismus zur Demokratie zu bewerkstelligen, ließ die Republik erst möglich werden, befrachtete sie aber zugleich mit zahlreichen Problemen. Mit der Republik kamen die »Massenpolitik« und der Druck zur Durchführung schneller institutioneller und sozialer Reformen bei Fortbestehen mächtiger

---

24 Zum Scheitern der Republik in einem größeren Zusammenhang vgl. Juan J. Linz, From Great Hopes to Civil War: The Breakdown of Democracy in Spain, in: Juan J. Linz/Alfred Stepan (Hg.), The Breakdown of Democratic Regimes, Baltimore 1978, 142–215.
25 Martin Blinkhorn (Hg.), Spain in Conflict 1931–1939. Democracy and its Enemies, London 1986, 11.

konservativer Interessen. Weit davon entfernt, eine »bürgerliche Revolution« zu sein, bedeutete die Ausrufung der Republik vor allem die Übernahme politischer Ämter durch Angehörige der freiberuflich-intellektuellen Mittelschicht. Die wirtschaftlichen Kleinunternehmer waren seit Jahrzehnten von einer finanziell-industriell-agrarischen Oligarchie »umspannt« worden, die 1931 die Monarchie wohl aus Furcht vor einer regelrechten Revolution fallen ließ, deren Akzeptierung der Republik auf lange Sicht jedoch vom Ausbleiben grundsätzlicher Reformen abhängig gemacht wurde. Zu einem weiteren Problem wurde die wirtschaftliche Konjunktur, die sich deutlich von den prosperierenden 1920er Jahren unterschied und die Durchführung von Reformen erschweren sowie das soziale Klima noch angespannter machen sollte, als es ohnehin gewesen wäre.

Man hat in der Zweiten Republik eine historische Situation erblickt, in der keine der beteiligten Kräfte fähig war, die sich immer mehr verschärfende Hegemoniekrise auf friedlichem Weg zu lösen. Nach dem Februar 1936 glaubte die »soziologische Rechte«, d.h. der alte herrschende Block, seinen Einsatz von 1934/35 verloren, die Möglichkeit nämlich, auf friedlichem Weg die Entscheidungszentren der Macht zurückzuerlangen. Um die anhaltende Krise zu bewältigen, blieb ihm nur noch die gewaltsame Aufkündigung des Konsenses und der Bruch der etablierten rechtmäßigen Ordnung.

4. Schlussbetrachtung

Das Scheitern der spanischen Demokratie war das Ergebnis eines langen und komplexen Prozesses. Auch im spanischen Fall war der negative Ausgang nicht zwangsläufig, das Scheitern des demokratischen Experiments war nicht vorherbestimmt – schon deshalb nicht, weil viele Faktoren, die in den Zwischenkriegsjahren die Instabilität anderer Demokratien erklären, im spanischen Fall fehlten. Insbesondere waren extremistische Anti-System-Parteien sowohl auf der Rechten (Faschisten) wie auf der Linken (Kommunisten) vor dem Bürgerkrieg unbedeutend. Während die Schwäche der Kommunisten im Wesentlichen damit erklärt werden kann, dass die Sozialistische Partei einen starken marxistischen Flügel hatte, der das linke Spektrum der politischen Lager absorbierte, ist die Erfolglosigkeit des Faschismus gerade auf das Fehlen jener Bedingungen zurückzuführen, die in anderen europäischen Ländern faschistische Massenbewegungen ermöglichten. So erlitt Spanien keine nationale Identitätskrise, da es nicht am Ersten Weltkrieg teilgenommen hatte und kein Irredentaproblem kannte. Außerdem verfügte Spanien über eine mächtige Rechte, die eine politische Alternative zu faschistischen Parteien darstellte und Autoritarismus sowie Nationalismus ebenso wie Opposition gegen Liberalismus und Kommunismus verkörperte;

diese Rechte war zugleich eine gesellschaftliche Alternative für den rechtsgerichteten Mittelschichtradikalismus.

Spanien ermangelte es auch an einer starken organisierten Linken, gegen die der Faschismus sich als Gegengewicht hätte etablieren können. Die faschistische Massenbewegung gab nicht das Bild eines inneren Feindes ab, der bekämpft werden musste, und die Sozialisten waren zu gespalten, um eine ernsthafte Bedrohung für die Regierung oder die bürgerliche Gesellschaft darzustellen. Schließlich bewahrte die traditionelle Oligarchie politischen Einfluss in Spaniens relativ wenig entwickelter Wirtschaft in den 1930er Jahren, und die Veränderungen, die die ohnehin schwache Mittelklasse hätten »faschisieren« können, waren weniger umfangreich als in anderen europäischen Ländern. Eine Untersuchung des Fehlschlags der Demokratie in Spanien kann sich daher nicht auf das Aufzeigen struktureller Faktoren beschränken, die das demokratische Zusammenleben unmöglich machten, sondern muss insbesondere die Versäumnisse und Fehler der politischen und gesellschaftlichen Akteure betonen. Letztendlich trugen sie die Verantwortung dafür, dass die strukturellen Probleme nicht gelöst, sondern – ganz im Gegenteil – zum Grund für das gewaltsame Ende der Demokratie wurden.

Einer der Faktoren, der zum Zusammenbruch der Demokratie führen kann, ist die Art ihrer Institutionalisierung. Im Falle der Zweiten Republik kann man davon ausgehen, dass eine Mehrheit der Bevölkerung dem neuen System gegenüber positiv eingestellt war. In der ersten Phase hätte daher die Hauptsorge der Politiker darin bestehen müssen, zu verhindern, dass irgendeine größere Bevölkerungsgruppe marginalisiert würde; die politischen und legislativen Aktivitäten dürften die Anfangsbegeisterung für die Demokratie nicht beschädigen oder ihre Legitimität beeinträchtigen. Genau dies aber geschah. Das Programm der republikanischen Regierung führte schnell zur Entfremdung bedeutender Schichten der Gesellschaft von der Republik und ihren Institutionen. Diese Aussage gilt insbesondere für die Bereiche Agrarreform, Religion und Militär. Das neue System erweckte in Teilen der Gesellschaft neue Hoffnungen, aber ihre Problemlösungskapazität war gering. Das demokratische System entfremdete somit einen Großteil der Bevölkerung, ohne ganz die Unterstützung der sogenannten Reformgewinner zu erlangen. Sicherlich spielte hierbei fehlende Erfahrung der neuen republikanischen Elite in einer Phase extensiver und intensiver politischer Mobilisierung eine Rolle; der plötzliche Übergang vom oligarchischen Liberalismus zur Massendemokratie traf viele Politiker unvorbereitet.

Ein entscheidender Augenblick im Niedergang eines demokratischen Systems ist dann gekommen, wenn die zentripetalen Kräfte, die ursprünglich an der Basis des neuen Systems wirkten, durch zentrifugale Kräfte ersetzt werden. Im spanischen Fall bedeutete dies nicht unbedingt ein Wachstum der Anti-System-Kräfte oder eine parlamentarische Mehrheit der antidemokratischen Parteien, sondern eine Einflusszunahme der »semi-loyalen« Kräfte in den beiden wichtigsten Parteien der Republik, der CEDA und dem PSOE. Heftig umstritten ist bis heute, welche der beiden Parteien den Pfad des Parlamentarismus zuerst verließ und eine gewaltsame Entscheidung herbeizuführen trachtete. Der zentrale Konflikt ging jedenfalls darum, welche der beiden Parteien in der Zweiten Republik ihre Sicht der gesellschaftlichen Organisation durchsetzen könnte. Dabei waren weder die CEDA noch der PSOE in der Lage, den Staat zu »erobern« und ihn in Übereinstimmung mit ihrem jeweiligen politischen Programm zu verändern. Die Sozialisten litten nach 1931 unter gewaltigen internen Spannungen, die letztlich für die Schwäche der Republik entscheidend mitverantwortlich waren. Die Spaltungen der Sozialisten verhinderten, dass die Partei ein starker integrativer Faktor in der Republik wurde. Die CEDA wiederum wurde zusehends reaktionär, verhinderte die von Sozialisten angestoßenen Reformen oder machte sie rückgängig. Die legale (oder besser: legalistische) Methode der CEDA, einen korporativen Staat zu installieren, war spätestens mit den Volksfrontwahlen von 1936 gescheitert. Diejenigen Kräfte, die ihre sozioökonomischen Interessen bis dahin am besten in der Anwendung »legal«-parlamentarischer Methoden vertreten gesehen hatten, verloren jetzt ihr Vertrauen in das parlamentarische System zur Durchsetzung ihrer Interessen. Die traditionellen Eliten ermunterten daher die Armee, einen zusehends polarisierten Konflikt durch militärische Intervention zu lösen.

Die Republik war schließlich zu schwach, um sich sowohl gegen die revolutionären Attacken der Arbeiter als auch die Angriffe einer stets aggressiveren Rechten zu verteidigen. Dass das *pronunciamiento* von 1936 sich – im Gegensatz zu dem von 1923 – zu einem Bürgerkrieg ausweitete, lag nicht so sehr an innerspanischen als vielmehr an internationalen Bedingungen. Zum einen hatten die spanischen Arbeiter vom Verhalten des italienischen, deutschen und österreichischen Proletariats gelernt, und im Unterschied zu jenen waren sie nicht bereit, der Abschaffung der Demokratie tatenlos zuzuschauen, erblickten sie doch in der Demokratie – trotz ihrer kritischen Einstellung – das einzige System, das eine Besserung ihrer Arbeits- und Lebensverhältnisse herbeiführen konnte. Zum anderen war die frühe Unterstützung der militärischen Rebellen durch das nationalsozialistische Deutschland und das faschistische Italien von ausschlaggebender Bedeutung für die Internationalisierung des Konfliktes und zur Ausweitung des (bereits gescheiterten) Militärputsches zu einem Bürgerkrieg. Schließlich trug auch die Existenz zahlreicher nicht-demokratischer Regime in Europa zur Schaffung eines mentalen und politischen Klimas bei, das eine Rebellion gegen die demokratische Ordnung begünstigte. Diese letzteren Argumente mindern allerdings nicht die Verantwortung der politischen und gesellschaftlichen Protagonisten im Lande selbst; sie ergänzen nur die entscheidenden endogenen Faktoren durch einige exogene, die erklären helfen, warum die zweite Krise der Zwischenkriegszeit in Spanien so grundlegend anders endete als die erste.

Walther L. Bernecker

Portugal in der Zwischenkriegszeit

Von der liberalen Demokratie zur korporatistischen Diktatur

Zu Beginn des 20. Jahrhunderts stellte Portugal gewissermaßen den Idealtypus eines liberalen Nationalstaates dar; Staat und Nation stimmten weitgehend konfliktfrei überein. Die Regierungsform war die eines oligarchischen Parlamentarismus. Ökonomisch war das Land weit überwiegend agrarisch geprägt: 58 % der 2,5 Millionen berufstätigen Portugiesen (bei rund 5,5 Millionen Einwohnern 1911) waren in der Landwirtschaft tätig (1930: 55 %), 25 % in der Industrie, 17 % im Dienstleistungssektor (1930: 20 %). Das Urbanisierungsniveau war ausgesprochen niedrig, außer Lissabon gab es keine Zentren städtisch-politischer Kultur. Noch 1930 lebten über vier Fünftel der Bevölkerung in Dörfern oder kleineren Städten. Portugal gehörte somit zum Ländertyp »mit frühem Parlamentarismus und später Industrialisierung«.[1]

1. Der Zusammenbruch der Demokratie

Um die Jahrhundertwende trat eine republikanische Bewegung in Erscheinung, die im Oktober 1910 die konstitutionelle Monarchie stürzte. Der Umsturz wurde von republikanischen Mitgliedern der Streitkräfte durchgeführt, Portugal wurde eine der ersten Republiken in Europa. Das neue System schuf nationale Symbole (Flagge, Hymne, staatsbürgerliche Liturgie mit eigenen Feiertagen etc.) und versuchte, durch Massenmobilisierung und schulische Sozialisierungsmaßnahmen die Unterstützung der Gesellschaft zu erlangen. Das republikanische Programm umfasste allgemeines Stimmrecht, Antiklerikalismus und Nationalismus, Bekämpfung der (traditionellen) Abhängigkeit von England, Verteidigung des kolonialen Erbes. Die Verfassung von 1911 etablierte ein parlamentarisches System. Der Antiklerikalismus der Republikaner äußerte sich im Gesetz über die Säkularisation, in der Schließung mehrerer Klöster, der Vertreibung religiöser Orden, der Einführung eines Scheidungs- und neuen Eherechts, der Inhaftierung von Pries-

---

1 Zur Terminologie vgl. Nicos P. Mouzelis, Politics in the Semi-Periphery: Early Parliamentarism and Late Industrialization in the Balkans and Latin America, London 1986.

tern, schließlich im Bruch der Beziehungen mit dem Vatikan und der Kontakte zwischen Bischöfen und Staat.[2]

Die Republikanische Partei, aus der sehr bald die Demokratische Partei hervorging, wurde zur ersten Massenpartei des liberalen Systems. Nur sie verfügte über eine stabile Wählerbasis und eine nationale Organisation. 1911 nahm die Republikanische Partei 97,9 % der Parlamentssitze ein, 1913 – inzwischen handelte es sich um die Demokratische Partei – waren es 52,6 % und 1915 wieder 65 %. Trotz dieser parteipolitischen Dominanz charakterisierte Instabilität die gesamte republikanische Periode.[3] Während ihrer 16 Jahre (1910–1926) wurden 44 Regierungen gebildet, acht Staatspräsidenten gewählt, 20 Aufstände und Staatsstreiche durchgeführt; es kam zu über 150 Streiks und zu mehr als 300 Bombenexplosionen (nur in Lissabon!). Wahlberechtigt in dieser Zeit waren maximal 14 % der Bevölkerung: Im Durchschnitt aller Republikjahre waren es 9,6 %, wobei die Wahlbeteiligung bei rund 50 % zu liegen pflegte.

Zwischen 1912 und 1917 waren Einparteikabinette der Demokratischen Partei die Regel, während es in der Nachkriegszeit zu mehr Koalitionsregierungen kam; der zunehmende Einfluss ökonomischer Interessengruppen sowie außerparlamentarischer Organisationen und die wachsende Zersplitterung des Parteiensystems waren wesentlich für die Instabilität der Regierung verantwortlich. Vor allem in den frühen 1920er Jahren nahm die politische Gewalt gefährlich zu: Monarchistische Verschwörer (»Skorpione«) betrieben anhaltenden Widerstand gegen die Republik.

Der Erste Weltkrieg – in dem Portugal zuerst neutral blieb – führte zu einer weiteren Destabilisierung der innenpolitischen Verhältnisse. Zum Schutz der Kolonien hielten die Republikaner eine begrenzte Intervention in Afrika für erforderlich. Diese Planungen führten zur Spaltung der Streitkräfte; trotzdem verstärkte die Regierung das militärische Engagement. 1916/17 waren bereits zwei Drittel der portugiesischen Armee im Ausland auf der Seite der Alliierten stationiert: 55.000 Soldaten in Flandern, 45.000 in den Kolonien; der Blutzoll (35.000 Tote oder Verwundete) war sehr hoch. Zur Bekämpfung der Antikriegsunruhen verhängte die Regierung im Juli 1917 den Belagerungszustand und unterdrückte kurz darauf brutal einen Generalstreik.

Im Dezember 1917 führte der Staatsstreich von Sidónio Pais (1858–1918) zur vorübergehenden Eliminierung der Republik und Errichtung einer Diktatur, die bereits einige Merkmale der faschistischen Nachkriegsdiktaturen aufwies: Sidónio Pais versuchte ein plebiszitäres Präsidialregime durchzusetzen, er ließ sich zum Präsidenten

---

2 Tom Gallagher, Portugal: A Twentieth-Century Interpretation, Manchester 1983; Douglas L. Wheeler, Republican Portugal. A Political History 1910–1926, Madison 1978; Walther L. Bernecker/Klaus Herbers, Geschichte Portugals, Stuttgart 2013.
3 Kathleen Schwartzman, The Social Origins of the Democratic Collapse. The First Portuguese Republic in the Global Economy, Lawrence 1989.

wählen und gründete eine eigene Nationalrepublikanische Partei, er unterdrückte die anderen politischen Gruppierungen und Gewerkschaften, er machte die radikalsten antiklerikalen Gesetze rückgängig. Das Militär unterstützte ihn bis zu seiner Ermordung 1918. Sidónio Pais behielt zwar das Zweikammersystem bei; im neuen Senat waren die neuen Abgeordneten jedoch nach korporativen Kriterien vertreten.

Nach der Ermordung Sidónios kehrte das Land – trotz vorübergehender monarchistischer Putsche und Gegenputsche, Massenversammlungen und Demonstrationen – zur konstitutionellen Regierungsform zurück; die Wahlen von 1919 gewannen erneut die Demokraten, die Verfassung von 1911 wurde wieder in Kraft gesetzt. Der Sidónismus war allerdings Bezugspunkt der aufkommenden faschistischen Bewegungen der Nachkriegszeit, bis dieser sich später auf das Vorbild Mussolinis berief. Die Versuche zur Gründung faschistischer Parteien gingen in den Folgejahren im *Integralismo Lusitano* (IL) auf, der 1914 unter starker Beeinflussung durch Maurras' *Action Française* ins Leben gerufen worden war. Der *Integralismo Lusitano*, dessen wichtigster Theoretiker António Sardinha (1888–1925) war, hatte sich während des Ersten Weltkrieges als politische Bewegung mit dem Ziel der Restauration einer korporativen, antiliberalen und traditionellen Monarchie konstituiert.[4] Im weiteren Verlauf des 20. Jahrhunderts übte er großen Einfluss auf die politische Kultur Portugals aus und wurde zur Grundlage eines reaktionären Nationalismus. Ihm ging es um die Wiederbelebung der Tradition einer organischen und korporativen Gesellschaft als politische Alternative zur liberalen Demokratie. Die Anhänger des *Integralismo Lusitano* waren eher einem traditionellen Antiliberalismus als dem Faschismus verpflichtet.

1923 wurde der kurzlebige *Nacionalismo Lusitano* (NL) als faschistische Bewegung im Rahmen des parlamentarischen Systems gegründet; er übernahm das Modell der faschistischen Milizen, des paramilitärischen Stils und nationalistischer Parolen; sein politisches Programm war eher diffus. Wichtiger als der *Nacionalismo Lusitano* war der »Nationale Kreuzzug«, eine nationalistische Liga, die in den letzten Jahren des liberalen Regimes eine pro-autoritäre Propagandakampagne durchführte, sich vom Parlamentarismus abwandte und an dem Militärputsch zum Sturz der Republik beteiligte.

In der Krise der Nachkriegszeit erfuhr das Parteiensystem bei steigender Zersplitterung wichtige Veränderungen. 1919 gelang es den Konservativen, sich unter Führung der neuen Liberalen Partei vorübergehend zusammenzuschließen, so dass 1921 die Demokratische Partei zum ersten Mal geschlagen werden konnte. Die Jahre 1919– 1922 galten für Staat und Unternehmer als eine Phase der »roten Gefahr«: Die Aktivitäten der anarchosyndikalistischen Gewerkschaft erreichten einen Höhepunkt, Streikwellen betrafen den staatlichen Dienstleistungssektor und den Handel, gewaltsame Auseinandersetzungen häuften sich. Auf der anderen Seite verstärkten die Un-

---

4 Manuel Braga da Cruz, Monárquicos e republicanos sob o Estado Novo, Lisboa 1987.

ternehmerverbände ihre politischen Aktivitäten[5], die neue Rechte einigte sich unter Bruch mit der Monarchie, die kleineren konservativen Parteien durchliefen einen Radikalisierungsprozess, der beim Sturz der Republik ein entscheidender Faktor werden sollte. Der Ruf nach dem Militär sollte zu einer Konstanten jener Nachkriegsjahre werden.

Am 18. April 1925 unternahmen Offiziere erstmals einen Putschversuch, der jedoch am Widerstand einiger Einheiten und der Republikanischen Nationalgarde scheiterte. Der nächste Militärputsch führte am 28. Mai 1926 zum Sturz der Republik. Anführer des Putsches war General Manuel de Oliveira Gomes da Costa (1863–1929). Die Putschisten erhielten von ideologisch und politisch äußerst unterschiedlichen Kräften Unterstützung: von konservativen Republikanern, sozial engagierten Katholiken, rechtsextremen Integralisten, revolutionären Faschisten. Juan Linz spricht in Zusammenhang mit dem Sturz der Demokratie von der Übernahme der Macht durch eine gut organisierte »nicht-loyale Opposition«.[6] Dass die Faschisten letztlich eine untergeordnete Rolle spielten und sich trotz der Krise des Liberalismus in Portugal nicht zu einer großen Bewegung entfalten konnten, wird von António Costa Pinto damit erklärt, dass die portugiesische Gesellschaft damals erst am Beginn ihrer »Vermassung« stand und politische Konkurrenten den verfügbaren politischen Raum schon ausfüllten;[7] auch die Kirche und das Katholische Zentrum bildeten mächtige Hindernisse für die Faschisierung zumindest der intellektuellen Eliten.

Die Erste Republik war nach nur knapp 16 Jahren gescheitert. Seither sind viele Versuche unternommen worden, dieses Scheitern zu erklären. Im Wesentlichen kann man dabei zwei Schulen unterscheiden: die »Traditionalisten« und die »Modernisten«.[8] Die »traditionalistische« Schule erklärt das Scheitern der Republik, des Liberalismus und (allgemein) der Demokratie mit dem Hinweis auf den Import europäischer Ideen und Überzeugungen, die die Portugiesen letztlich korrumpiert hätten. Diese Richtung lehnte die liberale europäische Tradition des 19. Jahrhunderts ab und trat für eine absolute Monarchie sowie für traditionelle Institutionen, etwa Armee und Kirche, ein. Die Verwaltung sollte dezentralisiert werden, die parlamentarische Vertretung sollte korporatistischer Art sein. Die Traditionalisten griffen auf das Argument des Nationalcharakters zurück und führten das Scheitern der Republik auf dessen Unvereinbarkeit mit dem Liberalismus zurück. Viele Elemente dieser Deutung

---

5　K. Schwartzman, Social Origins (vgl. Anm. 2); João Freire, Anarquistas e operários. Ideología, oficios e prácticas sociais: o anarquismo e o operiarado em Portugal, 1900–1940, Porto 1992.
6　Juan J. Linz/Alfred Stepan (Hg.), The Breakdown of Democratic Regimes, Baltimore 1978, 82.
7　António Costa Pinto, Der Zusammenbruch der portugiesischen Demokratie in der Zwischenkriegszeit, in: Fernando Rosas (Hg.), Vom Ständestaat zur Demokratie. Portugal im 20. Jahrhundert, München 1997, 33–35.
8　D. Wheeler 1978 (vgl. Anm. 1), S.1016.

wurden später in der offiziellen Propaganda des salazaristischen »Neuen Staates« wieder aufgenommen.

Im Unterschied zu den Traditionalisten erklärten die »Modernisten« das Scheitern des Liberalismus und der Ersten Republik mit politischen, wirtschaftlichen und sozialen Faktoren. António Sérgio etwa, der wohl bedeutendste »Modernist«, führte schon früh die portugiesischen Entwicklungsdefizite nicht auf ein Übermaß an Europäisierung, sondern gerade auf den zu geringen Einfluss Europas zurück.[9] Er betonte die Notwendigkeit einer umfassenden Bildungskampagne für sämtliche Schichten des Landes, damit sich endlich die »Mentalität« der Portugiesen ändere und die erforderlichen Neuerungen Eingang ins Land fänden. Andere »Modernisten« wiesen auf weitere Faktoren als Erklärungen für das Scheitern der Republik hin: übermäßige Politisierung, geringe Parteidisziplin, Fehlen einer konstruktiven Oppositionspartei zu den Demokraten, mangelhafte Funktionsweise des Parlaments, Gewaltanwendung als Mittel der Politik, Fehlen einer starken Autorität.

2. Eine instabile Übergangsdiktatur (1926–1933)

Anfang 1926 kamen rechtsgerichtete junge Offiziere in Braga zu einer erneuten Verschwörung zusammen. Um möglichst viele Anhänger zu gewinnen, bestimmten sie den populären General Manuel Gomes da Costa zu ihrem Anführer. Der Staatsstreich erreichte zwar den Sturz der ungeliebten Regierung der Demokratischen Partei, aber die Putschisten entbehrten eines konkreten Programms für die politische Neuordnung Portugals. Gomes da Costa war im Grunde genommen ein unpolitischer Soldat, der keine klare Orientierung vorgeben konnte; daher entzog ihm die Armee sehr schnell wieder ihre Unterstützung und ernannte vorübergehend den Marineoffizier José Mendes Cabeçadas zum Regierungschef. Nach dem Putsch wurde der Universitätsprofessor António de Oliveira Salazar (1889–1970) aus Coimbra zum Finanzminister der Regierung des Kommandanten Mendes Cabeçadas berufen. Zum damaligen Zeitpunkt war die Sanierung der Finanzen zweifellos die wichtigste Aufgabe der Regierung. Da die Militärs seine Bedingungen nicht erfüllen konnten oder wollten – strenge Ausgabenkontrolle, drastische Verringerung der öffentlichen Ausgaben, Reduzierung der Staatsverschuldung, Mitspracherecht in allen Fragen der Finanzgesetzgebung –, verzichtete Salazar bald wieder auf den Posten.

Die Militärdiktatur verlor zusehends an gesellschaftlicher Zustimmung, da sie sich außerstande zeigte, die anstehenden Probleme zu lösen. Das vom Völkerbund erbetene Darlehen über zwölf Millionen Pfund Sterling wurde schließlich nicht ausbe-

---

9 António Sérgio, Abriß der portugiesischen Geschichte, Hamburg 1925.

zahlt, da die Portugiesen die Völkerbundbedingungen, die einer Kontrolle über die portugiesischen Finanzen gleichkamen, nicht akzeptierten. Knapp zwei Jahre nach dem Putsch ernannte General Oscar Fragoso Carmona (1869–1951), der inzwischen Präsident geworden war, Salazar erneut zum Finanzminister (27. April 1928) und ersetzte im Kabinett etliche Militärs durch zivile Technokraten. Mit der Berufung Salazars in die Regierung begann in der portugiesischen Geschichte des 20. Jahrhunderts eine neue Epoche, die ihre Bezeichnung nach dem »starken Mann« des Kabinetts erhalten sollte: Salazarismus. Die Militärs akzeptierten seine Vorherrschaft im Kabinett, dessen (finanz-)politische Ausrichtung er weitestgehend bestimmte. Durch seine drakonischen Maßnahmen verschaffte sich der Volkswirtschaftsprofessor sehr schnell völlige Kontrolle über die Wirtschafts- und Finanzpolitik der Regierung. In jenen Jahren entwickelte er seine Lehre vom Vorrang des Haushaltsgleichgewichts sowie die Rechtfertigung des Korporatismus und des »starken Staates«. Seine Politik führte schnell zum Erfolg; da er außerdem die Unterstützung konservativer Militärs und gesellschaftlicher Kreise genoss, machte ihm kein anderer Politiker Konkurrenz. Ihm gelang politisch ein Kompromiss zwischen den verschiedenen Strömungen innerhalb der portugiesischen Rechten.

Salazar, der Zeit seines Lebens unverheiratet blieb, entstammte einem tief religiösen katholischen Elternhaus. Er besuchte mehrere Jahre ein Priesterseminar, entschied sich 1910 jedoch gegen ein Theologie- und für ein Wirtschaftsstudium an der Universität Coimbra. 1918 schloss er sein Studium mit einer Promotion ab. In Coimbra ließen Salazar und einige katholische Intellektuelle das traditionelle »Akademische Zentrum der christlichen Demokratie« in neuer Form wieder aufleben. Diese Organisation von Studenten und Professoren engagierte sich für eine sowohl sozial als auch katholisch ausgerichtete Gesellschaft auf der Grundlage der päpstlichen Enzykliken. Seine ersten politischen Gehversuche unternahm der inzwischen zum Professor ernannte Salazar in der katholischen Zentrumspartei, für die er bei den Wahlen von 1919 ins Parlament einzog.

Als Salazar 1928 in die Regierung berufen wurde, gab es an der Machtaufteilung zwischen dem damaligen Ministerpräsidenten José Vicente de Freitas und dem neuen Finanzminister Salazar keinen Zweifel, nachdem letzterer eindeutig die Bedingungen diktiert hatte, unter denen er bereit war, ins Kabinett einzutreten. Der Militärjunta blieb keine andere Wahl, als Salazars Forderungen anzunehmen, da es ihr an volkswirtschaftlichem Sachverstand zur Lösung der Finanzprobleme fehlte. Mit den notwendigen Vollmachten ausgestattet, verschaffte sich der Finanzdiktator sehr schnell die vollständige Kontrolle über die Wirtschafts- und Finanzpolitik des Landes. Innerhalb eines Jahres gelangen ihm der Ausgleich des Staatshaushalts und die Stabilisierung des *Escudo*. 1929 führte er eine Kredit- und Steuerreform durch, 1930 eine Reform des öffentlichen Rechnungswesens. Die staatlichen Sparmaßnahmen verlangten der Bevölkerung große Opfer ab und führten vorerst zu einer Wirtschaftsrezession. Salazars Sanierungspolitik machte auch nicht vor dem Militär halt. Die Militärausgaben wurden gekürzt, das Kriegs- und das Marineministerium wurden zum Verteidigungsministerium zusammengelegt, das Beförderungswesen wurde neu geregelt – Maßnahmen, die bei den Streitkräften heftigen Unmut auslösten, letztlich jedoch toleriert wurden.

In jenen Jahren untermauerte Salazar sein politisches Konzept, in dem ein ausgeglichener Haushalt eine zentrale Rolle spielte. Berühmt ist sein Ausspruch, der den Charakter des von ihm angestrebten Gemeinwesens widerspiegelte: »Nichts gegen die Nation, alles für die Nation«. Er wollte einen »wirtschaftlichen und sozialen Nationalismus« und die unumstrittene Souveränität eines autoritären »starken Staates« einführen. Dafür sollten die Exekutive gestärkt, die Parteien und Gewerkschaften abgeschafft, die Zensur eingeführt sowie Polizei und Streitkräfte reorganisiert werden. Salazar gelang es, die wohlwollende Neutralität der Mittelschichten zu gewinnen, so dass zwischen 1927 und 1933 vor allem in Porto und Lissabon aufkommende Revolten – die in einem Teil der Literatur als »Bürgerkriege« bezeichnet werden – keinerlei Aussicht auf Erfolg hatten. Im Februar 1927 kam es auf dem Festland, im April/Mai und August 1931 auf Madeira, den Azoren, in Guinea und in der Hauptstadt zu größeren Unruhen von Seiten des republikanischen Radikalismus, der in Verbindung mit der schwachen Arbeiterbewegung das Land gegen die Militärdiktatur und für die Erneuerung einer demokratischen Republik mobilisieren wollte. Auch diese Revolten konnten niedergeschlagen werden. Die Arbeiterbewegung verfiel für längere Zeit in Lethargie, der Anarchosyndikalismus verlor seinen Einfluss in der Arbeiterschaft, die sich erst allmählich – vor allem nach dem Zweiten Weltkrieg – unter kommunistischem Einfluss neu formierte. Vorübergehend duldete der Diktator eine legale Opposition; aber nahezu alle Oppositionsgruppen lösten sich auf oder wurden unterdrückt, ebenso wie sämtliche politische Parteien, die Gewerkschaften und Geheimbünde. Da Salazar mit seiner Reform des Staatshaushaltes finanzpolitisch erfolgreich war und vielerlei Unterstützung genoss, war seine Ernennung zum Regierungschef nur eine Frage der Zeit. Am 5. Juli 1932 war es schließlich so weit: Präsident Carmona ernannte ihn zum Ministerpräsidenten. Das Amt sollte er bis zu seinem Unfall im Jahr 1968 innehaben.[10] Die Diktatur Salazars entstand somit in den Jahren der Großen Depression nach 1929; später konsolidierte sie sich in Zusammenhang mit dem Spanischen Bürgerkrieg (1936–1939), überlebte den Zweiten Weltkrieg und überdauerte – mit Marcelo Caetano an der Spitze – noch mehr als ein Vierteljahrhundert, bis zur »Nelkenrevolution« von 1974.

---

10 Vgl. Douglas L. Wheeler, A Ditadura Militar Portuguesa, 1926–1933, Lisboa 1988.

3. Der Aufbau des *Estado Novo*

Der *Estado Novo* – so nannte Salazar sein Regime – gab sich im Frühjahr 1933 eine neue, auf den Regierungschef zugeschnittene Verfassung. Der von Universitätsprofessoren ausgearbeitete Verfassungstext wurde am 19. März 1933 einem Referendum unterworfen und trat am 11. April 1933 in Kraft. Von den rund vier Millionen Erwachsenen waren etwa 1,3 Millionen wahlberechtigt; die Zustimmung zur Verfassung war nahezu hundertprozentig. Während anfangs – auch wegen der manipulierten Volksabstimmung – durchaus von einer illegitimen Verfassung gesprochen werden kann, entfaltete sie im Laufe der Zeit normative Kraft. Oberste Verfassungsorgane waren der Präsident der Republik, die Nationalversammlung, die Regierung und die Gerichte; außerdem errichtete die Verfassung die Korporativkammer und den Staatsrat.[11]

Der Präsident der Republik wurde (bis 1959) direkt gewählt; er ernannte und entließ den Ministerpräsidenten, konnte die Nationalversammlung auflösen, leitete die Außenpolitik. Dem Präsidenten war ein Staatsrat beigeordnet, der als Beratungsorgan fungierte. Obwohl die Verfassung rein formal ein präsidiales System festschrieb, lag die eigentliche Gewalt beim Ministerpräsidenten. Salazar brauchte auch nie Bedenken zu haben, ob er vom Staatspräsidenten zum Ministerpräsidenten ernannt wurde, nachdem er selbst den zu wählenden Präsidenten vorschlug. Der Regierungschef musste alle Verfügungen des Präsidenten gegenzeichnen. Die Regierung erhielt außerdem eine eigene Gesetzgebungskompetenz. Eigentlich sollte die Exekutive Gesetzesverordnungen ohne parlamentarische Ermächtigung nur in Fällen erlassen, in denen das »öffentliche Interesse« dies erforderte; in der Verfassungswirklichkeit berief sich die Regierung jedoch immer häufiger auf die Ausnahmekompetenz und umging regelmäßig das grundsätzliche Erfordernis der Verordnungsermächtigung. Eine Kontrolle des Ministerpräsidenten konnte nur vom Präsidenten ausgeübt werden; deswegen spricht man in der Literatur von einem »doppelköpfigen Präsidentalismus« oder einer »bipolaren Exekutive«[12]

Die Befugnisse der Nationalversammlung waren stark beschränkt; dies entsprach den Vorstellungen Salazars, für den Herrschaft der Legislative gleichbedeutend mit Zerstörung des Staates durch eine Diktatur von Partei- und Partikularinteressen war. Das »Parlament« setzte sich zunächst aus 90, später aus 150 Abgeordneten zusammen; volle gesetzgebende Kompetenz besaß es nicht. Die Nationalversammlung trat

---

11 Zur Verfassung vgl. André Thomashausen, Verfassung und Verfassungswirklichkeit im neuen Portugal, Berlin 1981, 40–65, sowie Dietrich Briesemeister/Axel Schönberger (Hg.), Portugal heute, Frankfurt am Main 1997, 181–186.

12 Zur Terminologie vgl. Werner Kaltefleiter, Die Funktionen des Staatsoberhaupts in der parlamentarischen Demokratie, Wiesbaden 1970.

jährlich zu einer dreimonatigen Sitzungsperiode zusammen; die Regierung war nicht von ihrem Vertrauen abhängig.

Der Staat hatte das Recht und die Pflicht, die Wirtschafts- und Sozialordnung zu regulieren sowie für eine gerechtere Einkommensverteilung zu sorgen. Hinter der korporatistischen Staatsidee standen die Absage an eine klassenkämpferische Gesellschaftskonzeption und die Vorstellung, liberale und soziale Errungenschaften in einem politisch konservativen System zusammenführen zu können. In der Eigeninterpretation der Regimevertreter war diese Ordnung von der Absicht geleitet, ein Gleichgewicht zwischen größtmöglicher Freiheit der Bürger und notwendiger Autorität des Staates herzustellen[13].

An die Stelle des Parlaments sollte die zur korporativen Nation zusammengeschlossene Gesamtheit der Bürger treten; Grundlage der Herrschaft sollten die »natürlichen« Zusammenschlüsse der Bürger sein: Familien, Berufsstände, Kirche, Universitäten. Oberstes Vertretungsorgan der »Stände« war die korporative Kammer, die allerdings keine politisch wirksamen Kompetenzen erhielt, sondern im Wesentlichen ein Konsultativorgan blieb. Über die Zusammensetzung der Korporativkammer entschied ein besonderes Regierungsorgan, der Korporativrat. Auf der untersten Ebene dieses korporativen Systems erfolgte – örtlich und nach Berufszweigen getrennt – der Zusammenschluss der Arbeitnehmer in »Syndikaten« und der Arbeitgeber in »Gremien«. Bei Fischerei und Landwirtschaft bestand Zwangsmitgliedschaft. Auf der zweiten Ebene wurden die Syndikate und Gremien gleicher Sektoren zu »Bünden« und gleicher Branchen zu »Föderationen« zusammengeschlossen. Die höchste Ebene, auf der die gesamte Wirtschaft sich in »Korporationen« zusammenschließen sollte, wurde erst 1957, lange nach dem Zweiten Weltkrieg, schrittweise vollzogen.

Die Korporativkammer bestand aus zwölf Sektionen, in denen Vertreter der Gemeinden, der Distrikt- und Provinzverwaltungen sowie der berufsständisch gegliederten Gesellschaft saßen; unterschieden wurden die Bereiche geistiges Leben (Kunst, Wissenschaft), Erziehung, Landwirtschaft, Fischerei, Gewerbe, Industrie, Verkehr, Wirtschaft. Die einzelnen Organismen dieser Ordnung, die als öffentlich-rechtliche Selbstverwaltungskörperschaften verfasst waren, erfüllten Aufgaben wie Sozial- und Altersfürsorge, Abschluss von Tarifverträgen, Wirtschaftsplanung und -förderung. Durch die Kontrolle des gesamten Korporativsystems »von oben« wurde vor allem den Arbeitnehmern eine reale Beteiligung an den (wirtschafts-)politischen Entscheidungen verwehrt. Während diesen ihre traditionellen Kampfmittel – Streikrecht und Vereinigungsfreiheit – genommen wurden, konnte die Arbeitgeberseite ihre Eigenständigkeit wahren.

Zu Beginn des *Estado Novo* ließ die Wirtschaftspolitik noch keine klaren Konturen erkennen; klar war nur, dass der Finanzminister ein Vetorecht bei allen Budgeterhö-

---

13 Thomashausen 1981 (vgl. Anm. 11), 40–45.

hungen der anderen Ministerien beanspruchte. Die ersten finanzpolitischen Maßnahmen deuteten allerdings bereits die »Finanzdiktatur« an, die Salazar ausüben würde. Das »Gesetz über die Ökonomische Rekonstituierung« von 1935 war sodann der Versuch einer langfristigen Wirtschaftsplanung; die Industriepolitik der folgenden Jahre wies stark interventionistische Züge auf. Die neuere Forschung charakterisiert die wirtschaftliche Entwicklung Portugals während der ersten 20 Jahre des *Estado Novo* als Kampf zwischen den Vertretern ländlich-bäuerlicher Interessen einerseits und der Industrie andererseits. Im Zweiten Weltkrieg wurde die Ökonomie immer mehr zu einer gelenkten Wirtschaft; die Regierung kontrollierte und regulierte den Außenhandel, rationierte Produkte wie Brennstoffe und Nahrungsmittel, beschleunigte die industrielle Entwicklung. Interventionismus und Industrialisierung waren die herausragenden Charakteristika der portugiesischen Wirtschaft in den Kriegsjahren.

Allerdings blieb aufgrund des stagnierenden Industriewachstums der Arbeiteranteil an der Bevölkerung gering. Noch 1940 machten die in der Industrie Beschäftigten gerade einmal 21 % der gesamten Arbeiterbevölkerung aus. Lediglich in Lissabon und im Gürtel nördlich und südlich des Tejo gab es eine Konzentration des Industrieproletariats; ansonsten kann man allenfalls von »Industrie-Inseln« sprechen: Wollindustrie gab es in der Gegend von Covilha, Glas in Marinha Grande / Vieira de Leiria, Papier und Textilien in Tomar, Metallverarbeitung in Tramagal / Entroncamento, Konserven und Kork in einigen Orten der Algarve.

Gewissermaßen als Ausführung der Verfassungsbestimmungen im Arbeitsbereich wurde im September 1933 das »Nationale Arbeitsstatut« erlassen, das ein Recht auf Arbeit und angemessenen Lohn, feste Arbeitszeitregelungen und einen bezahlten Jahresurlaub festlegte. Salazar berief sich immer wieder auf die kirchliche Soziallehre, insbesondere auf die Enzyklika *Quadragesimo anno* von Papst Pius XI. (1931); die korporatistische Ordnung sollte den Klassenkampf und den Verfall der Gesellschaft in auseinanderstrebende Interessen überwinden.

Die Verfassung sah zwar eine Trennung von Staat und Kirche vor, bezeichnete aber zugleich das römisch-katholische Bekenntnis als traditionelle Konfession der portugiesischen Nation. Glaubensfreiheit und freie Religionsausübung waren garantiert, wenn auch die rechtliche Gleichstellung von nicht-katholischen Religionsgemeinschaften eingeschränkt blieb. Anfangs bestanden enge Beziehungen zwischen Staat und Kirche, zahlreiche Katholiken stiegen in wichtige politische Ämter auf. Die vom Regime verkündeten sozialpolitischen Ziele stellten die Rechtfertigung für das Engagement der Katholiken in der neuen Ordnung dar. Im *Estado Novo* gewann die Kirche ihre Rolle im öffentlich-gesellschaftlichen Raum zurück, sie wurde zu einem bedeutsamen Instrument Salazars bei der Durchsetzung der Vorstellungen vom korporatistischen Ständestaat. Da die Kirche von Salazar jedoch nicht als juristische Person anerkannt wurde, kam es zum Konflikt, der erst 1940 mit der Unterzeichnung des

Konkordats gelöst werden konnte, das der Kirche gewaltige steuerliche Vergünstigungen verschaffte. Das Konkordat und ein besonderes Missionsabkommen für die »überseeischen Gebiete« in Afrika und Asien verpflichteten die staatlichen Schulen zum Unterricht in katholischer Religion und Sittenlehre. Damals wurde ein Teil des 1910 enteigneten kirchlichen Eigentums vom Staat zurückerstattet, Kirchen und Priesterseminaren wurde Abgabenbefreiung gewährt, Diözesen und Missionsvereinigungen in Übersee erhielten Unterstützung.[14]

Wegen der engen Beziehungen zwischen Staat und katholischer Kirche ist das salazaristische Regime von seinen Gegnern häufig als klerikal-faschistisch oder (abgeschwächt) national-katholisch bezeichnet worden. Allerdings handelte es sich beim *Estado Novo* nicht um ein konfessionelles Regime; vielmehr entfernten sich Staat und Kirche im Laufe der Jahre zusehends voneinander. Salazar war ein herausragendes Mitglied der katholischen Zentrumspartei und als solches überzeugter Katholik; er eröffnete der Kirche die Möglichkeit, ihre Ziele in der Religions- und Sozialpolitik zu verwirklichen. Während die katholischen Eliten laizistischen Bemühungen entgegen traten und die Auseinandersetzung mit totalitären Systemen führten, entschied sich das salazaristische System für Korporatismus, gab der Erziehungspolitik eine christliche Ausrichtung und eröffnete neue Perspektiven für die Missionierung in Übersee. Den Korporatismus betrachteten die katholischen Führer als dritten Weg neben dem revolutionären Kollektivismus kommunistischer Prägung und dem Individualismus des liberalen Kapitalismus.

Der Salazarismus verfügte über drei Massenorganisationen: die bereits 1930 gegründete *União Nacional* als Einheitspartei, die 1936 ins Leben gerufene *Legião Portuguesa* als paramilitärische Freiwilligenmiliz und die ebenfalls seit 1936 bestehende *Mocidade Portuguesa* als Staatsjugend. Die »Nationale Union« sollte ein Parteiersatz, eine »Bewegung« nach dem Vorbild Italiens sein. Als neue Organisationsform sollte sie im Dienst des *Estado Novo* die nationale Integration betreiben und dessen korporative Strukturprinzipien durchsetzen. Die »Portugiesische Legion« hatte die Aufgabe, als »patriotischer Verband« von Freiwilligen den moralischen Widerstand der Nation zu organisieren und gegen die Feinde des Vaterlandes zu kämpfen. Und die »Portugiesische Jugend«, die nach dem Vorbild der Hitlerjugend konzipiert war, diente der außerschulischen Jugendbetreuung und Kaderbildung, der Disziplinierung der Heranwachsenden im Sinne der Pädagogik des Neuen Staates sowie der Kontrolle der Familien.[15]

---

14 Zu den Auseinandersetzungen zwischen Staat und Kirche vgl. José Geraldes Freire, Resistencia Católica ao Salazarismo-Marcelismo, Porto 1976.
15 António Costa Pinto, O Salazarismo e o Fascismo Europeu, Lisboa 1992; ders., Salazar's Dictatorship and European Fascism. Problems of Interpretation, New York 1995; Manuel Braga da Cruz, O partido e o estado no salazarismo, Lisboa 1988.

Obwohl die demokratischen Parteien sich im *Estado Novo* selbst aufgelöst hatten oder zerschlagen worden waren und nur im Untergrund weiter bestehen beziehungsweise wieder aufgebaut werden konnten, veranstaltete das salazaristische Regime regelmäßig Wahlen und Abstimmungen; diese sollten den korporatistischen Institutionen Legitimität verschaffen. Die Verfassung von 1933 schrieb zwar die Gleichheit aller Bürger fest, das Wahlgesetz von 1934 schränkte allerdings das Wahlrecht erheblich ein. Vor allem Frauen wurden diskriminiert; Alphabetismus und ein bestimmter Steuersatz waren außerdem Voraussetzungen zur Ausübung des Wahlrechts. Die »Wahl« war auch insofern eine Farce, als es nur eine Wahlliste gab, auf der lediglich Regierungsanhänger standen. Außerdem sorgten die durch ein Dekret 1933 eingeführte Pressezensur und die Einschränkung der Versammlungsfreiheit dafür, dass sämtliche Wahlen im Sinne des Regimes verliefen. Die Vorzensur für Massenmedien und die Willkürmaßnahmen der Zensurbehörden (Konfiszierungen, Schließungen von Verlagen etc.) führten schnell zu einer planmäßigen Entpolitisierung, damit zu einem Niveauverlust und schließlich zu einer Gleichschaltung der Tagespresse und der übrigen Massenmedien.

Das Verhältnis Salazars zu den Militärs war nicht spannungsfrei, da er ihren Einfluss auf die Politik einschränkte, sie von seinen Reform- und Sparmaßnahmen nicht ausnahm, die Militärausgaben kürzte und eine Neuregelung des Beförderungswesens durchführte. 1933 schuf Salazar – nach dem Vorbild der deutschen Geheimen Staatspolizei (Gestapo) – die Staatsschutzpolizei *Policia de Vigilância e de Defesa do Estado*, deren Zuständigkeit auch die Armee betraf und von dieser misstrauisch beobachtet wurde. Diese Geheimpolizei – ein Werkzeug der politischen Justiz und Unterdrückung – umfasste schließlich einen Apparat von 10.000 Mitgliedern, sie verfügte über Sondergerichte und berüchtigte Spezialgefängnisse und baute im Laufe der Jahre ein umfangreiches Informanten- und Spitzelnetz auf; bald gelang ihr – nachdem sie auch über weitreichende Sondervollmachten verfügte – eine umfassende polizeistaatliche Überwachung des öffentlichen und privaten Lebens. 1945 wurde sie in *Policia Internacional e de Defesa do Estado* (PIDE) umbenannt, ihre Arbeitsweise und Funktion änderten sich allerdings nicht.

Auch die Gründung (1936) der paramilitärischen *Legião Portuguesa* als bewaffnete Freiwilligenmiliz – zum Einsatz im Spanischen Bürgerkrieg auf der Seite Francos – wurde vom Militär schon deshalb als Provokation empfunden, weil Salazar sich gleichzeitig weigerte, mehr Geld in die Modernisierung und Ausrüstung der Armee zu investieren. 1938 schließlich wurden die überfälligen Reformen des Militärs gegen erheblichen Widerstand aus den Reihen der Streitkräfte in Angriff genommen und Regelungen für die Organisation, den Militärdienst, die Laufbahn, die Besoldung, die Ausbildung etc. getroffen.[16]

---

16 Marko Golder/Manuel von Rahden, Studien zur Zeitgeschichte Portugals, Hamburg 1998, 24–55.

Zusätzlich zu den bisher genannten Institutionen muss noch das System der politischen Justiz erwähnt werden, das für die Erhaltung des *Estado Novo* eine entscheidende Rolle spielte; ein komplexes Polizei-, Justiz- und Repressionssystem ermöglichte dem Salazarismus das Überleben und förderte ein Klima des Gehorsams, der politischen Nichteinmischung und der Anpassung, das als mentale Disposition einer von Analphabetismus gekennzeichneten Bevölkerung eine wichtige Voraussetzung für die Durchsetzung autoritärer Politik war.[17]

Dem *Estado Novo* lag eine dezidiert nationalistische Wirtschaftsdoktrin zugrunde; er verfolgte das Ziel einer langsam-kontinuierlichen Entwicklung unter Verzicht auf ausländische Hilfe. Aus der Sicht der Wirtschaftsordnung lässt sich von einer Mischung aus privatwirtschaftlichen Elementen und staatlichem Interventionismus sprechen. Da es seit Beginn des Zweiten Weltkrieges – aus dem sich Portugal (trotz seiner engen Bindungen an England) heraushalten konnte – der Regierung um eine Beschleunigung des Industrialisierungsprozesses und Anhebung des allgemeinen Lebensstandards ging, kam es in den 1940er Jahren zu einer Verstärkung des Interventionismus. Die Regierung kontrollierte und regulierte den Außenhandel; außerdem rationierte sie Produkte wie Brennstoffe und Nahrungsmittel. 1944 wurde das Gesetz über Elektrifizierung, 1945 das über industrielle Entwicklung und Reorganisation verabschiedet. Ziel dieser und weiterer Gesetze war die Förderung der Importsubstitution und neuer Wirtschaftsbereiche zum Schutz des Binnenmarktes. Unabhängig von diesen Bemühungen blieb die Wirtschaft im europäischen Vergleich unterentwickelt; die Landwirtschaft behielt noch lange Zeit ihr maßgebliches Gewicht in der Gesamtwirtschaft bei.

4. Diktatur und Kolonialimperium

Die Verfassung von 1933 hatte den Neuen Staat als eine »einheitliche und korporative Republik« definiert. Die außereuropäischen Territorien – in Afrika, Indien, China, Ozeanien – wurden später zu »Überseeprovinzen« erklärt, die als integraler Bestandteil des portugiesischen Staates untereinander und mit dem »Mutterland« eine Solidargemeinschaft bildeten. Alle außereuropäischen Territorien wurden als »integraler Bestandteil« Portugals betrachtet. Dahinter stand die Idee einer multirassischen und plurikontinentalen Nation. Lange Zeit war das wichtigste Merkmal der portugiesischen Außenpolitik die Verteidigung des kolonialen Erbes, besonders in Afrika. Dort spielten Angola an der Westküste (mit 1,2 Millionen km²) und Mosambik an der

---

17 Fernando Rosas, Salazarismus oder die Kunst des Überdauerns, in: ders. (Hg.), Vom Ständestaat zur Demokratie. Portugal im 20. Jahrhundert, München 1997, 37–48.

Ostküste (mit 738.000 km²) die bedeutendsten Rollen. Seit Mitte der 1890er Jahren hatte Portugal eine Reihe von »Befriedungsfeldzügen« durchgeführt, die 1920 im Wesentlichen abgeschlossen werden konnten. Die Kontrolle über das Kolonialgebiet blieb allerdings unsicher, da die Militärverwaltung nur unzureichend organisiert war. In jenen Jahren begann der portugiesische Staat – unter dem Druck der Völkerbundforderung nach »Zivilisierung« der »eingeborenen« Völker – mit einer Entwicklungs- und Modernisierungspolitik in den Kolonien, vor allem in Angola, die zwar wegen fehlender Finanzmittel, einer galoppierenden Inflation und hoher Auslandsschulden bald scheiterte; das Kolonialreich galt allerdings als »heilig« und wurde zu einem zentralen Bestandteil der nationalen Identität.

Die Militärdiktatur von 1926 stärkte durch verschiedene Rechtsordnungen die Kontrollfunktion des »Mutterlandes«. Der *Estado Novo* setzte den Staatsapparat sodann in den Dienst der Errichtung des Kolonialreiches. Im *Acto Colonial* vom 8. Juli 1930, der Verfassungsrecht für die Kolonien war, hieß es: »Es ist das Wesen der portugiesischen Nation, ihre historische Aufgabe zu erfüllen und Gebiete in Übersee zu besitzen, zu kolonisieren und die dort lebenden Eingeborenen zu zivilisieren.« Mit dieser Formel, die das Geschichtsverständnis und portugiesische Sendungsbewusstsein zugleich zum Ausdruck brachte, wurde die Herrschaft über die »eingeborene« Bevölkerung ideologisch legitimiert; die Überlegenheit der westlichen Zivilisation verpflichtete zur Unterwerfung und Katholisierung nicht-zivilisierter Völker. Die »koloniale Mission« wurde als Bedingung für die Unabhängigkeit Portugals betrachtet,[18] für Salazar waren die Errichtung und der Erhalt des Kolonialreiches die vornehmste Aufgabe portugiesischer Politik.

Ökonomisch interpretiert, bestand der Sinn des »Kolonialpaktes« darin, dass die Kolonien der Industrie des »Mutterlandes« die nötigen Rohstoffe lieferten und dass die Kolonialmärkte portugiesischen Produkten vorbehalten blieben. Trotz beständiger Versuche zur Regulierung des Kolonialmarktes (Einrichtung von Devisenfonds, Industrielenkung, Einführung von Organismen zur wirtschaftlichen Koordination) betrug der Handel mit den Kolonien in den 1930er Jahren nie mehr als 15 %. Erst in den Weltkriegsjahren stiegen die portugiesischen Exporte in die Kolonien auf 20 %, Portugal wurde zum bedeutendsten Handelspartner von Angola und Mosambik.[19]

---

18 Gervase Clarence-Smith, The Third Portuguese Empire 1825–1975. A study in economic imperialism, Manchester 1985.
19 Leroy Vail/ Landeg White, Capitalism and Colonialism in Mozambique, London 1980, 272ff.; Fernando Rosas (Hg.), Portugal e o Estado Novo (1930–1960), Lisboa 1992, 239ff.

5. Zur Debatte über den Diktaturtypus

Die Etablierung einer Diktatur im Portugal der Zwischenkriegsjahre war keine Ausnahmeerscheinung in Europa, sondern ein Fall mehr im Spektrum einer ganzen Reihe rechtsgerichteter Diktaturen, die sich in den 1920er und 1930er Jahren geradezu epidemisch ausbreiteten. So unterschiedlich diese Diktaturen im Einzelnen auch waren: Ihnen allen kann man gewisse typische Merkmale zuordnen, die in variierender Intensität die nichtdemokratischen politischen Systeme jener Epoche charakterisierten: »die Ausschaltung konkurrierender politischer Organisationen, die Unterdrückung und Verfolgung der Opposition, das Fehlen einer Gewaltenteilung, die Ausschaltung einer Öffentlichkeit, die die Macht kontrollieren könnte, die Aufhebung des Rechtsstaates und die Ausbildung eines Polizeistaates, die Nichtanerkennung eines gesellschaftlichen Pluralismus, die möglichst weitgehende Kontrolle der Gesellschaft durch die Bürokratie.«[20]

Die portugiesische Diktatur währte außerordentlich lange, bis zur »Nelkenrevolution« im April 1974. Jede Überlegung zur Definition des portugiesischen Diktaturtypus muss daher die variierenden Erscheinungsformen und Entwicklungen des politischen Systems Portugals zwischen den 1920er und den 1970er Jahren berücksichtigen. Von Bedeutung für die Analyse der verschiedenen Diktaturtypen im europäischen 20. Jahrhundert wurde die Unterscheidung zwischen den unterschiedlichen Formen autoritärer diktatorischer Herrschaften (Beharrungsdiktaturen, Entwicklungs- und Erziehungsdiktaturen, Notstandsdiktaturen etc.), die sich in der einen oder anderen Form zumeist auf das Militär stützten, und den totalitären Diktaturen sowjetischer und faschistischer / nationalsozialistischer Prägung.

Bei dem Versuch, die lange Diktatur Salazars typologisch zu erfassen, geht der Streit unter Historikern im Wesentlichen darum – wie übrigens auch im Fall der zeitgleichen franquistischen Diktatur im benachbarten Spanien[21] –, ob der *Estado Novo* eine Variante des autoritären Diktaturtypus oder der totalitär-faschistischen Systeme darstellte. Von großer Bedeutung bei der Beantwortung dieser Frage ist die Art der Entstehung der Diktatur, ging sie doch in den 1920er Jahren aus einer nahezu permanenten Finanzkrise und dem Scheitern des noch nicht belastungsfähigen republikanischen Demokratiemodells hervor, verstand sich somit zuerst als eine Form des Krisenmanagements ohne einen teleologisch-programmatischen Daueranspruch. Trotz aller

---
20 Reinhard Rürup: Zur europäischen Diktaturgeschichte im 20. Jahrhundert. In: Thomas Großbölting/ Dirk Hofmann (Hg.): Vergangenheit in der Gegenwart. Vom Umgang mit Diktaturerfahrungen in Ost- und Westeuropa. Göttingen 2008, 20.
21 Vgl. den Diktaturvergleich Spanien-Portugal bei Ursula Prutsch, Iberische Diktaturen. Portugal unter Salazar, Spanien unter Franco, Innsbruck 2012.

Differenzen innerhalb der Machtelite war für die Ausübung diktatorischer Gewalt die Unterstützung durch das Militär – oder zumindest dessen passive Akzeptanz des Übergangs von einem parlamentarisch-demokratischen und liberalen zu einem autoritären Modell – bedeutsam. Salazar entwickelte sein diktatorisches System zwar als Fachmann für Ökonomie und Finanzen (und nicht etwa als Militär), aber auch er stützte sich auf eine diktatorische Gewalt, die zuvor vom portugiesischen Militär geschaffen worden war.

In der Salazarismus-Forschung haben sich in den letzten Jahrzehnten zwei Schulen herausgebildet. Die eine Richtung lässt sich als »taxonomisch« bezeichnen, sie ist vor allem unter Soziologen und Politikwissenschaftlern anzutreffen. Zugrunde gelegt wird eine Reihe politischer und ideologischer Merkmale (Stil, Organisation), um die portugiesische Variante der Diktatur zu beschreiben und von anderen Bewegungen oder Regimen abzugrenzen. Exemplarisch sei auf António Costa Pinto verwiesen, der auf das Fehlen einer politischen Krise und einer faschistischen Bewegung oder Partei verweist, daher auch die Bezeichnung »faschistisch« für die portugiesische Diktatur der 1930er und 1940er Jahre ablehnt, den *Estado Novo* vielmehr in der Tradition des autoritären Konservativismus sieht.[22]

Manuel Braga da Cruz vertritt im Wesentlichen auch diese Linie, wenn er über den Faschismus sagt, dass »nicht alle autoritären Regime faschistisch waren«[23]. Während beim Nationalsozialismus oder Faschismus die Partei den Staat dominierte, war in Portugal die Partei vom Staat abhängig. Braga da Cruz bezog die Partei des Regimes somit in seine Überlegungen mit ein, um die Unterschiede zum Faschismus zu betonen. Das zweite für ihn wichtige Unterscheidungskriterium war die Form des Nationalismus. Faschismus und Nationalsozialismus charakterisiert er als expansionistisch, rassistisch und exkludierend; zum portugiesischen Nationalismus stellt er demgegenüber fest, dass er eine »konservative, traditionalistische und integrationistische Weltanschauung hatte«[24].

Die andere Richtung betont die Übereinstimmungen des salazaristischen Systems mit dem Faschismus. Eine deutliche Abgrenzung erfolgt allerdings zum Nationalsozialismus. Das Fehlen einer starken Partei oder Bewegung in Portugal wird damit erklärt, dass deren Funktionen von anderen Institutionen des salazaristischen Regimes übernommen wurden. Dieser Richtung gehören Soziologen wie Manuel Lucena und – von anderen theoretischen Ansätzen ausgehend – Historiker wie Fernando Rosas an.[25]

---

22 António Costa Pinto, O Salazarismo e o Fascismo Europeu, Lisboa 1992.
23 Manuel Braga da Cruz, O partido e o estado no salazarismo, Lisboa 1988, 30.
24 Ebda., 256.
25 Manuel de Lucena, A evolução do sistema corporativo portugués, Lisboa 1976; Fernando Rosas, O Estado Novo nos Anos Trinta (1928–1938), Lisboa 1986.

Anfang der 1990er Jahre versuchte Roger Griffin in einem neuen Ansatz, den Salazarismus als parafaschistisch zu charakterisieren. Parafaschistisch bedeutet für Griffin im portugiesischen Falle, dass Salazar gezwungen war, einige Elemente der faschistischen Politik in sein System aufzunehmen, zumindest aber zeitweise mit ihnen zu experimentieren. Nach Griffin werden jedoch im Parafaschismus Konflikte mit dem Faschismus nicht ausgeschlossen. Er verweist in diesem Zusammenhang auf die Eliminierung des *Integralismo Lusitano* durch Salazar.[26]

Zu den in der historischen Literatur bis heute umstrittenen Problemkomplexen gehört die Frage nach den Bedingungen für die lange Dauer des *Estado Novo*. Weitgehend einig ist sich die Forschung darin, dass die Lage Portugals an der Peripherie des Weltwirtschaftssystems – bei ökonomischer Abhängigkeit, geringer Industrialisierung und Dominanz der Landwirtschaft – eine wichtige Voraussetzung bildete, nachdem die großen Krisen schon deswegen ohne größere Auswirkungen auf das Land blieben, weil sie einerseits durch den Rückhalt Portugals in der Landwirtschaft und andererseits durch seine Möglichkeit des Ausweichens auf die kolonialen Märkte gedämpft wurden.

Einige internationale Aspekte und die inneren Strukturen gehören ebenfalls zu den bedeutendsten Faktoren der Kontinuität. Von den internationalen Aspekten wird an erster Stelle die Tatsache hervorgehoben, dass Portugal eine Kolonialmacht war und die Kolonien wesentlich die Fortdauer der wirtschaftlichen und sozialen Strukturen im »Mutterland« garantierten, dienten sie doch einerseits als Märkte für Waren und Kapital, andererseits als Rohstoff- und Nahrungsmittelquellen.[27] Bei den systemimmanenten Strukturfaktoren wird besonders auf die Wirtschaftspolitik Salazars, die Beziehungen der einzelnen systemstützenden Gruppierungen untereinander und zu den Machtzentren, die Zusammensetzung der wirtschaftlichen und politischen Elite, die Ideologie des Salazarismus und die Ausgrenzung nicht-systemkonformer Gesellschaftsgruppen verwiesen.

Die Hauptrichtung der Forschung besagt, dass »das nationalistische, vergangenheitsorientierte, antiindustrielle, ultrakonservative, katholische Weltbild die Unbeweglichkeit des *Estado Novo* und seines Diktators förderte und die Durchsetzung politischer und wirtschaftlicher Modernisierungsvorstellungen verhinderte«[28]. Des Weiteren wird darauf verwiesen, dass die verarmten, entpolitisierten und unterdrückten ländlichen Massen des Landesinneren und des Nordens ebenfalls das Regime stabilisierten.

---

26 Roger Griffin, The Nature of Fascism, London 1991.
27 Valentim Alexandre (Hg.), O Império Africano (Seculos XIX e XX), Lisboa 2000.
28 Rosas 1992 (vgl. Anm. 17), 39.

Von dieser Linie abweichend geht es der zweiten Forschungsrichtung darum, dass das Regime gezwungen war, die industrielle Modernisierung des Landes zu beschränken, um dem starken Agrarsektor und der ländlichen Bevölkerung Rechnung zu tragen. Gleichzeitig betont diese Richtung aber auch, dass die gezielte Industrie-Entwicklung ein Schlüsselelement der Politik des Regimes in den 1930er Jahren war [29].

Das Ende der Salazar-Caetano-Diktatur kam – genauso wie ihr Beginn – durch einen Militärputsch zustande. Während aber 1926 innere Unruhen zum Ende der Republik führten, waren es im April 1974 die ungelösten und unlösbaren Kolonialprobleme, die einen Teil der Streitkräfte zum Putsch gegen das autoritäre Regime brachten. Im Unterschied zu Franco-Spanien anderthalb Jahre später erwiesen sich in Portugal die alten Eliten als unfähig, aus eigener Kraft ein Ende der Diktatur herbeizuführen. Der entscheidende Impuls zum Regimewechsel kam aus den (mittleren) Offiziersrängen, die eingesehen hatten, dass Portugal unmöglich sein überkommenes Kolonialreich beibehalten konnte. Letzten Endes waren es somit kolonialpolitische Einsichten, die zum Sturz und Ende der portugiesischen Diktatur führten.

---

29 Vgl. hierzu exemplarisch Fernando Oliveira Baptista, A Política Agrária do Estado Novo, Porto 1993.

Federico Scarano

Die Krise der liberalen Demokratie in Italien nach dem Ersten Weltkrieg und die Machtübernahme des Faschismus

Wie bei den anderen europäischen Ländern hat die Krisis der liberalen parlamentarischen Demokratie in Italien ihre Ursache in den vom Ersten Weltkrieg bewirkten Erschütterungen. Allerdings gab es eine Krise des Systems bereits mit dem Kriegseintritt. Anders als bei der großen Überzahl der am Konflikt beteiligten Länder, die mit starkem Rückhalt der Mehrheit ihrer Bevölkerung in den Krieg gingen, weil diese überzeugt davon war, einen Verteidigungskrieg zu unterstützen, war in Italien die große Mehrheit für Neutralität wie Giovanni Giolitti, der maßgebende Mann im italienischen politischen Leben seit 15 Jahren.[1] Das galt für mehr als zwei Drittel der Parlamentarier; höchstens 150 von 508 Abgeordneten waren für den Krieg, wie der Ministerrat selbst am 12. Mai 1915 feststellte,[2] und wohl 80 % der Bevölkerung dagegen. Nach dem liberal-katholisch-gemäßigten Abgeordneten Angelo Valvassori Peroni waren in seinem Wahlkreis Melegnano bei Mailand von 150.000 Personen nur 60 wirklich für den Krieg[3]. Die Entscheidung zum Kriegseintritt wurde getroffen von Ministerpräsident Antonio Salandra, von Außenminister Sidney Sonnino und von König Viktor Emanuel III., welche am 26. April 1915 den Geheimvertrag von London abschlossen, der Italien zum Kriegseintritt innerhalb eines Monats verpflich-

---

1 Giolitti hat im Laufe seines politischen Lebens viel Kritik erfahren; der Historiker Gaetano Salvemini, ein gemäßigter sozialistischer Kandidat und später überzeugter demokratischer Interventionist und Antifaschist, veröffentlichte 1910 ein Buch mit dem Titel »Der Minister der Unterwelt«. (Gaetano Salvemini, Il ministro della malavita. Notizie e documenti sulle elezioni giolittiane nell'Italia meridionale, Firenze, 1910, neue Ausgabe 2008). Seit einiger Zeit hat die Geschichtsschreibung Giolitti im Allgemeinen äußerst positiv bewertet (wie Benedetto Croce schon 1928 in seinem Buch »Storia d'Italia dal 1871 al 1915«, Bari 1928). Schon der Journalist Giovanni Ansaldo widersprach Salvemini mit seiner fundierten Biographie »Il ministro della buona vita. Giovanni Giolitti e i suoi tempi«, Milano 1949. Für neuere Werke zugunsten von Giolitti vgl. Giovanni Spadolini, Il mondo di Giolitti, Firenze 1972; Nino Valeri, Giovanni Giolitti, Torino 1972; und besonders Aldo Alessandro Mola, Giolitti. Il senso dello Stato, Kindle E-book, Milano 2019. Für eine sehr ausgewogene Beurteilung der historiographischen Debatte um Giolitti vgl. Massimo L. Salvadori, Giolitti un leader controverso, Roma 2020. Die wichtigste dokumentarische Quelle ist Giovanni Giolitti al Governo, in Parlamento, nel Carteggio, 5 Bde., hg. v. Aldo A. Mola e Aldo G. Ricci, Foggia 2007–2010.
2 Ferdinando Martini, Diario 1914–1918, Milano 1966, 417–418.
3 Angelo Gatti, È la guerra. Diario maggioagosto 1915, Kindle E-book, Bologna 2018, 478.

tete.⁴ Denn der Artikel V des »Statuto Albertino«, das heißt die Verfassungsurkunde des Königreichs Italien, gab dem König die Möglichkeit, geheime internationale Verträge abzuschließen, ohne das Parlament zu informieren. Jedoch legte das Statut auch fest, dass Verträge, die eine Belastung für den Haushalt bedeuteten, oder Veränderungen des Hoheitsgebiets des Staates, die Zustimmung des Parlaments erforderten.⁵ Als Salandra sah, dass er sich im Parlament nur auf eine Minderheit stützen konnte, reichte er am 12. Mai 1915 sein Rücktrittsgesuch ein. Aber wegen der zum großen Teil gewaltsamen Straßenproteste der Minderheit für den Kriegseintritt, mit starker Unterstützung der maßgebenden Presse und der Regierung, und vor allem wegen der Tatsache, dass König und Regierung sich schon mit dem Pakt von London festgelegt hatten, lehnte nun Giovanni Giolitti, der politische Führer des Lagers der Neutralisten, es ab, eine neue Regierung zu bilden. Also nahm Viktor Emanuel den Rücktritt Salandras nicht an, und dieser erhielt am 20. Mai das Vertrauensvotum des Parlaments für »außerordentliche Vollmachten im Kriegsfall«.⁶ Viele Historiker haben hierin einen Quasi-Staatsstreich gesehen⁷; Benito Mussolini, der frühere Parteiführer der revolutionären Sozialisten, der wegen seines hitzigen Eintretens für eine Beteiligung am Krieg aus der sozialistischen Partei ausgestoßen worden war, schrieb dagegen in seiner Zeitung »Il Popolo d'Italia« am 11. Mai 1915, dass das Parlament das Pestgeschwür sei, welches das Blut der Nation vergifte, dass man es ausrotten und ein paar Dutzend Abgeordnete erschießen müsse. Drei Tage später fügte er hinzu, es sei ein Infektionsherd, der mit Eisen und Feuer ausgemerzt werden müsse.⁸

Anders als Salandra, die »interventisti«, wie Mussolini selbst, der König und der Generalstabschef Luigi Cadorna gedacht hatten, wurde der Krieg keineswegs kurz und leicht und stärkte auch nicht die liberale Regierungsform, sondern kostete – um nur die militärischen Verluste zu nennen – 700.000 Todesopfer, eineinhalb Millionen Verwundete und Kriegsversehrte; dazu kamen eine erschreckende Wirtschaftskrise,

---

4   Die komplizierten diplomatischen Verhandlungen und die italienischen Beweggründe sind gut dokumentiert: vgl. I Documenti Diplomatici Italiani, IV Reihe, Bd. XII, V Reihe, Bde. I–II hg. v. Ministero Affari Esteri, Commissione per la pubblicazione dei Documenti Diplomatici Italiani, Roma, 1952–1987; auch Alberto Monticone, La Germania e la neutralità italiana: 1914–1915, Bologna 1971 (deutsche Ausgabe: Deutschland und die Neutralität Italiens 19141915, Wiesbaden 1982).
5   Luigi Compagna, Italia 1915: in guerra contro Giolitti, Soveria Mannelli 2015, 18.
6   Roberto Vivarelli, Storia delle origini del fascismo. L'Italia dalla grande guerra alla marcia su Roma, 3 Bde., Bologna 1967–1991, Bd. I, 81. Über diese »Maikrise« vgl. Antonio Varsori, Radioso maggio. Come l'Italia entrò in guerra, Kindle E-book Bologna 2015. Über die Rolle des Königs: Andrea Ungari, La guerra del Re. Monarchia, Sistema politico e Forze armate nella Grande Guerra, Milano 2018.
7   Für eine Analyse der Geschichtsschreibung zum Thema: Varsori, Radioso, 96–164; insbesondere: Luigi Salvatorelli, Tre colpi di Stato, in: Il Ponte, 5 (1950) 4, 340–350; Nino Valeri, Da Giolitti a Mussolini, Milano 1974, 27; Varsori, Radioso, 3654–3658.
8   Benito Mussolini, Opera Omnia, hg. v. Edoardo e Duilio Susmel, Bd. 7, Firenze 1951, 376, 387.

ein vierfacher Anstieg der Lebenshaltungskosten gegenüber 1915 und das Eintreten einer vorrevolutionären Situation, in der die Mehrheit in der sozialistischen Partei sich für Revolution, die Schaffung einer sozialistischen Republik, eine Diktatur des Proletariats und dafür aussprach, dem Vorbild der russischen Revolution zu folgen. Die Arbeiter forderten immer mehr Rechte, und auch auf dem Land verlangten die Bauern und Landarbeiter Grund und Boden für sich oder wenigstens günstigere Abmachungen mit den Eigentümern. Aus dem Bauernstand waren die meisten zur Infanterie Eingezogenen gekommen und damit die meisten Kriegsopfer. Man hatte ihnen für das Kriegsende eine gerechtere Landverteilung versprochen. Die Anzahl der Streiks in den Fabriken nahm 1919 und 1920 exponentiell zu. und es begannen auch schon Besetzungen von Feldern auf dem Land. Die Sozialisten waren der Ansicht, dass die schrecklichen Verluste des Krieges ihrer Gegnerschaft zum Krieg voll recht gegeben hatten, und nicht selten wurden den ausgezeichneten Offizieren und Soldaten unter Beleidigungen ihre Orden heruntergerissen, so als ob sie für den Krieg verantwortlich gewesen wären. Das Klima war so aufgeheizt, dass die schwache Regierung Nitti am 4. November 1919 keinerlei Feierlichkeiten zum ersten Jahrestag des Sieges veranstaltete, weil sonst schwere Unruhen zu befürchten gewesen wären.

Am 10. April 1919 schrieb der einflussreiche konservativ-liberale Chefredakteur der bedeutendsten italienischen Tageszeitung »Il Corriere della Sera«, Luigi Albertini, an den Ministerpräsidenten Vittorio Emanuele Orlando. Er kritisierte ihn dafür, sich fast nur um eine Neuordnung am adriatischen Meer zu kümmern, und fügte hinzu: »Heute sorgt sich die öffentliche Meinung um ganz andere Dinge: man sieht, wie der Schandfleck des Bolschewismus sich mit schwindelerregender Geschwindigkeit ausbreitet; man beobachtet, wie die revolutionäre Propaganda in Italien auf eine nicht mehr überbietbare Tonhöhe gelangt; man stellt bei den Bürgern eine Art Resignation fest, eine passive Erwartungshaltung, eine Neuerungssucht, weil man ja wenig zu verlieren hat, und nur geringes Vertrauen darauf, dass die gewohnten hemmenden Faktoren noch wirken; man erlebt eine allgemeine Berauschtheit, aus der heraus die zügellosesten Forderungen erhoben werden, die sich durch kein Entgegenkommen mäßigen lassen, einen Ansturm allgemeinen Wahnsinns, der vielleicht ohne Folgen vorübergeht, der aber auch alles mit sich fortreißen kann«.[9] Aber es gab nicht nur solche Gefahren von der Linken, sondern ebenso von der Rechten; viele der nationalistisch eingestellten Soldaten und besonders die Stoßtrupps der »Arditi« hatten sich an Gewalt gewöhnt und fanden es schwer, sich wieder in ein normales Leben zu fügen. Sie hingen der Legende vom »verstümmelten Sieg« an, das heißt, dass Italien nicht solche Vorteile erhalten hätte, wie sie den gebrachten Opfern entsprechend gewesen wären. Denn auf der Friedenskonferenz stießen der seit Oktober 1917 im Amt

---

9 Renzo De Felice, Mussolini, Bd. 1, Mussolini il rivoluzionario, Torino 1965, 525–526.

befindliche Ministerpräsident Vittorio Emanuele Orlando und sein Außenminister Sonnino auf Widerstand bei den Alliierten, als sie die Umsetzung des Pakts von London verlangten, welcher – außer den mehrheitlich von Italienern bewohnten Gebieten und dem von Österreichern deutscher Volkszugehörigkeit besiedelten Südtirol – auch den größten Teil von Dalmatien mit 1 Million Slawen an Italien gab. Orlando verlangte darüber hinaus den Hafen Fiume (Rijeka), der Italien im Pakt von London nicht zugesagt war und der mehrheitlich von Italienern, die den Anschluss an Italien jetzt wollten, bewohnt war, der aber einen starken kroatischen Bevölkerungsanteil hatte. Italien wurde auch von der Aufteilung der deutschen Kolonien ausgeschlossen. Orlando und Sonnino verließen aus Protest die Friedenskonferenz und hatten dafür den größeren Teil der öffentlichen Meinung Italiens hinter sich. Die italienische Propaganda vertrat die Ansicht, dass der Eintritt Italiens in den Krieg entscheidend gewesen sei für den Sieg der Alliierten, und nach Meinung der größten Nationalisten wie Mussolini hatte Italien den vollständigsten Sieg davongetragen, weil es das österreichisch-ungarische Heer umfassend geschlagen habe.

Zum Zeichen, wie sehr sich das politische Klima in Italien geändert hatte, wurden Orlando und Sonnino am 2. Juni 1919 durch eine Regierung unter Francesco Saverio Nitti ersetzt, mit Tommaso Tittoni als Außenminister.[10]

Nitti hatte den Kriegseintritt Italiens nicht befördert, auch wenn er als Schatzminister nach der Niederlage von Karfreit viel zu den Kriegsanstrengungen Italiens beigetragen hatte; während des Krieges hätte er jedoch gerne einen Kompromissfrieden auch mit starken Verzichtsleistungen Italiens gehabt. Für den französischen Botschafter in Rom, Camille Barreré, war er ein Freund Deutschlands und ein Feind Frankreichs, genau wie der Liberale und Katholik Tittoni, der ein Anhänger Giolittis gewesen war. Nitti und Tittoni suchten für die Neuordnung am adriatischen Meer eine Kompromisslösung in direkten Verhandlungen mit den Jugoslawen, wie das andererseits auch die Alliierten verlangten. Grundlage sollte der gegenseitige Verzicht auf Maximalforderungen sein, aber sie konnten ein Aufbegehren der extrem nationalistischen Kräfte nicht verhindern. Diese besetzten Fiume am 12. September 1919 unter der Führung von Gabriele D'Annunzio, einer umstrittene Persönlichkeit, Dichter und Lebemann, der einer der glühendsten Verfechter des Kriegseintritts gewesen war und während des Krieges waghalsige Flugaktionen ausgeführt hatte. Er war auch der erste, der schon am 24. Oktober 1918 von einem verstümmelten Sieg sprach.[11] Das war also ein Akt offener Rebellion gegen die italienische Regierung und gegen Nitti,

---

10 Über Nitti vgl. Francesco Barbagallo, Francesco S. Nitti, Torino 1984.
11 Über D'Annunzio und Fiume vgl. Ferdinando Gerra, L'impresa di Fiume, 2 Bde. Milan, 1974; Marco Mondini, Fiume 1919: una guerra civile italiana, Salerno 2019; Giordano Bruno Guerri, Disobbedisco. Cinquecento giorni di rivoluzione Fiume 1919–1920, Milano 2019 (sehr pro D'Annunzio).

den D'Annunzio mit der Bezeichnung Cagoia (eigentlich »Nacktschnecke«, deutsch etwa »Hosenscheißer«) als feige und konfliktscheu verächtlich machte. Der Ministerpräsident zeigte sich als sehr schwach auch gegen sozialistische Agitationen und wagte jedenfalls nicht, D'Annunzio mit Gewalt aus Fiume zu vertreiben – dieser errichtete dort eine unabhängige Stadtverwaltung und nannte sie »Regentschaft der Kvarner Bucht«.[12] Dieses Unternehmen fand die volle Zustimmung und Unterstützung von Benito Mussolini, der am 23. März 1919 in Mailand die »Fasci di combattimento« (Kampfverbände, d.h. die spätere faschistische Partei) gegründet hatte.[13] Giulia Albanese zufolge, der Autorin des jüngsten Buches über den »Marsch auf Rom«, gab es auch ernsthafte Pläne der reaktionärsten, vom Heer unterstützten Kreise für einen Staatsstreich unter Beteiligung von D'Annunzio und Mussolini.[14]

Für Mussolini gilt das Urteil, das der Rechtsanwalt und frühere Südtiroler Abgeordnete Eduard Reut-Nicolussi, ein unbeugsamer Gegner des Faschismus und unermüdlicher Kämpfer für Südtirol, schon 1928 in seinem Buch *Tirol unterm Beil* gefällt hat: »Er würde in Russland ebenso den Bolschewistenführer und in Mexico den Kirchenverfolger spielen, wie in Italien den nationalistischen Imperator und den Schutzherrn der katholischen Kirche. Sein ganzes Leben ist eine Sammlung von Widersprüchen. Nicht im Sinne des Bismarckschen Umlernens, sondern im Geiste seines eigenen Wortes, daß er ›den Fetischismus der Folgerichtigkeit‹ ablehne. Schon die große Wandlung vom Sozialrevolutionär in Trient und Landstreicher in Lausanne zur heutigen Form eines asiatischen Despoten drückt dies aus, aber auch im knappen Rahmen seiner politischen Tätigkeit seit 1921 gibt es kaum einen Akt, kaum einen Ausspruch von ihm, wofür er nicht selbst eine gegenteilige Haltung und eine entgegengesetzte Äußerung geliefert hätte«.[15]

Und tatsächlich lobte das Programm der Faschisten die italienische Beteiligung am Krieg in höchsten Tönen; dabei ging es vor allem um die ehemaligen Kriegsteilnehmer. So wurde ein glühender Nationalismus an den Tag gelegt und erklärt, dass man die Kandidatur ehemaliger Vertreter der Neutralität in den Wahllisten verhindern wolle – aber sozial- und finanzpolitisch war die Einstellung sehr links, sozialismusfreundlich und republikanisch. In Wahrheit hatte sich Mussolini seine Bewegung anfänglich als eine Ansammlung der linken und revolutionären Interventionisten gedacht,[16] aber die

---

12 Über Nittis Schwäche gegen D'Annunzio vgl. Valeri, Da Giolitti, 39–49, 73–107.
13 Die beste Biographie über Mussolini ist immer noch das monumentale Werk von Renzo De Felice: Mussolini, 8 Bde., Torino 1965–1997; eine gute Darstellung auf Deutsch (auch einen Vergleich zwischen Mussolini und Hitler) bietet Walter Rauscher, Hitler und Mussolini. Macht, Krieg und Terror, Graz 2001.
14 Giulia Albanese, La marcia su Roma, Kindle E-book, Roma-Bari 2014, 377–427.
15 Eduard Reut-Nicolussi, Tirol unterm Beil, München 1928, 97.
16 De Felice, Mussolini, Bd. 1, 498–510.

erste Unternehmung, an der auch Mitglieder dieser neuen politischen Bewegung teilnahmen, war dann am 15. April die Zerstörung des Sitzes des offiziellen Organs der sozialistischen Partei, der Tageszeitung »L'Avanti!«, nach Zusammenstößen, die den Tod dreier junger sozialistischer Arbeiter und 40 Verwundete zur Folge hatten. Es war das die spontane Reaktion von »Arditi«, Nationalisten, Faschisten und Offiziersschülern auf einen Generalstreik und eine Demonstration der Sozialisten gewesen, mit denen gegen den Tod eines Arbeiters bei Zusammenstößen mit der Polizei protestiert werden sollte. Mussolini hatte diese Aktion nicht angeregt, aber als sie geschehen war, verteidigte er sie mit Entschiedenheit. Jedenfalls gab es Ende 1919 in ganz Italien erst 31 »Fasci« mit nur 870 Mitgliedern.[17]

Nitti wollte wie Giolitti soziale Reformen und hätte gerne die Katholiken und die gemäßigten Sozialisten daran beteiligt gesehen, lehnte aber jede Zusammenarbeit mit dem älteren Politiker ab, weil er ihn für seinen Hauptgegner in der Führerschaft des liberalen Lagers hielt.

Für den 16. November 1919 ließ Nitti Parlamentswahlen ansetzen, die ersten nach Verhältniswahlrecht, welches die Direktkandidaturen ablöste, auf denen neben anderen Faktoren die Macht Giolittis und der alten liberalen Eliten beruht hatte; das Ergebnis brachte den Erfolg der neuen Volksparteien, die denjenigen Strömungen entsprachen, welche sich am meisten gegen den Krieg gewandt hatten: Die Sozialisten erhielten 32,3 % und 156 Abgeordnete und waren damit stärkste Partei (weil die Liberalen sich in drei Gruppierungen aufgeteilt hatten); an zweiter Stelle die Katholiken, die zum ersten Mal mit einer eigenen Partei angetreten waren, der Volkspartei (partito popolare italiano PPI) unter der Führung des Geistlichen Luigi Sturzo, auf welche 20,5 % und 100 Abgeordnete entfielen. Aufsehenerregend war die Niederlage Mussolinis, der in Mailand, wo er kandidierte, nur 4.657 Stimmen (1,7 %) für seine Liste bekam und nur 2427 Vorzugsstimmen erhielt.

Die Sozialisten lehnten jede mögliche Zusammenarbeit mit den bürgerlichen Kräften ab, obwohl ihre reformistische Minderheit um Filippo Turati und Claudio Treves dafür gewesen wäre, und sie verließen den Plenarsaal mit dem Ruf »Es lebe die sozialistische Republik!«, als der König das neue Parlament feierlich eröffnete. Nitti blieb mit der Unterstützung der Volkspartei an der Regierung, aber die Krisen im Land, die Streiks, die Unruhen, die Inflation und der Rohstoffmangel wurden virulent: zudem wurde die Frage nicht gelöst, wie es an der Adria weitergehen sollte. Italien wurde von einer Staatsverschuldung niedergedrückt, die von 13 auf 94 Milliarden Lire hochgeschnellt war, vom politisch festgesetzten Brotpreis, von einer Explosion von Gehältern und Löhnen für Arbeiten, die unnütz waren.

---

17 Ebd., 510.

Nitti stürzte im April 1920, als die Volkspartei ihm die Unterstützung entzog; das liberale Regierungssystem spielte seine letzte Karte aus, die noch etwas bringen konnte, indem Giovanni Giolitti an die Macht zurückkehrte, jetzt 78 Jahre alt, aber immer noch voller Energie. Schon vor der Wahl hatte er am 12. Oktober 1919 sein Programm in einer Wahlrede entworfen und den Anspruch erhoben, mit seiner Befürwortung einer Neutralität während des Krieges recht gehabt zu haben.[18] Er war der Ansicht, dass die Krise Italiens auch eine Krise seines Parlaments war, welches seine Zuständigkeiten wieder voll wahrnehmen müsse, und er verlangte die Abschaffung des Artikels V des Verfassungsstatuts, der dem Parlament die Möglichkeit vorenthielt, über internationale Verträge, Krieg und Frieden zu entscheiden. Er wollte nicht, dass »risikofreudige Minderheiten und Regierungen ohne Verstand und Gewissen das Land gegen den Willen des Volkes«[19] noch einmal in einen Krieg führen könnten. Er plädierte dafür, dass die Kosten zur Beseitigung der Kriegsschäden nicht von den Schichten des Volkes getragen werden sollten, die dadurch schon das größte Leid erfahren hätten. Seine programmatische Rede war sehr fortschrittlich mit einer scharfen Verurteilung der Kriegsgewinner und der herrschenden Klassen, die die Welt in den Krieg geführt hatten, und mit einer Betonung der Notwendigkeit, die Schichten des Volkes an der Führung des Landes zu beteiligen. Aufgrund dieser Rede nannten ihn die konservativeren und seinerzeit interventionistischen Stimmen in der Gesellschaft, wie der »Corriere della Sera«, völlig zu Unrecht den »Bolschewisten mit der Annunziata«; damit meinten sie die höchste Auszeichnung, den Verdienstorden des Hauses Savoyen, dessen Träger Giolitti war.

Der betagte Staatsmann beabsichtigte darüber hinaus, die Volkspartei und auch die reformistischen Sozialisten um Turati und Treves zu beteiligen; er nahm in seine Regierung die katholischen Vertreter der Volkspartei Filippo Meda und Giuseppe Micheli für das Schatzministerium beziehungsweise das Landwirtschaftsministerium auf, weiters als Verteidigungsminister den demokratischen Kriegsbefürworter und ehemaligen Sozialisten Ivanoe Bonomi und als Arbeitsminister den Gewerkschafter und ehemaligen revolutionären Sozialisten Arturo Labriola, der 1913 sein erbitterter Widersacher gewesen war.[20] Außenminister wurde der erfahrene Diplomat Carlo Sforza. Zum Bildungsminister ernannte er eine der bedeutendsten Persönlichkeiten des italienischen kulturellen Lebens dieser Zeit, den Philosophen und Historiker Benedetto Croce. Es war dies tatsächlich das letzte Aufgebot des liberalen Regierungslagers, aber viele seiner Vertreter hatten das nicht erfasst: Nitti bekämpfte Giolitti offen in der Hoffnung, wieder Ministerpräsident werden zu können; der Führer der Rechts-

---

18 Valeri, Giovanni Giolitti, 399–428.
19 Ebd., 416.
20 Mola, Giolitti, 7 625.

liberalen Antonio Salandra befand sich in totalem Bruch mit Giolitti, der ihm nicht verzeihen konnte, ihn mit der Kriegserklärung betrogen zu haben, und Orlando wollte nicht auf die Möglichkeit verzichten, wieder an die Macht zu kommen. Auch Viktor Emanuel III. war sehr unzufrieden, weil Giolitti den Artikel V des Verfassungsstatuts, ein sehr wichtiges Vorrecht des Königs, abschaffen wollte.

Der Gipfel der revolutionären Entwicklung wurde im September 1920 mit der Besetzung der Fabriken durch Arbeiter erreicht, die kräftige Lohnerhöhungen forderten, um die steigenden Lebenshaltungskosten tragen zu können. Die Arbeiter stellten bewaffnete Wachtrupps auf, die auch zu Zusammenstößen mit dem Heer bereit sein sollten, und die sich »Rote Garden« nannten. Giolitti wollte die Fabriken nicht mit Gewalt räumen lassen und beschränkte sich darauf, die Kontrolle über die Unruhen zu behalten und den Protest sich von selbst erschöpfen zu lassen, auch dank der Einwirkung des gemäßigteren Teils der Gewerkschaft, der gegen die Besetzung gewesen war und der eine Vermittlung mit der Arbeitgeberschaft durch Giolitti annahm. Diese stimmte einer Lohnerhöhung und besseren Arbeitsbedingungen zu, ohne den Arbeitern die Kontrolle der Fabriken zuzugestehen. Dank der Politik von Giolitti gab es nur wenige Opfer: vier Arbeiter, zwei Polizisten, ein Passant, ein Angestellter und ein Gefängniswärter, die von den Roten Garden entführt und brutal umgebracht wurden.[21]

Giolitti und sein Außenminister Sforza erzielten einen außenpolitischen Erfolg bei der Lösung der Adriafrage durch das Abkommen von Rapallo mit Jugoslawien vom 12. November 1920; darin verzichtete Italien auf Dalmatien mit Ausnahme von Zadar und den Inseln, bekam aber eine sehr günstige Grenze, mit etwa 300.000 Kroaten und 200.00 Slowenen. Fiume mit seinem Hinterland wurde ein unabhängiger Freistaat. Da D'Annunzio sich weigerte, die Stadt zu räumen, mobilisierte Giolitti das italienische Heer, welches an den Weihnachtstagen 1920 D'Annunzio zum Rückzug zwang. Es gab dabei etwa 50 Tote, gleich verteilt auf die italienischen Truppen und diejenigen D'Annunzios. Der Dichter selbst wurde leicht verletzt durch die Bombardierung des Regierungspalasts;[22] er sprach von Blutweihnacht, aber bei den italienischen Truppen kam es zu keinerlei Desertion, und nicht einmal Mussolini unterstützte D'Annunzio, der allerdings keine strafrechtlichen Folgen zu tragen hatte. Er zog sich in eine prächtige Villa in Gardone Riviera zurück, blieb eine Bezugsperson für die nationalistischen und rechtsgerichteten Kräfte, und 1924 wurde er schließlich vom König mit dem Titel eines Fürsten von Montenevoso ausgezeichnet.

Mussolini hatte sich mittlerweile entschlossen, entschieden die Rolle eines gewaltbereiten Verteidigers der Ordnung gegen die Subversion der Linken und die eines Wahrers der Interessen der bessergestellten Klassen einzunehmen. Am 23. März 1921

---

21 Über die Besetzung der Fabriken vgl. Paolo Spriano, L'occupazione delle fabbriche, Torino 1964.
22 Gerra, L'impresa di Fiume, Bd. 2, 328.

ereignete sich in Mailand ein folgenschwerer Sprengstoffanschlag der Anarchisten auf das Theater im Kursaal Diana, in dem sich das Großbürgertum zu treffen pflegte. Es gab dabei nicht weniger als 21 Tote, darunter ein Mädelchen von fünf Jahren, und 80 Verletzte. Die Faschisten führten eine unmittelbare Vergeltungsaktion aus, indem sie Sprengkörper gegen das neue noch im Bau befindliche Gebäude des »Avanti!« schleuderten und die Redaktion der anarchistischen Zeitung »Umanità nuova« in Brand setzten.

Eine starke Stütze für Mussolini waren die Grundbesitzer (die kleinen noch mehr als die großen), die ihr Land von einer Besetzung durch die sozialistischen roten Ligen bedroht gesehen hatten, vor allem in der Emilia Romagna und in der Toskana. Sie sahen in den faschistischen Kampftrupps die weiße Garde der Eigentümerschaft, finanzierten sie und traten in sie ein, vereinten sich dadurch mit den ehemaligen Kriegsteilnehmern aus dem städtischen Kleinbürgertum, die bis dato deren Hauptanhängerschaft gestellt hatten. Vor allem aufgrund der Unterstützung dieser Agrarier stiegen im Jahr 1921 die »Fasci di combattimento« von 88 auf 835 und ihre Mitgliederzahl von 20.615 auf 249.036 an.[23] Die faschistischen Squadristen (Schlägertrupps) jagten die Sozialisten mit Gewalt von den Feldern der Toskana und Emilia. In den ersten fünf Monaten des Jahres 1921 gab es 207 Tote und 800 Verletzte aus Zusammenstößen zwischen Sozialisten, Kommunisten und Faschisten. Zur selben Zeit erklärte sich Mussolini zum Verfechter eines extremen italienischen Nationalismus und klagte das liberale Regime der Feigheit, wenn nicht des Verrats an, weil es ursprünglich die Minderheitenrechte der Südtiroler und Slawen garantiert hatte. Am 13. Juli 1920 steckten die Faschisten als Vergeltung für den Tod eines Italieners aus Dalmatien das Gebäude des Národní Dom in Triest, den Sitz der slowenischen Organisationen, in Brand, und es gab ein Todesopfer. Mussolini bezeichnete diese Aktion als Meisterstück des Triestiner Faschismus. Nach Renzo De Felice, dem bedeutendsten Faschismushistoriker, war das »die eigentliche Taufe des organisierten Squadrismus«.[24]

Am 24. April 1921 veranstalteten die faschistischen Squadristen eine Strafexpedition auch gegen die Südtiroler anlässlich der Bozener Mustermesse: Sie griffen einen friedlichen Zug von Südtirolern in ihren traditionellen Trachten an, verwundeten davon etwa fünfzig und töteten einen Lehrer aus Marling, Franz Innerhofer.[25]

Inzwischen hatten sich auf dem nationalen Parteitag am 15. Januar 1921 in Livorno von der sozialistischen Partei die Kommunisten abgespalten, welche die Kommunistische Partei Italiens als italienische Sektion der kommunistischen Internationale grün-

---

23 De Felice, Mussolini, Bd. 1, 511.
24 Ebd., 624.
25 Stefan Lechner, Die Eroberung der Fremdstämmigen. Provinzfaschismus in Südtirol 1921–1926, (Veröffentlichungen des Südtiroler Landesarchivs Bd. 20), Innsbruck 2005, 128–160.

deten. Und doch verblieb die Führerschaft in der sozialistischen Partei in den Händen der Maximalisten Giacinto Menotti Serrati und Costantino Lazzari, die gegen jede Abmachung mit den bürgerlichen Kräften waren. Auf diesem Parteitag war überhaupt nicht die Rede von der Bedrohung durch den Faschismus, sondern er wurde beherrscht vom Streit unter den Strömungen.

In diesem Stadium, mit den Sozialisten, die in Schwierigkeiten zu sein schienen, und den Faschisten im Aufwind, aber noch nicht sehr stark geworden, beging Giolitti zwei Fehler: er entschied sich für Neuwahlen, weil er einen großen Erfolg erwartete, und er wollte alle antisozialistischen Kräfte – außer der Volkspartei, der er nicht traute – in den sogenannten nationalen Blöcken einigen, denen auch Mussolini beitrat. Allerdings unterschätzte Giolitti Mussolini und glaubte ihn »an die Verfassung binden zu können«, wie er es in der Vergangenheit bei vielen Katholiken, Republikanern und sogar gemäßigten Sozialisten vermocht hatte, die ihre Partei verließen. Wie Hermann Rauscher schreibt, glaubte er, dass das alte liberale System »alles erträgt und alles überlebt«.[26]

Aber das Kalkül von Giolitti bewahrheitete sich nicht: Bei den Wahlen zum Abgeordnetenhaus, das jetzt 535 statt 505 Sitze umfasste, verloren die Sozialisten zwar 33 Parlamentssitze, die aber fast zur Hälfte, nämlich 15, an die Kommunisten fielen. Die Volkspartei gewann acht Sitze hinzu, und die Liberalen und die nationalen Blöcke von Giolitti errangen nur eine unsichere sehr gemischt zusammengesetzte Mehrheit, die ohne die Volkspartei nicht regieren konnte. Innerhalb der Blöcke wurden 35 Faschisten und 10 Nationalisten gewählt, auch Mussolini, der einen beachtlichen persönlichen Erfolg erzielte, indem er der Kandidat mit den drittmeisten für ihn abgegebenen Stimmen in ganz Italien wurde. Er sprach sich sofort gegen eine Bestätigung von Giolitti im Amt und für eine Regierung unter dem Führer der liberalen Rechten Salandra aus.

Am 27. Juni demissionierte Giolitti, und damit setzte die Agonie des liberalen Systems ein. Nachfolger wurde Ivanoe Bonomi, der zwar die Unterstützung der Volkspartei erhielt, aber sich der Schwierigkeit einer Situation nicht gewachsen zeigte, die durch eine Verschlimmerung der Wirtschaftskrise noch verschärft wurde. Er begegnete den Gewalttaten der Faschisten, mit denen er als Blockkandidat während des Wahlkampfs eng zusammengearbeitet hatte, nicht entschieden genug. Er zeigte mehr Härte gegenüber den linken antifaschistischen Verteidigungsgruppierungen wie den »Arditi del popolo« und den roten Garden.

Nach den Wahlen hatte Mussolini den Sozialisten einen Waffenstillstand vorgeschlagen, einen Befriedungspakt, um die Gewalt zu beenden. Er fürchtete, politisch in die Gefangenschaft der lokalen Faschisten-Chefs, der sogenannten Ras, die die

---

26 Rauscher, Hitler und Mussolini, 65.

wahren Führer der faschistischen Aktionskommandos waren, zu geraten und auch im Parlament isoliert zu werden. Dieses Abkommen wurde am 2. August unterzeichnet, aber die Kommunisten waren ausgeschlossen; dazu stieß dieses Abkommen auf starken Widerstand bei den faschistischen Ras, die mit der Absetzung ihres Führers drohten, und deshalb hörte die Gewalt nicht auf, während die Sozialisten aus Angst vor der Konkurrenz der Kommunisten ihre Abneigung bestätigten, bürgerliche Regierungen zu unterstützen.

Am 7. November 1921 festigte Mussolini in Rom auf dem dritten Kongress der Faschisten seine Führerschaft und wandelte die Bewegung in eine Partei um, die sich Nationale Faschistische Partei nannte und der auch die Nationalisten beitraten.

Die Faschisten beherrschten nun immer mehr den öffentlichen Raum. Und sie genossen immer mehr Sympathien beim Bürgertum, beim Heer, bei der Polizei und auch bei der Kirche, weil sie als »Zuchtmeister« gegen eine Revolution nach Art der Bolschewiken auftraten und weil Mussolini, vorher ein glühender Antiklerikaler, sich der Kirche angenähert hatte und ihre wesentliche Bedeutung für die italienische Gesellschaft anerkannte.[27]

Das liberale Regime lag immer mehr im Todeskampf, und am 2. Februar 1922 trat auch Bonomi zurück. Es schien, als könnte Giolitti an die Macht zurückkehren, aber wie schon gesagt, hatte er den Neid der anderen liberalen Führungspersönlichkeiten wie Salandra, Orlando und besonders Nitti auf sich gezogen, von denen jeder hoffte, die Führung übernehmen zu können – insbesondere wurde er auch vom Gründer der Volkspartei, dem Priester Luigi Sturzo, abgelehnt. Sturzo legte ein Veto gegen Giolittis Rückkehr an die Macht ein.[28] Am 22. Februar 1922, nach der längsten Regierungskrise im Königreich Italien, wurde eine Regierung aus einer Koalition von Liberalen und Volkspartei unter dem bescheiden wirkenden Abgeordneten und ehemaligen Minister Luigi Facta gebildet, der als treuer Anhänger Giolittis galt, aber nicht dessen Autorität und Energie besaß.[29] Facta sagte, dass er sich ein Comeback von Giolitti wünsche, aber in Wahrheit hoffte er, so lange wie möglich an der Macht zu bleiben.[30] Seine Regierung verlor schon am 20. Juli 1922 das Vertrauen des Parlaments. Tu-

---

27 Über die Haltung der in einigen Fällen auch den Faschisten günstig gesonnenen Präfekten vgl. Marcello Saija, I prefetti italiani nella crisi dello Stato liberale, 2 Bde., Milano 2001–2005.
28 Valeri, Da Giolitti a Mussolini 111–113; 123–132. Sturzo erklärte später, sein Veto sei durch Giolittis Bündnis mit den Faschisten in den nationalen Blöcken bestimmt worden, aber einige Historiker glauben, dass der Hauptgrund Giolittis Absicht gewesen war, ein Gesetz über die Inhaberschaft bei Bankpapieren voranzubringen, das besonders religiöse Gemeinschaften betroffen hätte (Mola, Giolitti, 6520; Valeri, Da Giolitti, 112–113).
29 Vgl. Danilo Veneruso, La vigilia del fascismo. Il primo ministero Facta nella crisi dello stato liberale in Italia, Bologna 1968.
30 Mola, Giolitti, 8521.

rati wäre bereit gewesen, mit den bürgerlichen Kräften gegen den Faschismus zusammenzuarbeiten, und willigte auch ein, sich mit dem König zu treffen, aber am folgenden 2. Oktober, dem Vorabend der faschistischen Machtergreifung, wurde er mit seinen Anhängern am 25. Parteitag aus der sozialistischen Partei ausgeschlossen. Daraufhin gründete er die sozialistische Einheitspartei – aber es war entschieden zu spät. Obwohl im Parlament das Zustandekommen einer antifaschistisch eingestellten Regierung möglich schien, riefen die Sozialisten und die Kommunisten am 28. Juli 1922 einen Generalstreik für den 2. August als Protest gegen die faschistischen Gewalttaten aus. Wegen dieser Ausnahmesituation wurde Facta am 1. August wieder das Vertrauen ausgesprochen, und das bei einer Regierung, die so ähnlich war wie die vorige, die aber noch weniger Autorität und Ansehen genoss. In Wahrheit hätten die Sozialisten nichts Besseres tun können, wenn sie Mussolini dabei helfen hätten wollen, sich immer mehr als Verteidiger der Ordnung gegen die Subversion der Roten einzuführen und das Misstrauen wegen seiner gewaltsamen Methoden zu überwinden.[31] Als die Nachricht von der Ausrufung des Streiks kam, erklärte Mussolini, dass er dem Staat 48 Stunden Zeit gebe, um seine Autorität jenen gegenüber unter Beweis zu stellen, die einen Anschlag auf das Leben der Nation vorhatten. Verstreiche diese Frist, würde sich der Faschismus volle Freiheit des Handelns vorbehalten und sich an die Stelle des unfähigen Staates setzen.

Der Streik wurde zu einem aufsehenerregenden Misserfolg, auch dank des Eingreifens der Faschisten. In Mailand zum Beispiel zerstreuten ihre Squadristen die Streikposten und besetzten die Straßenbahndepots, sie ließen die öffentlichen Nahverkehrsmittel fahrplanmäßig unter der Aufschrift »Umsonst – Gabe der Ortsgruppe« verkehren und erlangten damit das Wohlwollen der bürgerlichen Bevölkerungsschichten als Verteidiger und Wiederhersteller der öffentlichen Ordnung. Auch verloren die sozialistisch-kommunistischen Gewerkschaften immer mehr Mitglieder, während die faschistischen Organisationen ihre von 400.000 auf 700.000 erhöhen konnten.

In den folgenden Tagen vom 3. bis 8. August besetzten faschistische Rollkommandos der Reihe nach die Rathäuser von Ancona, Mailand, Genua und Livorno und beseitigten, nach bewaffneten Zusammenstößen, die sozialistischen Gemeindeverwaltungen; die für die öffentliche Sicherheit zuständigen Kräfte ließen sie gewähren. Anfang Oktober gingen die faschistischen Squadristen auch gegen die Südtiroler Verwaltung in Bozen vor – eine Aktion, die einige Historiker als Generalprobe oder wie Stefan Lechner als »eine wichtige Zwischenstation« des Marsches auf Rom bezeichnet haben.[32] Ungefähr 7.000 Squadristen fast nur aus den angrenzenden Gebieten des

---

31 De Felice, Mussolini, Bd. II (Mussolini il fascista, Bd. I, La conquista del potere 1921–1925, Torino 1995), 271–272.
32 Lechner, Die Eroberung, 240.

Veneto und der Lombardei, darunter wichtige faschistische Persönlichkeiten wie Roberto Farinacci, Alberto De Stefani und Roberto Giunta wie auch Achille Starace besetzten am 1. Oktober 1922 die nach der Kaiserin benannte deutsche Elisabethschule in Bozen und gaben ihr den Namen Königin-Elena-Schule; am Tag danach besetzten sie auch das Rathaus. Am 3. Oktober zogen die faschistischen Kommandos weiter nach Trient, besetzten dort den Sitz des außerordentlichen Provinzialausschusses und jenen des zivilen Generalkommissariats, das unter der Leitung von Luigi Credaro stand. Diesen zwangen sie, die Stadt zu verlassen und drei Tage später seinen Rücktritt zu erklären. Auch wenn in Bozen und in den Ämtern von Trient am 4. Oktober Militärbehörden die vollziehende Gewalt übernommen hatten, war die Schwäche der Regierung Facta mit ihrer Unfähigkeit und Nachgiebigkeit so aufsehenerregend, dass sie für Mussolini ein ermutigendes Beispiel abgab. Er erhielt für diese Aktion sogar Beifall, auch von gemäßigten Presseorganen wie der reformistischen Tageszeitung »Il Popolo« in Trient. Am 4. Oktober konnte Mussolini behaupten, dass es der Faschismus gewesen sei, der in Südtirol die Gesetze und das italienische Recht eingeführt und bei den Südtirolern jede Hoffnung auf eine Sezession ausgelöscht habe. Er fügte noch hinzu, dass es jetzt neben dem konfliktscheuen und todesschwachen liberalen Staat bereits einen entschlossenen faschistischen Staat gebe.[33] Tatsächlich glaubten inzwischen alle wichtigen liberalen Führer, also Orlando, Nitti, Salandra und Facta, dass die Beteiligung Mussolinis und der Faschisten an einer von ihnen geführten Regierung unerlässlich sei. Auch Giolitti wünschte sich eine faschistische Regierungsbeteiligung unter seinem Vorsitz, aber laut Mola war er auch dazu bereit, eine Regierung gegen die Faschisten zu bilden, wenn sie nicht auf Gewalt und Illegalität verzichteten. Mit großem politischem Geschick baute Mussolini Beziehungen zu all diesen liberalen Politikern auf, indem er sie glauben machte, er sei bereit, in eine von ihnen geführte Regierung einzutreten; in Wirklichkeit wollte er sie nur gegeneinander ausspielen und Giolitti als Lösung verhindern. Der alte Staatsmann war der einzige Liberale, den Mussolini wirklich fürchtete; er sagte auf dem Treffen der faschistischen Führer in Mailand am 16. Oktober 1922[34] und dann zu seinem Vertrauten Rossi: »Wenn Giolitti an die Macht zurückkommt, sind wir geliefert. Wie gegen D'Annunzio, wird er auch gegen uns schießen lassen«.[35]

Dann kamen Ende Oktober fast 30.000 Squadristen zum berühmten Marsch auf Rom zusammen, um Mussolini zur Macht zu verhelfen. Wie Mussolini wusste, war dieses Manöver aber nicht ohne Risiko, denn wenn der König, der noch große Be-

---

33 Federico Scarano, Tra Mussolini e Hitler. Le opzioni dei Sudtirolesi nella politica estera fascista, Milano 2012, 36–37; insbesondere: Lechner, Die Eroberung, 196–242.
34 Antonino Répaci, La marcia su Roma, Milano 1972, 764.
35 Ebd., 785.

liebtheit bei der Bevölkerung genoss und auf das Heer zählen konnte, sich gegen sie gestellt hätte, wäre für die Faschisten nichts zu machen gewesen. Für Antonino Repaci war es eigentlich ein großer Bluff in einem Pokerspiel, das Mussolini gewann, obwohl er nur einen Doppelsechser in der Hand hatte.[36] Angesichts des Zusammenrückens der faschistischen Trupps hatte Facta, wenn auch mit Zögern und mit dem Angebot eines Rücktritts der Regierung, am 27. Oktober das Dokument, mit dem der Belagerungszustand ausgerufen werden sollte, vorbereitet, so dass der König es unterschreiben konnte; aber dieser tat es nicht. Dazu hatten ihn monarchistisch gesinnte Faschisten wie De Vecchi und Federzoni wie auch Liberale wie Salandra gedrängt, der an die Macht zurückzukehren dachte. Sie sicherten ihm die Treue der Faschisten zur Monarchie zu. Zunächst beauftragte der König Salandra, der sich weigerte, eine Regierung ohne Mussolini zu bilden; der Duce erklärte jedoch, er könne nur den Regierungsvorsitz annehmen. So rief der König am 29. Oktober 1922 Mussolini zu sich, um ihm den Auftrag zur Regierungsbildung zu geben. Viktor Emanuel III. hatte nämlich kein Vertrauen mehr zu den alten liberalen Vertretern und noch weniger zur Volkspartei; er fürchtete die Sozialisten und hielt deswegen die Lösung mit Mussolini für die beste oder zumindest für die am wenigsten schlechte.[37] So wie er Anfang des 20. Jahrhunderts Giolittis fortschrittliche Politik oder 1915 Italiens Eintritt in den Krieg unterstützt hatte, lag die letzte Entscheidung auch hier beim König.

In den allerersten Tagen des Marsches verübten die faschistischen Trupps Gewalt gegen linke politische Gegner – allein in Rom gab es 22 Tote. Die Rathäuser der von Sozialisten und Popolari verwalteten Gemeinden und die Redaktionen der antifaschistischen Zeitungen wurden besetzt. Diese Zeitungen konnten zwei oder drei Tage lang nicht erscheinen.[38] Trotzdem kam es noch nicht zu einer Diktatur: In die erste Mussolini-Regierung traten auch Popolari und Liberale ein; Mussolini übernahm übergangsweise auch das Außen- und das Innenministerium. Das Parlament gab ihm mit überwältigender Mehrheit das Vertrauen zu Vollmachten. Dagegen stimmten nur Sozialisten, Kommunisten und einige Republikaner; die Vertreter der ethnischen Minderheiten enthielten sich. Presse und Parteien behielten damals noch ihre Freiheit. Die totale Diktatur sollte von Mussolini erst in seiner unheilvollen Rede vom 2. Dezember 1925 verkündet werden, nach einer schweren Krise, die er infolge der Ermordung des reformistischen sozialistischen Abgeordneten Giacomo Matteotti durch

---

36 Ebd., 625.
37 Marcello Soleri, Memorie, Torino, 1949, 331–333. Roberto Vivarelli hingegen relativiert die Verantwortung des Königs, indem er schreibt, dass es, wenn es militärisch einfach gewesen wäre, die Faschisten zu besiegen, politisch nicht möglich gewesen wäre, weil der Faschismus jetzt zu viel Zustimmung und Unterstützung im Land hatte. Eine Mussolini-Lösung wäre daher unvermeidlich gewesen (Vivarelli, Storia, Bd. III, 471–473).
38 Albanese, La marcia, 2186, 2313–2322, 2353.

ein faschistisches Rollkommando durchgemacht hatte. Dieser war Generalsekretär der neuen, von Turati gegründeten Partei und war schon einer der entschiedensten Gegner einer Teilnahme Italiens am Ersten Weltkrieg gewesen. Matteotti hatte im Parlament die Gewalttaten der Faschisten bei den Parlamentswahlen vom 14. April 1924 heftig zur Anklage gebracht, die Regierung der Korruption bezichtigt und gefordert, das Wahlergebnis für nichtig zu erklären,. Bei diesen Wahlen waren die Faschisten mit der sogenannten »Listone« (d.h. »große Liste«) angetreten, die auch die Namen der meisten Liberalen wie Vittorio Emanuele Orlando und Antonio Salandra enthielt. Dagegen hatten Giolitti und andere, wie Bonomi, unabhängige, liberale Listen vorgelegt. Das Wahlgeheimnis war aufgrund des zur Abstimmung verwendeten Stimmzettels nicht gewährleistet;[39] außerdem kam es zu schwerwiegenden Vorfällen faschistischer Gewaltanwendung wie dem barbarischen Mord an dem sozialistischen Kandidaten Antonio Piccinini, der davor auch noch gefoltert worden war. Die klare Bestätigung der »großen Liste«, die 65 % der Stimmen erhielt, zeigte, dass die Mehrheit der Italiener für die Regierung war. Die barbarische Mordtat an Matteotti 1924 löste eine starke Welle des Unmuts im Lande aus: Die Opposition verlangte den Rücktritt der Regierung, und Sozialisten, Popolari und viele Liberale verließen aus Protest das Parlament. Aber der König bestätigte ein weiteres Mal sein Vertrauen in Mussolini trotz der Aufrufe von monarchistisch gesinnten antifaschistischen Persönlichkeiten. Mussolini musste jedoch seinerseits dem Druck des gewaltbereiten Flügels der Faschisten nachgeben und die Diktatur ausrufen. Somit kam es zur Auslöschung der demokratischen Freiheiten wie z.B. der Pressefreiheit und zur Auflösung aller Parteien und aller Organisationen mit Ausnahme der faschistischen.

Ich möchte abschließend auf die Ähnlichkeiten zwischen der Krise der liberalen italienischen Demokratie und jener der demokratischen Republik von Weimar hinweisen. In beiden Fällen waren internationale Faktoren wie die Enttäuschung über die Friedensverträge, zusammen mit Legenden wie die vom Dolchstoß oder vom verstümmelten Sieg, sehr wichtig. Dazu kamen die schwere Wirtschaftskrise, das Auftreten von Gewalt im öffentlichen Raum, persönliche Rivalitäten und die Weigerung der eher links stehenden Kräfte, mit denen aus dem Bürgertum zusammenzuarbeiten. Entscheidend aber für das Ende beider Demokratien sollte die Haltung des jeweiligen Staatsoberhaupts sein: Es waren Hindenburg und Viktor Emanuel III., die Hitler und Mussolini an die Macht brachten und, so wie auch der größte Teil der gesellschaftlichen und wirtschaftlichen Eliten der beiden Länder, unterstützten.

---

39 Mola, Giolitti, 9378.

Marie-Janine Calic

Jugoslawien

Vom Parlamentarismus zur Königsdiktatur

Infolge des Ersten Weltkrieges entstand in der Mitte und im Südosten Europas ein neues System parlamentarisch verfasster Nationalstaaten. Erstmals in der Geschichte wurde mit dem Königreich der Serben, Kroaten und Slowenen (SHS) auch ein südslawischer Nationalstaat anerkannt; seit 1929 hieß er Jugoslawien (von jug = Süden). Ähnlich wie die anderen so genannten Nachfolgestaaten bekannte er sich zum liberalen Rechts- und Verfassungssystem, zur kapitalistischen Wirtschaftsordnung, bürgerlichen Kultur sowie zu Fortschritt von Bildung und Wissenschaft. Allerdings stand er vor erheblichen strukturellen Herausforderungen. Regionale und ethnische Diversität erzeugten Integrationsprobleme, Revisionismus und Irredentismus schufen Instabilität. Die Innenpolitik war durch harte ideologische Auseinandersetzungen und wachsenden Extremismus geprägt, verschärft durch sozial-ökonomische Krisenlagen. Wie viele junge Demokratien ging auch der SHS-Staat ab den 1920er Jahren in ein diktatorisches Regime über.

1. Die Gründung des Königreichs der Serben, Kroaten und Slowenen

Von allen Nachfolgestaaten, die am Ende des Ersten Weltkrieges in Ostmittel- und Südosteuropa entstanden, war das Königreich der Serben, Kroaten und Slowenen der komplizierteste. Es entstand durch die Vereinigung der unabhängigen Staaten Serbien und Montenegro mit den von Slowenen, Kroaten, Serben und slawischen Muslimen besiedelten Ländern Österreich-Ungarns. Entitäten mit ganz unterschiedlichen Bevölkerungen, Traditionen, Währungs-, Bildungs-, Infrastruktur- und Rechtssystemen mussten zusammenwachsen.[1]

Einen gemeinsamen südslawischen Staat hatten slowenische, kroatische und serbische Gelehrte seit dem ersten Drittel des 19. Jahrhunderts propagiert. Obwohl – oder gerade weil – ein solches Gemeinwesen historisch nie existiert hatte, nahm es in ihrer Vorstellungswelt immer konkretere Gestalt an. Der Hauptgedanke war, dass Kroaten, Serben, Montenegriner, Slowenen und Bosnier von einem gemeinsamen Urvolk abstammten und aufgrund der Herkunft immer noch Sprache und Volkskultur

---

1 Vgl. ausführlich Calic, Marie-Janine: Geschichte Jugoslawiens, München ²2020.

teilten. Nur ein ungewolltes historisches Schicksal habe sie auseinandergerissen und auf unterschiedliche Reiche aufgeteilt. Im Zeitalter des Nationalismus – bzw. später des Selbstbestimmungsrechts – gelte es nun endlich, einen jugoslawischen (also südslawischen) Nationalstaat zu schaffen. Auch außerhalb der Region traf diese Theorie auf Zustimmung. »The national poetry of the Southern Slavs knows nothing of the artificial frontiers by which alien conquerers have sought to isolate and disunite the race«, fand der Osteuropa-Experte Hugh Seton-Watson.[2]

Die Idee, die südslawischen Völker in einem einzigen Staatswesen zu vereinigen, erschien angesichts der großen sozialkulturellen Diversität der betroffenen Länder ausgesprochen idealistisch. In Anbetracht Jahrhunderte langer Fremdbestimmung und eines sich verschärfenden Imperialismus erwies es sich aber auch als pragmatisch. In vielen Regionen lebten Angehörige unterschiedlicher Volksgruppen und Religionsgemeinschaften schließlich auf das Engste zusammen. Bruder- und Religionskonflikte würden im künftigen Jugoslawien aufgehoben, glaubte man. Zudem erschien es den Eliten der kleinen Völker nur gemeinschaftlich möglich, die unterschiedlichen Fremdherrschaften abzuschütteln, einen überlebensfähigen Staat zu gründen und sich gegen weitere Hegemonialbestrebungen von außen zu wappnen. Ein größerer Wirtschaftsraum würde darüber hinaus deutlich bessere Entwicklungschancen bieten als die Kleinstaaterei. Aus all diesen Gründen reifte die südslawische Idee vor dem und während des Ersten Weltkrieges zu einem konkreten politischen Projekt heran. Realisiert werden konnte es aber erst, als die Habsburgermonarchie 1918 endgültig unterging.

Als Serben, Kroaten und Slowenen Vorbereitungen für die Staatsgründung trafen, war noch ungeklärt, welche Rolle historische, kulturelle und religiöse Eigenheiten der verschiedenen Gruppen innerhalb der südslawischen Einheitsnation spielen würden – eine Frage, die später den Dreh- und Angelpunkt der Konflikte im gemeinsamen Staat bildete. Eine »jugoslawische« Nation gab es ebenso wenig wie ein eindeutiges Verständnis dessen, wie sich Slowenen, Kroaten oder Serben genau voneinander unterschieden. Die Anhänger des Jugoslawismus waren in jedem Fall davon überzeugt, dass historisch gewachsene kulturelle Unterschiede – etwa zwischen katholischen Kroaten und orthodoxen Serben – früher oder später in einer einheitlichen jugoslawischen Identität aufgehen würden.[3]

Am 20. Juli 1917 kündigten serbische, kroatische und slowenische Politiker aus der Habsburgermonarchie gemeinsam mit Regierungsvertretern Serbiens in der Deklaration von Korfu die Gründung eines gemeinsamen südslawischen Staates unter

---

2 Čurčin, Milan: Ivan Meštrović. A Monograph, London 1919, 56.
3 Trgovčević, Ljubinka: South Slav Intellectuals and the Creation of Yugoslavia, in: D. Djokić (Hg.), South Slav Intellectuals and the Creation of Yugoslavia, London 2003, 222–237.

der serbischen Dynastie Karađorđević an. Das Gründungsdokument erklärte, die unterschiedlichen Volksnamen, Religionen, Schriften und nationalen Symbole sollten gleichberechtigt sein. Als die Habsburgermonarchie im Herbst 1918 den Krieg verlor, stimmten Volksversammlungen von Slowenien bis Montenegro für die staatliche Vereinigung. Daraufhin verkündete Prinzregent Alexander Karađorđević am 1. Dezember 1918 feierlich die Gründung des Königreichs der Serben, Kroaten und Slowenen. Aufgrund des unwiderruflichen Zerfalls der Doppelmonarchie und des selbst erklärten Prinzips der Selbstbestimmung waren die Großmächte gezwungen, den Vielvölkerstaat auf der Pariser Friedenskonferenz im Mai 1919 anzuerkennen.

2. Einheit in Vielfalt: Strukturprobleme der parlamentarischen Monarchie

Schon während des Ersten Weltkrieges war deutlich geworden, dass es unterschiedliche Interpretationen des Jugoslawismus und mithin divergierende Auffassungen über die innere Ordnung des südslawischen Staates gab und weiterhin geben würde. Die Vertreter Serbiens gingen von einem Anschluss anderer südslawischer Territorien an ihren Staat aus, diejenigen aus der Habsburgermonarchie sprachen vielmehr von einer Vereinigung gleichberechtigter Landesteile. Das Ergebnis war ein Kompromiss, der zugleich die Einheit wie auch die Vielfalt des neuen Gemeinwesens gewährleisten sollte.

Im ersten Jahrzehnt, im SHS-Staat, wurden unterschiedliche historische Traditionen und kulturelle Unterschiede von Slowenen, Serben und Kroaten respektiert, was bereits im Staatsnamen zum Ausdruck kam. Gemäß der südslawischen Idee präsentierte sich die Titularnation der Serbo-Kroaten-Slowenen als Abstammungsgemeinschaft eines einzigen Volkes, das infolge einer tausendjährigen Zersplitterung nunmehr aus drei Stämmen, den Serben, Kroaten und Slowenen, bestehe und drei Namen trage (troimeni narod). »Auf der Grundlage unserer gemeinsamen Herkunft haben wir«, erklärte Prinzregent Alexander im März 1919 »unter unterschiedlichen Einflüssen ... unsere gemeinsamen und unsere jeweils besonderen Merkmale entwickelt, immer in Erinnerung und wissend, dass wir Brüder, dass wir EINS sind.«[4]

Zum »dreinamigen Volk«, der südslawischen Titularnation, gehörten – nach heutigem Nationsverständnis – außer Slowenen, Kroaten und Serben auch die Montenegriner, bosnischen Muslime und »Südserben« bzw. Makedonier. Von rund 12 Millionen Einwohnern stellten sie etwa 82 Prozent. Die anderen waren Magyaren, Deutsche, Albaner, Ruthenen, Juden und zahlreiche weitere ethnische Gruppen, denen der Staat auf Druck der westlichen Siegermächte individuelle und kollektive Minderheiten-

---
4 Stepanović, Branislav M.: Nacionalni testament kralja Aleksandra I, Besmark 2005, 13.

rechte versprechen musste.[5] Auch konfessionell war das Land uneinheitlich. Nach der Bevölkerungszählung von 1921 waren rund 47 Prozent orthodox (vor allem Serben, Makedonier und Montenegriner), ca. 39 Prozent katholisch (Slowenen und Kroaten), um die 11 Prozent muslimisch (Bosniaken, Albaner und Türken), knapp 2 Prozent protestantisch und ein halbes Prozent jüdisch.[6]

Die »Stämme« durften ihre historischen Symbole gleichberechtigt in die neue Nation einbringen, deren Amtssprache offiziell Serbo-Kroato-Slowenisch hieß. Die vier Religionen durften frei ausgeübt werden und waren gleichberechtigt. Die kyrillische und die lateinische Schrift durften im ganzen Land offiziell verwendet werden.[7]

Der SHS-Staat war eine konstitutionelle, demokratische und parlamentarische Monarchie. Dies bedeutete, dass der König Wahlergebnisse – es galt das allgemeine Wahlrecht für Männer über 21 Jahren – beachten musste, wenn er seine Regierung bestellte. Er besaß allerdings auch das Recht, das Parlament einzuberufen und aufzulösen sowie die Regierungen zu ernennen. Noch während die Vertreter der verschiedenen Landesteile über die Gründung Jugoslawiens verhandelten, zeigte sich, dass weder in verfassungs- noch in ordnungspolitischer Hinsicht Konsens herrschte.

Nach dem Motto »ein Volk, ein Staat, ein König« sollte der Monarch als Integrationsfigur dienen. Alexander Karađorđević, seit 1914 Prinzregent Serbiens und 1921 König des SHS-Staates, erhielt den Ehrennamen »Vereiniger« (Ujedinitelj). Als Zeichen der Dreieinigkeit gab er seinen Söhnen die Namen je eines serbischen, kroatischen und slowenischen mittelalterlichen Herrschers: Petar, Tomislav und Andrej. Er ließ sich in zahlreichen Reiterstandbildern, Statuen, Denkmälern, Gemälden, Fotografien und Filmen verewigen. Als Herrscher gab er sich volksnah und weise, bereiste die verschiedenen Landesteile und häufig das flache Land. Viele bewunderten und schätzten ihn.

Der Urnengang zur verfassungsgebenden Versammlung fand am 28. November 1920 statt; die 419 Abgeordneten wurden nach dem Verhältniswahlrecht bestimmt. Stärkste Fraktion wurde die Demokratische Partei, die einen integrativen Jugoslawismus und eine zentralstaatliche Ordnung propagierte, gefolgt von der serbischen Radikalen Partei, die einen dezentralisierten Einheitsstaat forderte. Als drittstärkste Fraktion setzte sich die Kommunistische Partei durch, deren Vorbild die Sowjetunion war.

Am 28. Juni 1921, dem Jahrestag der Schlacht auf dem Amselfeld 1389, verabschiedete das Parlament, die Skupština, mit knapper Mehrheit eine neue Verfassung.

---

5 Kočović, Bogoljub: Etnički i demografski razvoj u Jugoslaviji od 1921. do 1991. godine, Paris 1998, Bd. 2, 332f.
6 Džaja, Srećko M.: Die politische Realität des Jugoslawismus (1918–1991): mit besonderer Berücksichtigung Bosnien-Herzegowinas, München 2002, 43.
7 Troch, Peter: Yugoslavism between the World Wars: Indecisive Nation Building, in: Nationalities Papers 38 (March 2010) 2, 227–244.

Viele kroatische und slowenische Abgeordnete boykottierten die Abstimmung, weil die so genannte Vidovdan-Verfassung nur ein einziges dreinamiges Volk anerkannte und keinerlei föderale Rechte. Unitarismus und Zentralismus würden zu einer starken Übermacht der serbischen Eliten im Staat führen, fürchteten sie.

Außer der nationalen Frage stand besonders die der sozialen Gerechtigkeit hoch oben auf der politischen Agenda. Nach der bolschewistischen Revolution in Russland und der Gründung von Räte-Republiken in Ungarn und Bayern kam es in der ersten Hälfte 1919 in Maribor, Karlovac, Varaždin und Osijek zu lokalen bolschewistischen Aufständen. Bei den Kommunalwahlen im August 1920 eroberten die Kommunisten in etlichen größeren Städten die Mehrheit in den Rathäusern, zum Beispiel in Zagreb und Belgrad. Bereits nach dem Wahlerfolg für die Konstituante erließ Alexander im Dezember 1920 die Obznana (Bekanntmachung), um die Aktivitäten von Gewerkschaften und kommunistischer Partei zu unterbinden. 1921 folgte das Gesetz zum Schutz des Staates, durch das die KPJ verboten wurde. Ihre Abgeordneten sowie führende Gewerkschafter wurden verhaftet.

So trat die Kroatische Republikanische Bauernpartei unter dem charismatischen Stjepan Radić die Meinungsführerschaft gegen den serbischen Zentralismus an. Radić vertrat die Interessen der Landbevölkerung, die unter kapitalistischem Preisdruck, Überschuldung und Armut litt, und behauptete, im SHS-Staat seien die Kroaten unterdrückt und ausgebeutet wie nie zuvor. Die Souveränität der kroatischen Nation schien ihm die Voraussetzung dafür zu sein, die sozialen Probleme des Dorfes zu lösen. Als Antimonarchist und Antiklerikaler forderte er eine kroatische Bauernrepublik und provozierte mit einem Parlamentsboykott die serbischen Eliten.[8]

Mit der Slowenischen Volkspartei und der Jugoslawischen Muslimischen Organisation gab es, neben zahlreichen kleineren, noch zwei weitere bedeutende nichtserbische Parteien, die sich explizit als ethnisch definierte Interessensvertretungen im SHS-Staat begriffen. 1925 gab es bereits 45 Parteien, die fast ausnahmslos ethnisch-regionale Partikularinteressen vertraten. Wie in vielen anderen Ländern begünstigte auch im SHS-Staat das Verhältniswahlrecht die Fragmentierung der politischen Landschaft. Ebenso wie dort führte es zu wachsender Regierungsinstabilität. Die Parteien standen sich häufig unversöhnlich gegenüber oder fanden sich widerwillig in kurzlebigen Koalitionen zusammen. Bei Wahlen bildeten sich immer wieder wechselnde, als »Blöcke« bezeichnete Allianzen. Bis 1929 lösten 24 Kabinette einander ab, bis 1941 waren es 39.

Die komplizierten Machtverhältnisse gaben König Alexander Spielräume für autokratische Entscheidungen. Die einflussreiche serbische Kamarilla bei Hof nutzte

---

8 Biondich, Mark: Stjepan Radić, the Croat Peasant Party, and the Politics of Mass Mobilization, 1904–1928, Toronto u. a. 2000.

informelle Machtbeziehungen außerhalb der demokratischen Verfahren, um ihre Sonderinteressen durchzusetzen. Dies führte unter anderem dazu, dass entgegen der Erzählung vom »dreinamigen Volk« in Regierung und Verwaltung, bei Militär und Polizei die Serben gegenüber anderen Nationalitäten überrepräsentiert waren. Von allen 656 Ministern der jugoslawischen Kabinette waren 452 Serben, dagegen nur 137 Kroaten, 49 Slowenen und 18 bosnische Muslime.[9] Die politische Praxis diskreditierte das unitarische jugoslawische Nationskonzept und entfremdete maßgebliche Kreise von ihrem Staat. Politikern ganz unterschiedlicher Herkunft und Couleur schien dies der Beweis, dass dieses erste Jugoslawien nicht viel anderes sei als ein erweitertes Serbien. Erbitterte Machtkämpfe erschütterten das öffentliche Leben in der gesamten Zwischenkriegszeit. Immer wieder ging es um die Frage, wie viel regionale Selbstverwaltung möglich und wie viel Zentralismus nötig war – am Ende ein Kampf zwischen den Nationalitäten.[10]

Wachsender Nationalismus, anti-demokratisches Denken und ethnische Intoleranz hielten nicht nur die Politik, sondern auch die Glaubensgemeinschaften in Opposition zueinander. »Wer in Sarajewo die Nacht durchwacht, kann die Stimmen der Nacht von Sarajewo hören«, schrieb Ivo Andrić bereits 1920. »Schwer und sicher schlägt die Uhr an der katholischen Kathedrale: zwei nach Mitternacht. Es vergeht mehr als eine Minute (ich habe genau 75 Sekunden gezählt), und erst dann meldet sich, etwas schwächer, aber mit einem durchdringenden Laut die Stimme von der orthodoxen Kirche, die nun auch ihre zwei Stunden schlägt. Etwas später schlägt mit einer heiseren und fernen Stimme die Uhr am Turm der Beg-Moschee, sie schlägt elf Uhr, elf gespenstische türkische Stunden, die nach einer seltsamen Zeitrechnung ferner, fremder Gegenden dieser Welt festgelegt worden sind […] So lebt auch noch nachts, wenn alle schlafen, der Unterschied fort, im Zählen der verlorenen Stunden dieser späten Zeit […] Und dieser Unterschied, der manchmal sichtbar und offen ist, manchmal unsichtbar und heimtückisch, ist immer dem Hass ähnlich, sehr oft aber mit ihm identisch.«[11]

Dennoch ist das jugoslawische Problem in der Zwischenkriegszeit mit der Reduktion auf das Nationalitätenproblem nicht vollständig beschrieben. Die Legitimität des parlamentarischen Systems hing auch von sozialen und wirtschaftlichen (Miss-)Erfolgen ab. Seit 1918 war es das Ziel gewesen, mit Jugoslawien ein fortschrittliches Gemeinwesen aufzubauen, das mit der westlichen Welt mithalten würde, unter anderem durch Agrarreformen, Sozialstaat, allgemeine Schulpflicht und Gesundheitsversor-

---

9 Banac, Ivo: The national question in Yugoslavia: origins, history, politics, Ithaca 1984, 217.
10 Ferhadbegović, Sabina: Prekäre Integration. Serbisches Staatsmodell und regionale Selbstverwaltung in Sarajevo und Zagreb 1918–1929, München 2008, 159f.
11 Zit. n. Dedijer, Vladimir: Sarajevo 1914, Beograd 1978, 411.

gung.¹² Im Bruch mit der Tradition lag nicht zuletzt die Chance, die althergebrachten identitären Spaltungen zu überwinden und die jugoslawische »neue Gesellschaft« kulturell einheitlich zu formatieren.

Anhänger diverser ideologischer Richtungen – Liberale, Konservative, Bauernparteiler und Sozialisten – mochten über die gesellschaftspolitische Ordnung trefflich streiten, aber alle glaubten an die Fortschrittsmoderne, repräsentiert durch Technik und westlich-urbane Lebensweise. Die jugoslawischen Großstädte verwandelten sich in Laboratorien neuer Moden, Lebensstile und Gewohnheiten. Die Automobilität, Zugreisen und das Flugzeug erschienen als Symbole eines modernen kosmopolitischen Lebensstils; Revuetheater, Tanzlokale und Kinos schufen neue Freizeit-Angebote für das Massenpublikum. »Moderne Mädchen« brachten ihr Selbstbewusstsein durch Attribute der durch Werbung und Film verbreiteten Konsumwelt zum Ausdruck, wie Kosmetik, Zigaretten, Mode und Autos; der »neue Mann« zeigte sich indessen sportlich durchtrainiert und modebewusst »amerikanisch« gekleidet.¹³

Währenddessen besserte sich trotz Agrarreformen und neuer Sozialgesetzgebung die Situation für Millionen Bauern und Arbeiter nur sehr zögerlich, wenn überhaupt. Viele Familien waren in einem Teufelskreis der Armut gefangen, da der Zuwachs an Produktivität nicht mit dem hohen Bevölkerungswachstum Schritt hielt. Gemessen an seinen produktiven Flächen besaß das Land die höchste agrarische Bevölkerungsdichte in Europa. Von 100 Hektar mussten in Deutschland 52, in Frankreich 48, in England 30 und in Jugoslawien 114 Menschen ernährt werden. Zwei Drittel der Bauern besaßen weniger als fünf Hektar Land und damit zu wenig, um ihre Familien ernähren zu können. Noch dazu begannen ab Mitte der 1920er Jahre die Produktion, der Außenhandel sowie Löhne aufgrund konjunktureller Entwicklungen im Vorfeld der Weltwirtschaftskrise zu schrumpfen. Die Zahl der Arbeitslosen, Armen und Verzweifelten explodierte. Die Linke versuchte, durch Arbeitskämpfe und Proteste eine revolutionäre Stimmung gegen die Herrschaft der Bourgeoisie zu erzeugen. Trotz Verbots demonstrierten am 1. Mai 1928 Zehntausende gegen das Großkapital sowie »gegen Monarchie, Hegemonie und Unterdrückung der nichtserbischen Völker, für echte Selbstbestimmung [...] bis zur Abspaltung!«¹⁴

---

12 Spomen-knjiga 1919–1938 – 20 godina kulturnog i privrednog razvitka Kraljevine Jugoslavije, Belgrad 1939.
13 Bartlett, Djurdja: Moda i stil života, in: Muzej za umjetnost i obrt (Hg.): Art Déco i umjetnost u Hrvatskoj između dva rata, Zagreb 2011, 61–91. Marković: Beograd i Evropa, 65 ff. u. 139 ff. Vučetić: Koka-kola socijalizam, 31 ff.
14 Calic, Marie-Janine, Tito. Der ewige Partisan, München 2020, 58.

3. Die Königsdiktatur und der integrale Jugoslawismus

Auf dem Höhepunkt der innenpolitischen Auseinandersetzungen unternahm im Juni 1928 ein montenegrinischer Abgeordneter ein Attentat auf die Fraktion der Kroatischen Bauernpartei im Parlament. Zwei Abgeordnete wurden sofort getötet und zwei weitere verletzt. Stjepan Radić erlag im August seinen Verletzungen. Aus Protest gegen den Anschlag rief die Opposition etwa 30.000 Menschen auf die Straße, die lautstark die Abschaffung der Monarchie und eine Republik forderten. Der Massenprotest wurden gewaltsam niedergeschlagen, über hundert Verdächtige wurden verhaftet und die Unabhängigen Gewerkschaften verboten.

König Alexander nahm dies zum Anlass, am 6. Januar 1929 das Parlament aufzulösen und die Verfassung außer Kraft zu setzen. Die Abschaffung des Mehrparteiensystems galt als Voraussetzung dafür, eine ethnisch, sozial und politisch geeinte Nation zu gründen. 1931 oktroyierte der Monarch eine neue scheindemokratische Verfassung, die ihm quasi-diktatorische Vollmachten zuwies. Um die »nationale Einheit« und »staatliche Integrität« zu stärken, ließ er alle Parteien und Vereine, die ethnisch oder konfessionell ausgerichtet waren, verbieten und ebenso Presseerzeugnisse, die Hass gegen den Einheitsstaat oder andere ethnische und religiöse Gruppen verbreiteten. Das jugoslawische Volk sei schon immer eins gewesen, erklärte Alexander Karađorđević, jedoch hätten politische Leidenschaften Spaltungen und Chaos verursacht.

Am 3. Oktober 1929 ließ König Alexander den SHS-Staat in Königreich Jugoslawien umbenennen und nach dem Vorbild der französischen Departements administrativ neu gliedern. Damit vollzog der Monarch den Schwenk zum integralen Jugoslawismus, der die »vollständige Einheit« von Staat und Nation postulierte. Vor allem sollte dem spalterischen »Tribalismus« (plemenstvo), faktisch: ethnischen Nationalismus, der Boden entzogen werden. Ziel war die vollkommene »nationale Synthese und Einheit«, anders ausgedrückt: »ein Volk – ein Nationalgefühl«.[15] Dies sollte nun mit umfassendem Mitteleinsatz gefördert werden, durch Erziehung, Propaganda, Verordnungen und Gewalt.[16] Zunächst wurden die Lehrpläne vereinheitlicht, um die jugoslawische Nationalidentität und den Patriotismus zu stärken.[17] Die Belgrader Zeitschrift Pravda (Gerechtigkeit) führte eine Enquête zur »Schaffung einer jugoslawischen Mentalität« durch, und die Publikation »Charakterologie der Jugoslawen« versuchte zu beweisen, dass man mental und psychologisch eins wäre.[18]

---

15 Dimić, Ljubodrag: Kulturna politika u Kraljevini Jugoslaviji: 1918–1941, Bd 1., Belgrad 1996, 264.
16 Dobrivojević, Ivana: Dražavna represija u doba diktature Kralja Aleksandra, 1929–1935,Belgrad 2006.
17 Nielsen, Christian Axboe: Making Yugoslavs: Identity in King Aleksandar's Yugoslavia, Toronto u.a. 2014.
18 Dvorniković, Vladimir: Karakerologija Jugoslovena, Belgrade 1939.

Die jugoslawische Königsdiktatur beruhte – wie andere autoritäre Systeme ihrer Zeit – auf einem Bündnis der alten Eliten mit der königlichen Bürokratie, dem Militär und dem Großbürgertum. Wie in den meisten europäischen Staaten bezweifelten die alten Eliten, gefolgt von einem beträchtlichen Teil der radikalisierten Unterschichten, dass der Parlamentarismus die existentiellen Herausforderungen der Epoche meistern könne. So sehnten sich viele Menschen nach Sicherheit und festen Bezügen, nach Tradition und Werten, die Stabilität und Vertrauen vermittelten. Das konservative Weltbild gab Orientierung in Zeiten gewaltiger politischer, sozialer und psychologischer Umbrüche und krisenhafter Erscheinungen aller Art.

Wenn man Diktatur als autokratische Gewaltherrschaft begreift, wie es in der Zeitgeschichte üblich geworden ist, wäre das »Regime des 6. Januar« tatsächlich eine »Königsdiktatur« gewesen. Zum »totalitären« System aber fehlten einige Elemente, darunter eine politische (nicht nur nationale) Einheitsideologie, das Nachrichtenmonopol und eine gelenkte Wirtschaft. Der staatsoffizielle Jugoslawismus blieb offen für unterschiedliche Nuancierungen, und ebenso kam das Regime ohne »Säuberungen« innerhalb der eigenen politischen Klasse aus.[19] Im Unterschied zu Faschismus und Nationalsozialismus strebte es auch keine revolutionären gesellschaftlichen Veränderungen an. Es vertraute auf paternalistische Herrschaftsbilder, die den Monarchen als Vater der Nation inszenierten. Zudem beharrte es auf konservativen Werten und traditioneller Kultur, ohne aber das Ziel einer Modernisierung durch technologischen Fortschritt ganz aus dem Blick zu verlieren.[20]

Die bürgerliche Rechte, die den Parlamentarismus und die Mehrparteiendemokratie als schädlich für die nationale Identität begriff, bewegte sich immer stärker in Richtung zu einem radikalen, exklusiven Nationalismus. Sie kritisierte Kapitalismus und Industrialisierung, nachdem sich zu den Verwerfungen des politischen Lebens Ende der 1920er Jahre noch die Zumutungen der Weltwirtschaftskrise gesellt hatten. Das durchschnittliche Einkommen einer Bauernfamilie sank zwischen 1925 und 1933 um zwei Drittel; viele waren hoffnungslos überschuldet. Ganz offenbar fand die bürgerliche Demokratie darauf keine adäquaten Antworten.

Das Regime ging nach 1929 immer härter gegen Extremismus von links und rechts vor, durch Verbote und Repression. Führende Vertreter der extrem nationalistischen Kroaten, in erster Linie Freiberufler, Studenten und Intellektuelle sowie ehemalige k.u.k.-Offiziere, die militant anti-jugoslawisch, anti-serbisch, anti-liberal und anti-kommunistisch eingestellt waren, emigrierten ins faschistische Italien, um dort die faschistische, separatistische Untergrundorganisation Ustascha (Aufständische) zu

---

19 Nielsen: Making Yugoslavs, 203.
20 Oberländer, Erwin/Rolf Ahmann/Hans Lemberg/Holm Sundhaussen (Hg.): Autoritäre Regime in Ostmittel- und Südosteuropa, 1919–1944, Paderborn 2001.

gründen. Ihr Ziel war es, durch bewaffnete, terroristische Aktionen einen unabhängigen, ethnisch homogenen großkroatischen Staat zu errichten, zu dem auch Bosnien-Herzegowina, der Sandžak, Montenegro und ein Teil der Vojvodina gehören sollten. Mit Unterstützung Italiens und Ungarns unternahm die Organisation im September 1932 einen Aufstandsversuch in der Lika, der aber scheiterte.

Das diktatorische Regime hatte bereits das Staatsschutzgesetz und ein Sondergericht für Regimegegner geschaffen. Überwachung, Verfolgung, Zensur und Repression gehörten mittlerweile zum politischen Alltag.[21] Besonders für Kommunisten war es lebensgefährlich, von der Polizei gestellt zu werden. Hunderte wurden bei der Verhaftung bzw. »auf der Flucht« getötet. Wer die Festnahme überlebte, dem drohte erst Folter und dann eine langjährige Haftstrafe. Für die Parteimitgliedschaft in der illegalen KPJ oder auch nur für das Verteilen von Flugblättern gab es zehn Jahre Zuchthaus. Mitte 1933 saßen in Jugoslawien mehr als 22.000 politische Häftlinge ein, außer den Kommunisten auch Anhänger der Ustascha.[22]

Zugleich bemühte sich die Königsdiktatur, möglichst viele Bürger für ihr Einheitsprojekt zu gewinnen. Ein massenwirksames Instrument, den integralen Jugoslawismus voranzubringen, war die Sokol-Bewegung (»Falke«). Diese patriotische Turnerbewegung für gesamtslawische Eintracht war 1862 in Prag gegründet worden und hatte sich daraufhin auch in den anderen slawischen Ländern ausgebreitet. Mit ihrer weitverzweigten Organisations- und Kommunikationsstruktur bildete sie das Rückgrat der verschiedenen slawischen Nationalbewegungen. Die körperliche Ertüchtigung sollte einerseits das nationale Bewusstsein heben, andererseits für die paramilitärische Ausbildung künftiger Freiheitskämpfer sorgen. Nach 1929 entwickelte sich der mittlerweile zentralisierte Verband »Sokol des Königreichs Jugoslawiens« zum Zugpferd der Propaganda für die Königsdiktatur; er wuchs zwischen den beiden Weltkriegen von rund 100.000 Mitgliedern auf 250.000 an. Durch sportliche Betätigung sollte jeder Einzelne im nationalen Kollektiv aufgehen, nach dem Motto »Wer Sokol ist, ist Jugoslawe«. Auf riesigen Sportfesten und Wettbewerben wurde die Ertüchtigung des »Volkskörpers« und damit die nationale Einheit massenwirksam aufbereitet, um »physisch starke und national bewusste Staatsbürger«, ja einen »neuen Menschen« zu schaffen.[23]

Auch Rundfunk und Film wurden eingesetzt, um die integrale jugoslawische Identität zu stärken. Seit 1934 sendeten die Radiostationen in Belgrad, Zagreb und Ljubljana in der »Nationalen Stunde« Wissenswertes über die verschiedenen Landesteile. Der Film »Sous le ciel yougoslave« von Miodrag Mika Đorđević feierte

---

21 Nielsen: Making Yugoslavs, 79.
22 Dobrivojević: Državna represija, 261ff.
23 Cvetković, Dušan: Sokoli i sokolski sletovi 1862–1941, Beograd 1998, 39f.

1934 die südslawischen Regionen in einer kinematografischen Rundfahrt von den Karawanken bis zur Bucht von Kotor. Dieser erste jugoslawische Tonfilm zeigte die verschiedenen Regionen Jugoslawiens, ihre touristischen Attraktionen und Alltagsszenen, aber auch das neue, starke und moderne Jugoslawien, das König Alexander repräsentieren wollte. In diesem Film ist der einzige O-Ton des Monarchen zu hören. Er wurde kurz nach dem Dreh bei einem Staatsbesuch in Frankreich von kroatischen Faschisten ermordet.

Die Idee der Volksgemeinschaft, der einheitlichen Nation, blieb in vieler Hinsicht ein Mythos: Sozial, ethnisch, religiös, politisch und ideologisch war Jugoslawien tief gespalten. Die heraufziehenden internationalen Spannungen vertieften existierende Interessensgegensätze, welche der Staatsapparat mit seiner Einheitsideologie nur vordergründig zu übertünchen vermochte. Wachsende soziale Gegensätze, verschärft durch die Weltwirtschaftskrise, spalteten das Land. Wie in ganz Europa nahmen in den 1930er Jahren Radikalisierung, religiöser Fundamentalismus und politische Gewalt überhand. Die autoritäre Herrschaftspraxis der Königsdiktatur, der Aufstieg von Faschismus und Nationalsozialismus und der damit verbundene äußere Druck vertieften die ideologischen Gräben.

4. Rückbildung der Königsdiktatur

Am 9. Oktober 1934 ermordeten Attentäter der Ustascha, unterstützt von der makedonischen Untergrundorganisation, König Alexander sowie den französischen Außenminister Louis Barthou anlässlich eines Staatsbesuchs in Marseille – ein Angriff auf den Monarchen, die Diktatur und den jugoslawischen Staat insgesamt, der sich außenpolitisch auf Frankreich und das gegen den Revisionismus gegründete Sicherheitsbündnis der Kleinen Entente (zusammen mit Rumänien und der Tschechoslowakei) stützte.

Da der Thronfolger Peter noch minderjährig war, übernahm Prinzregent Paul die Staatsführung. Nachdem er eine neue Koalitionsregierung ernannt hatte, ging die Königsdiktatur in ein autoritär-zentralistisches System über. Es wurde stark durch den Finanzexperten Milan Stojadinović geprägt, der 1935 das Amt des Ministerpräsidenten und zugleich Außenministers antrat. Er förderte die Hinwendung zu NS-Deutschland und stärkte besonders die wirtschaftliche Zusammenarbeit. Das war nicht unumstritten, denn schließlich warteten außer Deutschland und Italien auch Ungarn und Bulgarien auf eine günstige Gelegenheit, die in den Friedensverträgen des Ersten Weltkrieges festgelegten Grenzen zu ihren Gunsten zu revidieren. Besonders gefährlich erschien das Ausgreifen Mussolinis, der 1935/36 Abessinien eroberte und auf die Annexion Dalmatiens und Albaniens hinarbeitete. Stojadinović hoffte,

Italiens Expansionswünsche über die Partnerschaft mit NS-Deutschland einhegen zu können.²⁴

Allerdings rückte nun das Reich selbst immer näher an Jugoslawien heran. Nach der Annexion Österreichs und der Sudetengebiete 1938 sowie der Besatzung der noch verbliebenen Gebiete der Tschechoslowakei 1939 wurde NS-Deutschland zum direkten Grenznachbarn Jugoslawiens. Weder Frankreich noch Großbritannien schienen gewillt, dem Aggressionsdrang energisch entgegenzutreten.

Die explosive Weltlage machte es aus Sicht von Prinzregent Paul notwendig, Jugoslawien in der Außenpolitik auf striktem Neutralitätskurs zu halten. Aber Hitler übte wachsenden Druck aus, um Jugoslawien – auch in Hinblick auf den geplanten Angriff auf die Sowjetunion – militärisch enger an sich zu binden. Die Nation zu einen und innenpolitische Konflikte zu befrieden, erschien überlebenswichtig. Das machte einen Neuanfang in der Regierungsarbeit notwendig. Im Februar 1939 wurde der autoritäre Regierungschef Milan Stojadinović gestürzt. Der Serbe war ein überzeugter Protagonist von Unitarismus und Zentralismus, und er hatte die kroatischen und slowenischen Politiker immer stärker gegen den Staat aufgebracht.

Außenpolitisch wurde die Lage immer prekärer. Italien, das im April 1939 Mussolinis Truppen in Albanien einmarschieren ließ, schien eine Militärintervention vorzubereiten, um auf jugoslawischem Territorium einen kroatischen faschistischen Staat zu schaffen. Vor diesem Hintergrund wurde den Kroaten im August Autonomie zugestanden. Sie erhielten eine Banschaft (Banovina), die sich in Bezug auf Wirtschaft, Inneres, Bildung und Justiz selbst verwalten durfte. Während Ultranationalisten und Kommunisten den so genannten Ausgleich als unzureichend kritisierten, forderten auch Serben, Slowenen und bosnische Muslime eigene Verwaltungsgebiete. Der unitarische Jugoslawismus, an dem die serbische Bourgeoisie Jahre lang starrsinnig festgehalten hatte, war politisch endgültig gestorben.²⁵

Als im Herbst 1940 Italiens Angriff auf Griechenland zu scheitern drohte, entschied Hitler, im Südosten militärisch einzugreifen und das Land zu besetzen. Es ging vor allem darum, den bevorstehenden Angriff auf die Sowjetunion abzusichern. Zugleich wuchs der Druck auf die Staaten der Region, dem deutsch-italienisch-japanischen Dreimächtepakt beizutreten. Da Ungarn, die Slowakei, Bulgarien und Rumänien dem nachgaben und sich Jugoslawien von Hitlers Verbündeten umringt sah, trat am 25. März 1941 auch Belgrad der Kriegskoalition bei.

---

24 Stojkov, Todor: Vlada Milana Stojadinovića (1935–1937), Beograd 1985.
25 Djokić, Dejan: Elusive Compromise. A History of Interwar Yugoslavia, London 2007, 208. Boban, Ljubo: Sporazum Cvetković-Maček, Beograd 1965. Sojčić, Tvrtko P.: Die »Lösung« der kroatischen Frage zwischen 1939 und 1945. Kalküle und Illusionen, Stuttgart 2008, 53ff.

Als am 27. März 1941 serbische Generäle aus Protest gegen den erzwungenen Beitritt Jugoslawiens zum Dreimächtepakt die Regierung stürzten und den König entmachteten, befahl Hitler, Jugoslawien müsse »so rasch als möglich zerschlagen werden«. Am Morgen des 6. April 1941 gab er den Befehl, Jugoslawien anzugreifen. Elf Tage nach dem Unternehmen »Strafgericht« musste die jugoslawische Armee kapitulieren. Der Vielvölkerstaat wurde zerstückelt und in Besatzungsgebiete aufgeteilt.[26]

5. Fazit

Der Übergang vom Parlamentarismus zur Königsdiktatur in Jugoslawien war durch die ungelöste nationale Frage, politische Instabilitäten und wirtschaftliche Krisenerscheinungen getrieben. Auch das internationale Umfeld, besonders der Machtantritt Mussolinis und Hitlers, spielte eine Rolle. Allerdings unterschied sich das Regime Alexanders in vieler Hinsicht von Faschismus und Nationalsozialismus, vor allem, weil es nicht auf eine revolutionäre Neuformatierung der Gesellschaft und auch nicht auf außenpolitische Expansion ausgelegt war. Vielmehr strebte es danach, konservative Herrschaftsformen wiederzubeleben. Ziel war es, die zentralen Herausforderungen im Staat zu meistern: separatistische Kräfte einzuhegen und eine starke, einheitliche Nation zu schaffen. Jedoch bediente es sich Formen zeitgemäßer Ästhetik und Massenmobilisierung, die ihm äußerlich eine entsprechende Anmutung verliehen.

Die Königsdiktatur stützte sich auf ein Bündnis mit den alten Eliten, die der Funktionsfähigkeit der modernen Demokratie misstrauten und ihre Privilegien erhalten wollten. Alexanders Regime war anti-demokratisch und repressiv, besaß aber keine totalitären Herrschaftsmerkmale, etwa in Bezug auf politische Ideologie und Wirtschaftsordnung. In all dem ähnelte die jugoslawische Entwicklung jener der benachbarten Staaten in Südosteuropa. In Albanien fand der Systemwechsel 1928 und in Bulgarien 1935 statt, 1938 gefolgt von Rumänien. Nur in Griechenland entstand 1936 keine Königs-, sondern eine Militärdiktatur.

Wachsende Konflikte im Inneren sowie existenzielle sicherheitspolitische Bedrohungen führten zu einer gewissen Rückbildung der Diktatur, nachdem Alexander 1934 ermordet worden war. Wie weit dies die Überlebensfähigkeit des ersten südslawischen Staates gesichert hätte, bleibt reine Spekulation. 1941 ist er durch äußere Aggression zugrunde gegangen.

---

26 Calic: Geschichte Jugoslawiens, 136f.

Béla Rásky

Keine Demokratie und trotzdem Krise(n)

Ungarn in den 1920er und 1930er Jahren

Um es gleich vorwegzunehmen: Im Ungarn der 1920er und 1930er Jahre gab es keine Krisen der Demokratie, einfach weil es keine Demokratie gab – politische, wirtschaftliche oder soziale Krisen dafür zur Genüge. Abgesehen von einer sehr kurzen, nur einige Monate während Periode unmittelbar nach dem Zerfall der Donaumonarchie 1918 kann Ungarn in der Zwischenkriegszeit nicht als eine Demokratie bezeichnet werden.

1. ›Des Pudels Kern‹

In der spezifisch für die Pariser Friedensverhandlungen mit Ungarn nach dem Ende des Zweiten Weltkrieges für die alliierten Siegermächte verfassten Studie »Die Misere der osteuropäischen Kleinstaaterei«[1] versuchte der 1979 verstorbene Staatswissenschaftler István Bibó die Frage des Mangels einer dem Westen Europas vergleichbaren demokratischen Entwicklung Ungarns zu analysieren und damit auf die vorhersehbaren harten Bedingungen – seine Heimat hatte bis zuletzt auf der Seite des ›Dritten Reiches‹ ausgeharrt – Einfluss zu nehmen. Alles in allem stellte er sich der, wie er meinte, gängigen Ansicht entgegen, Mittel- und Osteuropa – für Bibó das Gebiet zwischen östlich des Rheins und Russland, also Österreich und Deutschland eingeschlossen – sei strukturell zu einer Entwicklung westeuropäischen demokratischen Typs unfähig. Leitmotiv dieses Essays, das Teil eines größeren Œuvres werden sollte, »war der sehnliche Wunsch, es mögen nach Ende des Krieges jene strategischen Fehler vermieden werden, die nach 1918 begangen wurden«.[2] Seine Überlegungen in seinem auch auf Deutsch zugänglichen Werk »Die deutsche Hysterie«[3] zu Deutschland und besonders zu Österreich mögen heute als überholt erscheinen. Aber nicht unbedingt antiquiert erscheinen heute wieder seine flehentlichen Appelle an die Staaten des Westens, zum Ausgleich des Modernisierungs-, Demokratisierungs- und Zivilisationsgefälles zwischen europäischem Westen und europäischem Osten beizutragen, die Vorurteile

---

1 István Bibó, Die Misere der osteuropäischen Kleinstaaterei, Frankfurt am Main 1992.
2 Thomas Schmid, Nachbemerkung, in: Bibó, Misere, 113–117, 115.
3 István Bibó, Die deutsche Hysterie. Ursachen und Geschichte, Frankfurt am Main/Leipzig 1991.

Westeuropas gegenüber ›dem Osten‹ abzubauen,[4] die geschichtliche Entwicklung dieses historisch-geografischen Raums zu verstehen. Auch angesichts der jüngsten Entwicklungen in Ostmitteleuropa ist man gerade in Kerneuropa, was die Möglichkeiten einer demokratischen Entwicklung in der Region betrifft, wieder skeptisch bis arrogant ablehnend:[5] Ostmitteleuropa gehört so nach wie vor zur »B-Klasse«[6] der Union. Der historische Bogen, den István Bibó 1947 für seine Ausführungen – und in den 1980er Jahren noch ausgeprägter der Historiker Jenő Szűcs[7] – spannte, reichte vom Mittelalter bis zu den Pariser Vorortverträgen 1918/19 und legte den Grundstein für eine inzwischen in vielen Sprachen zugängliche allgemeine gesellschaftliche und historische Theorie des mitteleuropäischen Raumes.

Mit einer seiner Lieblingsvokabeln bezeichnete Bibó die politisch-kulturellen Dynamiken der Region als »politische Hysterie«. Die von Bibó immer wieder verwendeten Begriffe wie »Deformation«, »Irrweg« oder »Sackgasse« sind sicherlich zu problematisieren, erklären sie doch die gesellschaftlich-politischen Ausformungen im Nordwesten Europas zur Normalität und dessen Peripherien zu einem seit Längerem größtenteils hinterfragten oder hinterfragbaren »Sonderweg«[8], einer Abweichung von einer von wem auch immer bestimmten Norm.[9] Wenn »wir«, so Bibó, »diese politische Hysterie analysieren wollen, ist es unsere allererste Aufgabe, die historischen Erschütterungen aufzudecken, die die Entwicklung und das Gleichgewicht dieser Länder gestört haben«.[10] Und diese »Irrwege«[11] hängen laut Bibó im Kern mit der widersprüchlichen Nationswerdung zusammen, dem historisch-kriegerisch bestimmten Auseinanderfallen von Staatsterritorium, Ethnie und Sprache in diesem Raum. Für Ungarn beschrieb Bibó diese Entwicklungen anhand seiner Geschichte zwischen 1848 und 1948: Seiner Analyse zufolge stolperte die ungarische Gesellschaft nach dem Scheitern des revolutionären Freiheitskampfes 1848/49 von einer politischen und gesellschaftlichen Sackgasse in die nächste, unfähig, die notwendigen sozialen

---

4 Vgl. dazu: Larry Wolfe, Inventing Eastern Europe. The Map of Civilization on the Mind of the Enlightenment, Stanford CA 1994.
5 Siehe dazu jüngst: Ivan Kalmar, White But Not Quite. Central Europe's Illiberal Revolt, Bristol 2022.
6 Norbert Mappes-Niediek, Europas geteilter Himmel. Warum der Westen den Osten nicht versteht, Berlin 2021, 7.
7 Jenő Szűcs, Die drei historischen Regionen Europas, Frankfurt am Main 1990.
8 Helmuth Plessner, Die verspätete Nation. Über die politische Verführbarkeit bürgerlichen Geistes, Frankfurt am Main 1974.
9 Vgl. z.B.: Deutscher Sonderweg – Mythos oder Realität?, München 1982.
10 Bibó, Misere, 46.
11 István Bibó, Deformierter ungarischer Charakter, ungarische Geschichte auf Irrwegen, in: Kakanien revisited, URL: https://www.kakanien-revisited.at/beitr/fallstudie/IBibo1.pdf (abgerufen 27.12.2021) und in einer gekürzten gedruckten Fassung in: osteuropa 94 (2018) 3–5, Sonderheft »Unterm Messer. Der illiberale Staat in Ungarn und Polen«, 303–322.

und politischen Reformen anzupacken, bis sie am Ende des Zweiten Weltkrieges zwischen den Trümmern des aus Fiktionen, Illusionen, Forderungen und Wunschträumen nach 1920 gebauten Staatsgebildes wieder mit der Realität konfrontiert war.

Transleithanien, die ungarische Reichshälfte, hatte sich schon in der Doppelmonarchie schwer getan mit selbst einer limitierten, kontrollierten Demokratisierung, mit einer damit verbundenen Erweiterung des Wahlrechts. Eben diese Angst – und für Bibó bedeutete Demokratie auch immer Furchtlosigkeit – vor der Gewährung von Freiheitsrechten hing für Bibó mit dem ungarischen Nationalismus zusammen. Denn mit der Niederlage 1848/49 hätten sich zwei Lehren in der ungarischen Elite festgesetzt: Ungarn sei einerseits von den (west)europäischen freiheitlichen Mächten in seinem anti-absolutistischen Kampf alleingelassen worden, und andererseits würde die Gewährung demokratischer Freiheiten für die anderssprachigen Nationalitäten des Königreichs Ungarn nur zu einer Sezession der von ihnen besiedelten Gebiete aus dem Staatsverband des *birodalom*[12], des historischen Reiches, führen. Dies hatte nach 1867 letztlich zur engstirnigen Nationalitätenpolitik der transleithanischen Reichshälfte geführt, unter anderen eben zur Weigerung, das Wahlrecht zumindest nach zisleithanischem Usus zu erweitern. Die Konflikte um dieses hatten schon um die Jahrhundertwende regelmäßig zu schweren Verfassungskrisen geführt. Doch von der Verweigerung dieser Partizipationsrechte waren in der Folge nicht nur die Vertreter der Minderheiten, sondern auch der größte Teil der ungarisch sprachigen Gesellschaft betroffen – denn auch sie blieben bis 1918 von jeglicher Demokratisierung ausgeschlossen. Vor 1918 betätigten sich so »im ungarischen Parlament nur Honoratiorenparteien, die freilich keine politische Vertretung der aufstrebenden neuen Gesellschaftsschichten beabsichtigten«.[13] Die Beschreibung und vor allem literarische und publizistische Aufarbeitung von Betrug, Postenschacherei, Korruption und Stimmenkauf dieser sehr eingeschränkten Wahlen füllen Bände der ungarischen zeitgenössischen Literatur und Publizistik.[14]

---

12 Bálint Varga, The Two Faces of the Hungarian Empire, in: Austrian History Yearbook 52 (2021), 118–130, 121, URL: https://doi.org/10.1017/S0067237820000545 (abgerufen 27.12.2021).
13 Ibolya Murber, Der Erste Weltkrieg und beschleunigte Demokratisierung. Wahlrecht und Wahlen in den Verliererstaaten Österreich und Ungarn, in: 100 ans de suffrage universel au Luxembourg et en Europe. 100 Jahre allgemeines Wahlrecht in Luxemburg und in Europa. Actes du colloque, Luxemburg 2018, 103–114, 106.
14 Siehe dazu: Péter Gerhard, Deszkafalak és potyavacsorák. Választói magatartás Pesten a Tisza-Kálmán-korszakban [Bretterwände und Gratisausspeisung. Wählerverhalten in Pest in der Ära Kálmán Tisza], Budapest 2019.

2. Zur Vorgeschichte: Die Revolutionen 1918/19

Den Zusammenbruch der Donaumonarchie, die Proklamation der Republik und die Errichtung einer parlamentarischen Demokratie erlebte die ungarische Gesellschaft nicht unbedingt als Überwindung des Dualismus, als Erfüllung der alten staatlichen Unabhängigkeitsbestrebungen, sondern vielmehr als klassenkämpferische Auflehnung gegen Krieg und soziale Ungerechtigkeit.[15] Die Koalitionsregierung Mihály Károlyis versuchte demokratische Institutionen zu etablieren, diskutierte soziale Reformen und schrieb für April 1919 Wahlen aus: Zum ersten Mal wären auch Frauen wahlberechtigt gewesen, allerdings erst ab 24 Jahren (Männer ab 21) und mit dem Nachweis, in zumindest einer der Landessprachen lesen und schreiben zu können. Allein die Wahlen wurden – unter Berufung, dass nicht alle Gebiete Ungarns unter der Kontrolle der Regierung stünden – immer wieder verschoben. Weiters setzte die junge Republik eine liberale Nationalitätenpolitik durch:

> Doch die Zugeständnisse, die die neue Regierung hinsichtlich des Selbstbestimmungsrechts der Nationalitäten nun zu machen bereit war, kamen für die Erhaltung der territorialen Integrität des Landes zu spät: Die Verhandlungen mit den Minderheitenvertretern scheiterten, zu stark war bereits die Gravitation zu den neuen, sich als Nationalstaaten verstehenden Nachbarländern.[16]

Károlyis Partei blieb letztlich auch nur »eine kleine Honoratiorenpartei ohne Gefolgschaft.«[17]

Als kein einziger bürgerlich-demokratischer Politiker gewillt war, die Bedingungen der Entente zu erfüllen und gewisse Territorien militärisch zu räumen,[18] dankte die Regierung ab. Es folgte eine kommunistische Räterepublik. Wohl vor allem wegen seiner Sozialgesetzgebung, der Verstaatlichung von Banken, Großindustrie, Miethäusern und Betrieben mit mehr als zwanzig Angestellten, aber nicht zuletzt auch wegen seiner Revolutionstribunale und Parteimilizen, wegen des ›Roten Terrors‹, diente dieses Regime nach seinem Sturz als Legitimierung des ihm folgenden Herr-

---

15 Tibor Hajdú, Socialist Revolution in Central Europe, 1917–1921, in: Roy Porter/Mikuláš Teich (Hg.), Revolution in History, Cambridge 1986, 101–120.
16 Béla Rásky, Nationale Frage und Arbeiterbewegung in Ungarn, in: Helmut Konrad, Arbeiterbewegung und nationale Frage in den Nachfolgestaaten der Habsburgermonarchie, Wien 1993, 65–97, 67.
17 Ibolya Murber, Die Staatswerdung Österreichs und Ungarns zwischen 1918 und 1920 im Vergleich, in: Robert Kriechbaumer/Michaela Maier/Maria Mesner/Helmut Wohnout (Hg.), Die junge Republik. Österreich 1918/19, Wien/Köln/Weimar 2018, 197–210, 202.
18 Oberstleutnant Fernand Vyx, der Chef der Entente-Militärmission in Budapest, hatte am 20. März 1919 eine Räumung Ostungarns von ungarischen Truppen verlangt.

schaftssystems, der Konstruktion eines ›Judeobolschewismus‹.[19] Die ungarische Historiographie mäanderte bezüglich dieser 133 Tage zwischen März und August 1919 einerseits zwischen einer pauschalen Verzauberung in der Zeit nach 1948, also unter den KP-Regimen von Rákosi und Kádár,[20] und der größtenteils Verdammung nach der Wende 1989/90. Mit einer ausgewogenen wissenschaftlichen Bewertung auf Basis neuerer Dokumente[21] wurde erst jüngst begonnen.

Die Verfassung der Räterepublik vom 23. Juni 1919[22] erklärte den Staat zur Föderativen Sozialistischen Ungarländischen Republik, wobei die autonomen Gaue bereits unter der bürgerlich-demokratischen Regierung eingerichtet worden waren. Zwei Minderheiten – die deutschsprachige und die ruthenische – erhielten eine territoriale Autonomie, die anderen, die nicht ein geschlossenes Gebiet bewohnten, konnten eigene Nationalräte schaffen.[23] Ein Recht auf Sezession wurde in dieser Verfassung nicht festgeschrieben, der freie Gebrauch der jeweiligen Sprache allerdings garantiert. Solche Bestimmungen zeigten einen Einfluss der Nationalitätentheorie Karl Renners,[24] die in kulturellen, personenbezogenen Autonomien dachte. Doch waren die Verfassungsparagraphen bezüglich der Minderheiten keinesfalls in sich konsistent; traditionelle Verwaltungsschemata, austro-

---

19 Paul Hanebrink, A Specter Haunting Europe. The Myth of Judeo-Bolshevism, in: S: I.M.O.N. Shoah: Intervention. Methods. Documentation. 8 (2021) 1, 21–34, URL: https://doi.org/10.23777/SN.0121/SWL_PHAN01 (abgerufen 27.12.2021).
20 Péter Apor, Fabricating Authenticity in Soviet Hungary. The Afterlife of the First Hungarian Soviet Republic in the Age of State Socialism, London/New York 2014 und Béla Bodó, Memory Practices. The Red and White Terrors in Hungary as Remembered after 1990, in: East Central Europe 44 (2017) 2/3, 186–215, URL: https://brill.com/view/journals/eceu/44/2-3/article-p186_186.xml?ebody=pdf-49903 (abgerufen 27.12.2021).
21 Pál Hatos, Rosszfiúk világforradalma. Az 1919-es magyarországi tanácsköztársaság története [Weltrevolution der Lausbuben. Die Geschichte der ungarländischen Räterepublik 1919], Budapest 2021; Laura Csonka/Róbert Fiziker (Hg.), Proletárdiktatúra alulnézetben. Válogatott levéltári dokumentumok a Magyarországi Tanácsköztársaság időszakából. »És rendszeresíttetnek az összes ballépések« [Proletarierdiktatur von unten betrachtet Ausgewählte Archivdokumente aus der Zeit der ungarländischen Räterepublik. »Und regelten alle Fehltritte«], Budapest 2019; Albert Dikovich/Edward Saunders (Hg.), Die Ungarische Räterepublik 1919 in Lebensgeschichten und Literatur, Wien 2017.
22 A Magyarországi Szocialista Szövetséges Tanácsköztársaság alkotmánya [Die Verfassung der Föderativen Sozialistischen Ungarländischen Republik], URL: https://net.jogtar.hu/ezer-ev-torveny?docid=91900035.TV&searchUrl=/ezer-ev-torvenyei%3Fpagenum%3D38 (abgerufen 27.12.2021); Béla Sarlós, A tanácsköztársaság jogrendszerének kialakulása [Die Entstehung des Rechtssystems der Räterepublik], Budapest 1969.
23 Pál Halász/István Kovács/Vilmos Peschka (Hg.), A Magyar Tanácsköztársaság jogalkotása [Das Rechtssystem der ungarischen Räterepublik, Budapest 1959, 71.
24 Synopticus [Karl Renner], Staat und Nation. Zur österreichischen Nationalitätenfrage. Staatsrechtliche Untersuchung über die möglichen Principien einer Lösung und die juristischen Voraussetzungen eines Nationalitätengesetzes, Wien 1899.

marxistische, leninistische und neuartige Linien wurden hier vermischt: »Die kommunistische Nationalitätenpolitik dieser Region kam einer Katastrophe nahe.«[25]

Zu den Anfang April abgehaltenen Wahlen zu den örtlichen Räten waren auch Frauen ab 18 Jahren zugelassen, jedoch waren laut Paragraph 68 der räterepublikanischen Verfassung Personen, die Lohnarbeiter anstellten, über ein Einkommen ohne Arbeitsleistung verfügten, Händler, Priester und Mitglieder eines Ordens sowie psychisch Kranke bzw. verurteilte Kriminelle vom Wahlrecht ausgeschlossen. Eine Verordnung konkretisierte schließlich alles weitere.[26] Aus den aus diesen Anfang April 1919 abgehaltenen Wahlen hervorgegangenen regionalen Räten wurde schließlich – mittels Delegation – die Landesversammlung der Räte gebildet. Diese – 378 Räte, davon sieben Frauen – sollte allerdings nur einmal zusammentreten: im Juni 1919, eben um die Verfassung zu verabschieden.

Räteungarn zeigte sich bereit, bewaffneten Widerstand gegen die von der Entente gezogenen Demarkationslinien – ein Vorgeschmack der künftigen neuen Staatsgrenzen – zu leisten: ein Versuch, mittels weltrevolutionärer Parolen das historische Gebiet zu bewahren. Es überrascht somit nicht, dass die »nichtungarischen Völker die Räterepublik als eine ›Bastelei‹ betrachteten, die nur dazu berufen war, die territoriale Einheit des Landes zu bewahren«.[27] Nach der Machtübernahme weigerte sich Béla Kun, ungarländisches Territorium weiter an die (für ihn ›bourgeoisen‹) Nachbarn abzutreten:

> Hinter dem marxistischen Jargon, sagte damit Kun den meisten Ungarn aber eigentlich nur, was sie hören wollten: dass nämlich der Kommunismus für die Erhaltung der territorialen Integrität Milleniumungarns stehe. Es fällt schwer den späteren sozialistischen Vorwurf, die ungarischen Kommunisten seien nichts anderes als Nationalbolschewiki gewesen, zu entkräften.[28]

---

25 Éva S. Balogh, Nationality Problems of the Hungarian Soviet Republic, in: Ivan Völgyes, Hungary in Revolution 1918/19. Nine Essays, Lincoln NE 1971, 89–120, 109; alle folgenden nichtdeutschsprachigen Zitate wurden vom Autor entweder aus dem Englischen oder dem Ungarischen ins Deutsche übersetzt.

26 István Szentpéteri, A tanácsok megalakulása és jogi szabályozása a Tanácsköztársaságban [Die Entstehung und die rechtlichen Regelungen der Räte in der Räterepublik], Szeged 1957, 6–17, URL: http://acta.bibl.u-szeged.hu/6264/1/juridpol_003_fasc_006_001-038.pdf (abgerufen 27.12.2021).

27 Zsolt Vitári, Új kisebbségpolitika ellenérzésekkel? Etnopolitikai irányváltások Magyarországon 1918 és 1920 között [Neue Minderheitenpolitik mit Ressentiments? Ethnopolitische Veränderungen in Ungarn zwischen 1918 und 1920], in: Krisztina Slachta/Gábor Bánkúti/József Vonyó, Sed intelligere. Tanulmányok a hatvanöt éves Gyarmati György tiszteletére [Sed intelligere. Studien zur Ehren des fünfundsechzigjährigen György Gyarmati], Pécs 2016, 181–199, hier: 189–190.

28 Peter Pastor, One Step Forward, Two Steps Back. The Rise and Fall of the First Hungarian Communist Party 1918–1922, in: Ivo Banac (Hg.), The Effects of World War I. The Class War after the Great War. The Rise of the Communist Parties in East Central Europe, 1918–1921, o.O. 1983, 85–126, 97.

Dies war auch einer der Gründe, warum jene gesellschaftlichen Schichten, die mit dem innenpolitischen Programm der Räterepublik nicht einverstanden sein konnten, anfänglich keinen Widerstand oder Protest zeigten. Offiziere der Honvéd kämpften nun in der ungarländischen Roten Armee für die ›Verteidigung der Revolution‹, eigentlich aber für die Erhaltung der territorialen Integrität, wie schon die zeitgenössische Publizistik erkannte und für die der »ungarische Bolschewismus […] eine Kreuzung von sozialistischen und nationalen Beweggründen«[29] war. Nur so ist erklärbar, dass es den Kommunisten gelang, in einem vom Krieg ausgemergelten Land die zutiefst antikommunistischen, ehemaligen Honvéd-Offiziere und -Mannschaften mit dem Ruf »Zu den Waffen«[30] zu mobilisieren: »1919 kämpfte allein die [Ungarländische] Rote Armee für die territoriale Integrität Ungarns.«[31] Auch im späteren stand die illegale Kommunistische Partei auf dem Boden einer Gebietsrevision, obzwar widersprüchlich und mit einer kruden, antiimperialistischen Argumentation. Doch die Betonung der nationalen Züge bzw. die Tolerierung der Räterepublik durch bürgerliche Kreise ist unter Historikern nicht unumstritten:[32]

> Es gibt wohl wenig Anlass daran zu zweifeln, dass unter der dünnen Schicht eines marxistischen Sozialismus die Sozialisten ›Sozialpatrioten‹ geblieben waren, die die territoriale Integrität Ungarns für viel wichtiger betrachteten als die Interessen Russlands in Osteuropa zu fördern. Die Kommunisten – sicherlich nicht frei von ähnlichen Ambitionen – hatten aber beträchtlich weniger Interesse an der Erhaltung Ungarns als einer politischen Einheit.[33]

---

29 N.N., Bolschewismus vor den Türen der Stadt Wien, in: Neue Freie Presse, 23. März 1919, 1; zit. n. Amália Kerekes, Wartezeit. Studien zur Geschichte der ungarischen Emigration in Wien 1919–1926, Würzburg 2018, 131.
30 Siehe das ikonenhafte Plakat von Róbert Berény, URL: https://en.wikipedia.org/wiki/File:Fegyverbe!.png (abgerufen 27.12.2021).
31 Miklós Szabó, A területi revízió mint feladat és ideológia [Die Gebietsrevision als Aufgaben und Ideologie], in: ders., Viszonylag békésen [Relativ friedvoll], Budapest 2000, 128–136, 131.
32 Rudolf L. Tőkés, Béla Kun and the Hungarian Soviet Republic. The Origins and Role of the Communist Party of Hungary in the Revolutions of 1918–1919, Stanford CA 1967; Alfred D. Low, Soviet Hungary and the Paris Peace Conference, in: Ivan Völgyes, Hungary in Revolution, 1918–19. Nine Essays, Lincoln NE 1971, 137–157; Andrew C. Janos/William B. Slottman, Revolution in Perspective. Essays on the Hungarian Soviet Republic, Berkeley/Los Angeles/London 1971.
33 Rudolf L. Tőkés, Béla Kun, 145.

3. Die Konsolidierung: 1919 – 1922[34]

Dem Sturz der Räterepublik und dem kurzen Zwischenspiel einer Gewerkschaftsregierung, die in ihrem ersten Erlass alle Verordnungen der Räteregierung annullierte,[35] folgte die Machtübernahme Miklós Horthys, zuletzt Konteradmiral und Kommandant der österreichisch-ungarischen Flotte mit einer maßgeblichen Rolle bei der brutalen Niederwerfung des Matrosenaufstandes in Cattaro im Februar 1918.

Der nunmehrige ›Weiße Terror‹ wurde »durch einen maßlos übertrieben dargestellten ›Roten Terror‹ gerechtfertigt«.[36] Militär und terroristische Sondereinheiten wüteten im ganzen Land.[37] In den diversen Darstellungen, zeitgenössischen wie historischen, herrschte (und herrscht) bezüglich der Opfer sowohl des ›Roten‹ als auch des ›Weißen Terrors‹ ein wahrer »Zahlenkrieg«.[38] Diese Gewalt der rechts- und linksgerichteten Paramilitärs wird heute in der Regel als eine Folge der Brutalisierung durch den Ersten Weltkrieg begriffen,[39] als eine Folgeerscheinung der als Demütigung erfahrenen Niederlage und deren »Kultur«[40] und »eher als Abgesang des Ersten Weltkrieges denn als Auftakt zur Weltrevolution oder als Gründungsmoment des Regimes der Zwischenkriegszeit«.[41] Dennoch gab es

> eine beängstigende Diskrepanz zwischen dem revolutionären ›roten Terror‹ von Kuns Regime – so schlimm der auch war – und dem viel grausameren und weit verbreiteteren konterrevolutionären ›Weißen Terror‹, der ihm folgte. Die Konterrevolution in Ungarn war mehr als nur eine Militäroperation mit dem einzigen Zweck, die bolschewistische Bedrohung zu

---

34 Miklós Szinai, István Bethlen und die politische Konsolidierung des ungarischen konterrevolutionären Regimes 1919–1922, in: Acta Historica Academiae Scientiarum Hungaricae 23 (1977), 43–73.
35 Karl-Heinz Gräfe, Mythos und historische Wirklichkeit eines Weltereignisses. Bürgerlich-demokratische Volksrevolution und sozialistische Räterevolution in Ungarn 1918–1919, in: Christian Koller/Matthias Marschik (Hg.), Die Ungarische Räterepublik. Innenansichten – Außenperspektiven – Folgewirkungen, Wien 2018, 17–46, 45.
36 Árpád von Klimó, Nation, Konfession, Geschichte. Zur nationalen Geschichtskultur Ungarns im europäischen Kontext (1860–1948), München 2003, 213.
37 Béla Bodó, Actio und Reactio. Roter und weißer Terror in Ungarn, 1919–1921, in: Koller/Marschik, Die Ungarische Räterepublik, 69–82.
38 Péter Konok, Az erőszak kérdései 1919–1920-ban. Vörösterror-fehérterror, in: Múltunk 55 (2010) 3, 72–91, 85.
39 Robert Gerwarth, Im »Spinnennetz«. Gegenrevolutionäre Gewalt in den besiegten Staaten Mitteleuropas, in: ders., Krieg im Frieden. Paramilitärische Gewalt in Europa nach dem Ersten Weltkrieg, Göttingen 2013, 108–133.
40 Wolfgang Schivelbusch, Die Kultur der Niederlage. Der amerikanische Süden 1865. Frankreich 1871. Deutschland 1918, Berlin 2001.
41 Bodó, Actio und Reactio, 71.

eliminieren: Es ging auch um die öffentliche Inszenierung und Durchsetzung einer neuen Art von Politik und einer neuen Art von Zivilisation, die eindeutig nationalistisch, patriarchalisch und antisemitisch war.[42]

Allmählich gelang es, den ›Weißen Terror‹ zurückzudrängen, wobei im Zuge dessen viele der Marodeure in den Staatsapparat integriert wurden.[43] Die Versuche der internationalen Arbeiterbewegung, Ungarn über einen Boykott zu isolieren, waren schon im August 1920 gescheitert;[44] die Bauernschaft war durch eine, wenn auch kleine Landreform beschwichtigt worden. »Gegen Ende des ersten Jahres von Horthys Regentschaft wurde allmählich klar, dass sich die ursprünglichen Bedenken, er könnte zum Handlanger rechtsradikaler Offiziere werden, als unbegründet erwiesen hatten«,[45] dass man von einer »Metamorphose«[46] Horthys sprechen konnte. Als Voraussetzung einer Unterstützung durch die Entente stimmte er schließlich dem Friedensvertrag von Trianon zu, der die Staatsgrenzen des Landes weit hinter die ethnischen Grenzen verschob.[47] Das konterrevolutionäre System korrigierte diesen ›Geburtsfehler‹ sofort mit einem gekränkten Irredentismus, indem es die Károlyi-Regierung zu Landesverrätern abstempelte: »Für mehr als ein Vierteljahrhundert schob das Horthy-Regime den hohen Preis der Kriegsniederlage ungerechtfertigter Weise einer Regierung zu, die in Wirklichkeit sich geweigert hatte, sich mit den Gebietsverlusten abzufinden.«[48] Obwohl er vom Habitus her der radikalen Rechten und der Person Gyula Gömbös'[49]

---

42 John Paul Newman, Revolution and Counterrevolution in Europe 1917–1923, in: Silvio Pons/Stephen A. Smith (Hg.), World Revolution and Socialism in one Country, 1917–1941, Volume 1, Cambridge 2017, 96–120, 111.
43 Balázs Kántás, Radical Right-wing, Quasi-state Paramilitary Formations in Hungary, 1919–1924. An Outline, in: International Journal of History 3 (2021) 2, 74-84, URL: http://real.mtak.hu/129166/1/Radicalright-wingparamilitaryorganisationsinHungaryanoutline.pdf (abgerufen 27.12.2021).
44 Hans Hautmann, Die österreichische Rätebewegung und Räteungarn, in: Koller/Marschik, Die Ungarische Räterepublik, 167–180.
45 Thomas Sakmyster, Miklós Horthy. Ungarn 1918–1944, Wien 2006, 88.
46 Ebd., 149.
47 Steven Seegel, Teleki, Trianon, and Transnational Map Men 100 Years After. Experiences and Expressions through the Lens of Oral History, in: S: I.M.O.N. Shoah: Intervention. Methods. Documentation 8 (2021) 3, 84–97, URL: http://simon-previous-issues.vwi.ac.at/images/Documents/SWL_Reader/2021-3/2021-3_SWL_Seegel/SWL_Seegel01.pdf (abgerufen 27.12.201).
48 Peter Pastor, Hungarian Territorial Losses During the Liberal-Democratic Revolution of 1918–1919, in: Béla K. Király/Peter Pastor/Ivan Sanders (Hg.) War and Society in East Central Europe. Vol. VI. Essays on World War I. Total War and Peacemaking. A Case Study on Trianon. New York 1982, 255–275, 270.
49 József Vonyó, Gömbös Gyula és a hatalom [Gyula Gömbös und die Macht], Pécs 2018.

näher stand, betraute er schließlich doch den gemäßigten István Bethlen mit der Ministerpräsidentschaft, der über zehn Jahre dieses Amt bekleiden sollte.

Mit der Wiederherstellung der Monarchie, der Aussetzung der unter der Regierung Károlyi begonnenen Landreform, der Niederhaltung linker Bewegungen sowie der Arbeiterparteien, der Zementierung der Geschlechterordnung sowie der Rechristianisierung des öffentlichen Lebens[50] entwickelte sich das Regime in Richtung eines politischen Systems wie es unter dem Dualismus geherrscht hatte: mit beschränktem Pluralismus, aber der Möglichkeit der freien Meinungsäußerung im Parlament und in der Presse, allerdings mit dem gravierenden Unterschied eines staatlich sanktionierten Antisemitismus, den Ausgleichsungarn in dieser Form nicht gekannt hatte. »Das restaurative System der Horthy-Zeit legitimierte die Strukturen des 19. Jahrhunderts durch eine Ideologie, die das 19. Jahrhundert verteufelte.«[51]

Die Wahlen 1920 wurden auf der Basis eines allgemeinen freien und gleichen Wahlrechts – wie schon 1918 vorgesehen – abgehalten, das den zeitgenössischen Regelungen in anderen europäischen Ländern vergleichbar war. Die Sozialdemokratie boykottierte allerdings diese unter Hinweis auf die Repressionen durch die Armee und unterstützte die Liberalen.[52]

Bei der Beibehaltung dieses Wahlrechts hatten die Siegermächte eine Rolle gespielt, die daran interessiert waren, dass die Friedensbedingungen von einem möglichst repräsentativen Parlament ratifiziert werden. Auch in der Frage des Anteils an der Konsolidierung Ungarns in den frühen 1920er Jahren, des Bestehens auf einem minimalen Schein von Rechtsstaatlichkeit, ist Horthy wenig zuzuschreiben, vielmehr der Druck von den Siegermächten zu konstatieren:[53]

> Der Umstand, daß die Konsolidierung des ungarischen konterrevolutionären Systems durch die Hilfe des Feindes von gestern, die siegreiche imperialistische Koalition erfolgte, barg von Anfang an Widersprüche in sich. Indem die Sieger durch diese Unterstützung die Gefahr des Weiterbestehens der ungarischen Rätemacht beseitigten, riefen sie zugleich den Revisionismus gegen ihr eigenes Friedenswerk ins Leben.[54]

---

50 Siehe dazu aus der Sicht der Konterrevolution in: Karl Huszár, Die Proletarierdiktatur in Ungarn. Wahrheitsgetreue Darstellung der bolschewistischen Schreckensherrschaft, Regensburg 1920.
51 Klimó, Nation, Konfession, Geschichte, 215.
52 László Hubai, A szociáldemokrata párt részvétele a választásokon 1922–1947 [Die Teilnahme der sozialdemokratischen Partei an den Wahlen 1922–1947], in: Múltunk 42 (1997) 2, 119–145.
53 Pál Pritz, A relativizálás elfogadhatatlansága. Hazánk és a nagyvilág. Újabb tanulmányok [Die Unmöglichkeit, die Relativierung zu akzeptieren. Unsere Heimat und die weite Welt. Neuere Studien], Budapest 2016, 173–181.
54 Magda Ádám/Gyula Juhász/Lajos Kerekes, Allianz Hitler-Horthy-Mussolini. Dokumente zur ungarischen Außenpolitik (1933–1944), Budapest 1966, 14.

Drei weitere Elemente der Bethlenschen Politik waren noch wesentlich für die erfolgreiche Konsolidierung: Durch die Fusion seiner Partei der Christlich-Nationalen Vereinigung mit der Partei der Kleinen Landwirte und die Gründung der Einheitspartei Anfang 1922 gelang es ihm, einen zentralen Regierungsblock zu schaffen,[55] der wohl am besten als »Partei der institutionalisierten Konterrevolution«[56] bezeichnet werden kann und der den ganzen Zeitraum über die dominante politische Kraft blieb.

Stabilisierend für das System wirkte sich auch der vorerst geheime, erst zwei Jahre später publik gewordene Pakt aus, den Bethlen mit dem sozialdemokratischen Führer Károly Peyer im Dezember 1921 schließen konnte: Diesem de facto-Stillhalteabkommen zufolge stellte die Sozialdemokratie jegliche Agitation unter der Landarbeiterschaft, unter den Beamten und den Post- und Eisenbahnangestellten ein; sie würde nicht mehr für eine republikanische Staatsform eintreten, in außenpolitischen Angelegenheiten die Politik des Außenministeriums vertreten sowie die internationalen Verbindungen der Sozialdemokratie zur Unterstützung des konterrevolutionären Regimes nutzen.[57] Mit dem – in der Wiener Emigration und bei den illegalen Kommunisten[58] – bekämpften Pakt stellten sich die Sozialdemokraten selbst ins Abseits, als sie sich der sozialen und politischen Integration der ungarischen dörflichen Massen verschlossen und sich der Beschränkung des außenpolitischen Handlungsspielraums des Landes verschrieben. Bethlen wiederum erhielt eine loyale Haus- und Hofopposition, die die Grundsäulen des konsolidierten Regimes nicht gefährdete. Unter diesen Voraussetzungen ermöglichte das Horthy-System »die Parlamentsvertretung der einzig funktionierenden legalen Arbeiterpartei, der sozialdemokratischen Partei.«[59]

Zuletzt wurde – trotz des Protestes der liberalen Zeitungen[60] – das Wahlrecht abgeändert. Da aber klar war, dass das noch 1920 gewählte Parlament ein solches Gesetz nicht verabschieden würde, wurde es mit »rechtswidrigen«[61] Verfahrenstricks und auf dem Verordnungsweg durchgepeitscht. Die Kombination aus Listenwahlrecht, individuellen Wahlbezirken und Wahlkreisen, in denen nur ein Kandidat aufgestellt wurde,

---

55 Vgl. dazu im Detail: József Sipos, A bethleni kétharmad. A Kisgazdapárt kormánypárttá bővítése és az 1922-es választások [Die Zweidrittelmehrheit Bethlens. Der Ausbau der Partei der kleinen Landwirte zur Regierungspartei und die Wahlen 1920], Szeged 2020.
56 Klimó, Nation, Konfession, Geschichte, 225.
57 Ignác Romsics, Ellenforradalom és konszolidáció. A Horthy-Rendszer első tíz éve [Konterrevolution und Konsolidierung. Die ersten zehn Jahre des Horthy-Systems], in: ders., A Horthy-korszak. Válogatott tanulmányok [Die Horthy-Ära. Ausgewählte Studien], Budapest 2017, 11–165, 106/107.
58 László Réti, A Bethlen-Peyer-Paktum [Der Bethlen-Peyer-Pakt], in: Századok 84 (1950) 1, 37–84.
59 Imre Takács, Scheinparlamentarismus in Horthy-Ungarn, in: Erich Fröschl/Helge Zoitl, Der 4. März 1933. Vom Verfassungsbruch zur Diktatur, Wien 1983, 137–148, 145.
60 József Sipos, Az Egységes Párt és az 1922-es választások előkészítése [Die Einheitspartei und die Vorbereitung der Wahlen 1920], in: Múltunk 58 (2013) 4, 187–246, hier: 193–199.
61 Dávid Turbucz, Horthy Miklós, Budapest 2011, 109/110.

sowie einer Arrondierung der Wahlsprengel nach den eigenen politischen Bedürfnissen ermöglichte eine Vielfalt von Manipulationsmöglichkeiten. Das neue Wahlsystem, das Mehrheits- und Verhältniswahlrecht kombinierte, »kann als Seele des entstehenden politischen Systems angesehen werden, weil es – indem es die Unmöglichkeit einer Abwahl der Vereinigten Partei sicherstellte – das Funktionieren des staatlichen Organisationssystems, das Wesen des politischen Systems bestimmte.«[62] Bis heute erschwert dieses komplizierte System detaillierte Analysen des konkreten Wahlverhaltens von Regionen und einzelnen Gesellschaftsschichten.[63]

Entscheidend war aber, dass – mit der Ausnahme von Budapest und einigen Großstädten – wieder die offene Wahl eingeführt wurde. Das Wahlvolk hatte so seinen Willen vor der Kommission öffentlich kundzutun: »Dies bedeutete, dass im Weiteren nur etwas mehr als 20 % der Wähler geheim wählen konnten und von den 245 Abgeordneten 199 mit offener Wahl gewählt wurden.«[64] Die Zahl der Wahlberechtigten, deren Anteil an der Gesamtbevölkerung blieb – mit Ausnahme der Wahl von 1920 mit ihrem erweiterten Wahlrecht – dabei im Wesentlichen stabil: 1920 39,7 %, 1922 29,5 %, 1926 26,6 %, 1931 29,4 %, 1935 33,7 % und schließlich 1939 30 %.[65] Die überwältigenden Siege der Partei Bethlens in den 1920er Jahren waren nur »mittels antidemokratischer Wahlen gesichert, mit der Mobilisierung des Verwaltungsapparates, mit einer offenen Stimmenabgabe, Wahlbetrug und Gesetzesverstößen«.[66]

Nach dem Sturz der Räterepublik waren viele ihrer Vertreter nach Österreich geflüchtet. In der Folge entwickelte sich Wien zu einem zentralen Ort der Emigration mit einem regen politischen, geistigen und künstlerischen Leben[67] sowie einer Fülle von Publikationen mit unterschiedlichen Formaten und Zielgruppen.[68] Bis Mitte der 1920er Jahre, in geringerer Zahl sogar bis in die 1930er Jahre erschien so

---

62 Dávid Turbucz, A politikai rendszer jellege a Horthy-korszak első tíz évében [Der Charakter des politischen Systems der ersten zehn Jahre der Horthy-Ära], in: Múltunk 52 (2007) 4, 228–254, 232.
63 Károly Ignácz, A választói magatartás történeti irodalmáról (Magyarország, 1920–1947), in: Múltunk 51 (2006) 1, 90–98, 95.
64 István György Tóth (Hg.), Geschichte Ungarns, Budapest 2005, 632; Romsics, Ellenforradalom és konszolidáció, 110.
65 Zoltán Hajdú, A 20. század magyar parlamenti választások választási földrajzi kérdései, in: Múltunk 51 (2006) 1, 137–169, 151.
66 Károly Ignáczy, A bethleni kétharmad – választási törvénytelenség és aránytalanság révén [Die Bethlensche Zweidrittelmehrheit – aufgrund wahlrechtlicher Ungesetzlichkeiten und Unverhältnismäßigkeiten], in: Múltunk 66 (2021) 1, 210–222, 216.
67 Tibor Hanák, Politik und Geistesleben der Ungarn in Wien 1918–1924. Ein Beitrag zur Geschichte der Ungarn in Wien, in: Ungarn Jahrbuch 1986, 41–85.
68 Ferenc Galambos, A bécsi magyar emigráció újságai és folyóiratai 1919–1933 [Zeitungen und Zeitschriften der ungarischen Emigration in Wien 1919–1933]. Budapest 1960, URL: http://mek.oszk.hu/13700/13798/13798.pdf (abgerufen 27.12.2021), zit. n. Kerekes, Wartesaal 63.

eine erstaunliche Anzahl von belletristischen Aufarbeitungen des ›Weißen Terrors‹,[69] Erinnerungen,[70] Reportagen und Berichten in diversen Wiener oder süddeutschen Verlagen, Zeitungen und Zeitschriften: in Deutsch ebenso wie in Ungarisch.[71] Mit Kommunisten,[72] Liberalen und Sozialdemokraten wurde Wien zudem zum Zentrum der politischen Emigration.[73] Doch die diversen politische Richtungen verweisen auch auf ein »latente[s] ideologisch-politische[s] Changieren, die Unschärfe politikgeschichtlicher Zuordnungen, wie kommunistisch, sozialdemokratisch, liberal«.[74] Mit der Festigung des Regimes wurde der Wiener Emigrantenkreis allerdings »allmählich zum Zuschauer«[75] der Ereignisse und musste gegen den Bedeutungsverlust ankämpfen. Ab 1925 kam es zu einer sukzessiven Auflösung der engeren Emigration, sei es wegen des Standortwechsels in andere Emigrationszentren wie Berlin, sei es wegen der Möglichkeit der Heimkehr der weniger Radikalen. Einige, die sich für ein »weiter wienern«[76] entschieden, engagierten sich als Sozialdemokraten am Projekt des Roten Wien – so Pál Szende oder Zsigmond Kunfi.

Mitte der 1920er Jahr setzte die Emigration auch immer weniger auf eine Intervention von außen. Allein die Beibehaltung der »Bipolarität von Emigration und Horthy die Stärkung der Öffentlichkeit vor Ort und die Öffnung auf Europa stellen [noch] insgesamt Fixpunkte dar, die die fundierende Rolle der Räterepublik nach fünf Jahren als zielorientierten, aktivistischen Akt mit international wirksamer Vermittlerfunktion sichtbar machen« sollten.[77]

---

69 Vgl. József Pogány, Der weiße Terror in Ungarn, Wien 1920.
70 Vilmos Böhm, Két forradalom tüzében. Októberi forradalom, proletárdiktatúra, ellenforradalom [Im Feuer zweier Revolutionen. Oktoberrevolution – Diktatur des Proletariats – Gegenrevolution], München 1923; Oszkár Jászi, Magyariens Schuld, Ungarns Sühne. Revolution und Gegenrevolution in Ungarn. München 1923.
71 Zoltán Péter, Vielschichtige Differenzen. Zu den Tendenzen in der Wiener ungarischsprachigen Exilpresse im 20. Jahrhundert, in: Helga Mitterbauer (Hg.), Kollektive und individuelle Identität in Österreich und Ungarn nach dem Ersten Weltkrieg 2007, 143–158.
72 Zur Kommunistischen Partei Ungarns im Exil noch immer wichtig das Kapitel »Die besonderen Querelen einer kommunistischen Partei im Exil«, in: Rudi Dutschke, Versuch, Lenin auf die Füße zu stellen. Über den halbasiatischen Weg zum Sozialismus. Lenin, Lukács und die Dritte Internationale, Berlin 1974, 229–239.
73 István I. Mócsy, The Effects of World War I. The Uprooted: Hungarian Refugees and Their Impact on Hungary's Domestic Politics, 1918–1921, New York 1983.
74 Kerekes, Wartesaal, 125; Amália Kerekes, Epochale Emigranten. Das Jahr 1924 in der Wiener Publizistik ungarischer Flüchtlinge, in: Helga Mitterbauer (Hg.), Kollektive und individuelle Identität, 159–171.
75 Kerekes, Wartesaal, 72.
76 Ebd., 141.
77 Ebd., 130.

4. Die goldenen Jahre des Horthy-Systems: 1922 bis Anfang der 1930er Jahre

»Mit der Vereinbarung mit den Sozialdemokraten, der Liquidierung der selbständigen Partei der kleinen Landwirte, der Auflösung der ersten Nationalversammlung und der neuen Wahlrechtsverordnung,«[78] hatte Bethlen ein verfassungsmäßiges Instrument für seine politisch konservative und autokratische Politik geschaffen, das das System zementierte und die politische Stabilität durch diverse Sicherheitsventile garantierte. Eine demokratische Wechselwirtschaft, die eine Abwahl der Einheitspartei, die in den 1920er und 1930er Jahren regelmäßig zwischen 58 und 73 Prozent der Mandate innehatte, war damit verunmöglicht. Auf der oppositionellen Seite waren neben den Sozialdemokraten einige kleinere liberale Parteien von Bedeutung, »welche durchgängig und im Wesentlichen uneingeschränkte oder kaum eingeschränkte Kritik an der Regierungspolitik übte[n].«[79] Sie konnten theoretisch obstruieren, rechtliche Untersuchungen gegen Minister anregen, aber alles letztlich ohne die Möglichkeit eines Wechsels oder gar Sturzes der Regierung.

1925 wurde die Verordnung aus dem Jahr 1922 zu einem Gesetz, an dem in der Folge immer wieder kleine Novellierungen vorgenommen wurden. Weiters wurde eine zweite Kammer, das Oberhaus, zum Teil auf ständischer Basis eingerichtet. In der Substanz änderte dies aber wenig: Formell war Ungarn eine parlamentarische Monarchie, die Regierung dem Parlament verantwortlich, das das Ergebnis einer – unfairen – Mehrparteienwahl war. Der Machtbereich des – seit 1920 – Reichsverwesers Horthy als Staatsoberhaupt erfuhr ebenfalls Erweiterungen, die aber in erster Linie weniger gegen die weitgehend lahmgelegte Linke, als vielmehr gegen die erstarkende radikale Rechte gerichtet waren. Auch diese erstreckten sich nicht auf fundamentale Befugnisse: Horthy konnte einmal vom Parlament verabschiedete Gesetze bestenfalls zur Überprüfung zurückschicken, musste aber bei einem Festhalten diese dann doch verlautbaren. Er konnte das Parlament unter gewissen Umständen auflösen, musste aber dann umgehend Neuwahlen ausschreiben. Der für den »Daily Herald«, der Tageszeitung der britischen Arbeiterpartei, als Mitteleuropa-Korrespondent tätige Friedrich Scheu fasste diese Situation prägnant so zusammen:

> Sogar reaktionäre Diktaturstaaten wie das damalige Ungarn unter dem Reichsverweser Admiral Horthy hatten ein Parlament und eine Vielzahl politischer Parteien. Ein gewisser

---

78 Romsics, Ellenforradalom és konszolidáció, 115. Zur Entwicklung des ungarischen Wahlrechts ausführlich: István Szabó, An der Grenze von Demokratie und autoritärem Regime. Charakteristische Merkmale der ungarischen Staatsorganisation in der Zwischenkriegszeit, Baden-Baden 2014.
79 Tóth, Geschichte Ungarns, 634.

äußerer Anschein der Demokratie gehörten sozusagen zum guten Ton. Nur wurden alle Mittel des politischen Drucks angewendet, um die Urnengänge zu verfälschen und den Sieg oppositioneller Kandidaten zu verhindern.[80]

Zeremoniell und repräsentativ widmete sich Horthy vor allem Aufgaben um das Vertrauen des Volkes und dessen Gehorsam gegenüber der Regierung zurückzugewinnen und die Ideale des ›christlichen Nationalismus‹ zu fördern. Die Möglichkeit der Kritik an der Person des Reichsverwesers blieb dennoch beschränkt – schon allein wegen der gesetzlichen Sanktionsmöglichkeiten bezüglich einer Obrigkeitsbeleidigung. Die Verweigerung des gemäßigten Kultes um die Person Horthy drückte sich in der Regel in einem Ignorieren, in einem demonstrativen Fernbleiben von zeremoniellen Ereignissen aus. Die vielleicht bedeutendste Aktion der Entzauberung des ›Ehrenmannes‹ und ›Landesvaters‹ Horthy war die Enthüllung seiner persönlichen Verwicklung in die Ermordung der sozialdemokratischen Journalisten Béla Bacsó und Béla Somogyi zur Zeit des ›Weißen Terrors‹ im Februar 1920 in der liberalen Tageszeitung »Az Újság« (Die Zeitung) 1925.[81] Die Affäre Beniczky, benannt nach dem Zeugen, der die Angelegenheit ins Rollen brachte, zeigte aber auch die Grenzen sowohl der Pressefreiheit als auch der Möglichkeit der Kritik an der Person Horthys auf: Die Zeitung wurde nach der Veröffentlichung der Berichte verboten – aber eben nur kurzfristig.

Die Verehrung Horthys sollte sich in den Folgejahren noch ändern, allein die Topoi, Horthy bedeute Stabilität und eine schönere Zukunft, blieben – im bemerkenswerten Gegensatz zu den historischen oder historisierenden, rückwärtsgewandten Kulten der Zeit[82] – konstant: Während Horthy in den frühen 1920er Jahren als Retter der Nation aus dem Chaos (1919–1920) dargestellt wurde, mutierte sein Image in den folgenden Jahren der Stabilisierung des Systems zum Landesvater (1920–1938). Aber der Kult um Horthy geriet nie zum Führerkult.

Was die Pressefreiheit betraf, konnten die in der Bethlen-Ära – und auch in den 1930er Jahren – zahlreichen Zeitungen und kleineren Journale relativ frei ihre Meinung kundtun:

> Zwar setzten die Zensoren oder die Polizei Herausgeber, die allzu offen mit der marxistischen Ideologie kokettierten, unter Druck, zwar wurden bestimmte Arten von Publikatio-

---

80 Friedrich Scheu, Der Weg ins Ungewisse. Österreichs Schicksalskurve 1929–1938, Wien/München/Zürich: Fritz Molden 1972, 86.
81 Sakmyster, Miklós Horthy, 139.
82 Klimó, Nation, Konfession, Geschichte: besonders Kapitel 8, »Der Stephanskult zwischen Katholizismus, Revisionismus und Antifaschismus, (1919–1944)«, 244–288.

nen zugegebenermaßen verboten oder stark zensuriert, doch zumindest in Budapest war ein überraschend breites Spektrum an politischer Meinungsäußerung möglich.[83]

5. Beginnende Destabilisierung des erstarrten Systems: 1930 und danach

Einer Phase der Stabilisierung in den 20er Jahren folgte eine politische, ökonomische und soziale Dauerkrise. Schon die ersten diesbezüglichen Anzeichen, das Erstarken der rechtsextremen Parteien, die Aktivitäten der illegalen Kommunisten, die Großdemonstration von fast 150.000 am 1. September 1930 führten zu einem Vertrauensverlust zwischen Horthy und dem langjährigen Ministerpräsidenten. So berief der Reichsverweser – ein seltenes Ereignis – für den 20. Februar 1931 einen Kronrat ein, wo er eine Wende seiner Politik anklingen ließ. Radikal forderte er den Stopp der – wie er sich ausdrückte – Infiltration von Juden aus Galizien, kündigte die Verschärfung der Zensur und ein Demonstrationsverbot an. Vor allem die Befürchtung, durch die Folgen der Wirtschaftskrise seine Popularität zu verlieren, führte schließlich im August 1931 zum Rücktritt István Bethlens. Als Nachfolger schlug er einen renommierten Bankier vor, der, seiner Meinung nach, die finanziellen Aspekte der Krise wohl am besten meistern würde: János Teleszky. Die überlieferte Antwort Horthys auf diesen Vorschlag Bethlens, der auch nicht gerade frei von antisemitischen Gefühlen war, lautete: »Mein lieber István, solange ich in diesem Sessel sitze, wird kein Jude Ministerpräsident von Ungarn sein.«[84]

Schließlich ernannte Horthy im Oktober 1932 Gyula Gömbös, der der radikalen Rechten zuzuordnen war, zum Ministerpräsidenten. Die Befürchtungen konservativ-autoritärer Kreise, unter Gömbös werde es zu einer radikalen Faschisierung kommen, wurden durch gewisse Auflagen entschärft: keine Neuwahlen (bestand doch die Gefahr des Erstarkens der radikalen Rechten), keine weiteren antisemitischen Gesetze (bis dato galt ›nur‹ der Numerus Clausus), keine Fortführung der Landreform, kein Aufbau eines Einparteienstaates. Dennoch betrieb Gömbös seine Agenda weiter und begann, die Regierungspartei, die zu dieser Zeit unter den Namen Partei der Nationalen Einheit fungierte, zu einer rechtsextremen Massenpartei umzustrukturieren sowie den Ausbau eines Stände- und Führerstaates fortzuführen: Was seinen notorischen Antisemitismus betraf, so war »seine Politik als Premierminister zwischen 1932 und

---

83 Sakmyster, Miklós Horthy, 147.
84 Sakmyster, Miklós Horthy, 168, dort zit. n. Ignác Romsics, Bethlen. Politikai életrajz [Bethlen. Politische Biographie], Budapest 1991, 126/127.

1936 bemerkenswert pragmatisch«.[85] Letztlich sollte aber nur sein früher Tod die Faschisierung Ungarns verhindern.

Vielleicht wurde sich Horthy zu dieser Zeit seiner Rolle als unverzichtbares Bindeglied zwischen der extremen und der konservativen Rechten bewusst. Indem er seinen heiklen Balanceakt zwischen den beiden Lagern vollführte, glaubte er, das innenpolitische Gleichgewicht erhalten und gleichzeitig seine eigene politische Autorität und Position stärken zu können.[86]

Gömbös' Nachfolger Kálmán Darányi erweiterte die Machtbefugnisse Horthys, verhandelte aber auch mit den aufstrebenden Pfeilkreuzlern, wollte mit ihnen zu einem ähnlichen Abkommen kommen wie mit den Sozialdemokraten. Als dies publik wird, tritt er zurück.[87]

Noch unter seiner Ministerpräsidentschaft war es zur Ausarbeitung des ersten antisemitischen Gesetzes gekommen: Laut diesem war der Anteil der Personen jüdischer Abstammung in den Berufskammern verschiedener Professionen – Rechtsanwälte, Journalisten, Ingenieure, Ärzte usw. – auf zwanzig Prozent zu maximieren: Als Kriterium galt noch die Konfession, rassistische Begriffe sollten erst im Folgegesetz maßgebend werden. Gesetzeskraft erlangte der Entwurf erst Ende Mai 1938, unter der Folgeregierung von Béla Imrédy, begleitet von Protesten von Vertretern des liberalen ungarischen Geistes- und Kulturlebens und heftigen Debatten im Unterhaus. Der Abgeordnete der Bürgerlichen Freiheitspartei Károly Rassay erhob im Parlament seine Stimme gegen den Entwurf, mit den Argumenten, die Vorlage schleudere »sämtliche ungarischen Staatsbürger jüdischen Glaubens aus der Gleichberechtigung geradezu hinaus«[88] und demütige sie. Auch Gusztáv Gratz, langjähriger Abgeordneter der Regierungspartei und nach 1936 Parteigenosse von Rassay, protestierte gegen das Gesetz.[89] Ein Druck für dessen Verabschiedung seitens des NS-Regimes ist nicht nachzuweisen,[90] Rassay und Gratz wurden nach der Okkupation Ungarns durch NS-Deutschland nach Mauthausen deportiert.

---

85 Thomas Sakmyster, Gyula Gömbös and Hungarian Jews, in: Hungarian Studies Review 23 (2006) 1/2, 147–168, 157, URL: http://epa.oszk.hu/00000/00010/00040/pdf/HSR_2006_1-2_157-168.pdf (abgerufen 27.12.2021).
86 Sakmyster, Miklós Horthy, 184.
87 Róbert Kerepeszki, A »tépelődő gentleman«. Darányi Kálmán (1886–1939) [Der »hin- und hergerissene« Gentleman. Kálmán Darányi (1886–1939)], Pécs/Budapest 2014.
88 Zit. nach: Klimó, Nation, Konfession, Geschichte, 269.
89 Vince Paál (Hg.), Augenzeuge dreier Epochen. Die Memoiren des ungarischen Außenministers Gusztáv Gratz 1875–1945, München 2009; im Besonderen das Kapitel: »Eintreten für liberale Politik«, 509–517.
90 Vgl. zum deutsch-ungarischen Verhältnis in der Zeit: Holger Fischer, Handlungsspielraum und Zwangsbahn. Die ungarisch-deutschen Beziehungen in der Zwischenkriegszeit, in: Hungarologische Beiträge. Universität Jyväskyläa 1996, 7–28.

Auch gegen Imrédy äußerte Horthy – vor allem nach der Gründung der rechtsextremen Bewegung »Magyar Élet« (Ungarisches Leben) – mehr und mehr Bedenken und entließ ihn schließlich aufgrund der skurrilen ›Beschuldigung‹, jüdische Vorfahren zu haben. Die Erzählung Horthys in seinen Memoiren,[91] Imrédy wegen seines fanatischen Antisemitismus entlassen zu haben, dürfte wohl mehr der Umpolung seiner Erinnerungen nach der Katastrophe von 1944/45 zuzuschreiben sein. Imrédy wurde 1946 von einem Volksgericht zum Tode verurteilt. Ende Mai 1939 kam es dann doch zu – diesmal geheimen – Neuwahlen, die einen Durchbruch der Pfeilkreuzler mit sich brachten und den linken Parteien eine herbe Niederlage bereiteten, auch in den klassischen Industrieregionen und Hochburgen der Arbeiterbewegung.

Mit Anfang der 1930er Jahre betrat eine weitere Opposition zum erstarrten System die politische Bühne: die am ehesten als ›völkisch‹ oder ›Volkstümler‹ zu übersetzende Bewegung der ›Népies‹, einer Gruppe von Schriftstellern, Künstlern und Intellektuellen aus dem ländlichen, bäuerlichen Milieu. Sie »standen für Antimodernisierung und Umverteilung und zugleich mehrmals wegen Aufreizung zum Klassenhass und gegen die israelitische Konfession vor Gericht,«[92] wobei man den letztgenannten Anklagepunkt immer wieder fallen ließ, weil Juden ausschließlich und immer als Angehörige der besitzenden Klasse angegriffen wurden. Zentral aber war, dass ihre – eben ethnische – Nationskonzeption[93] mit der staatsrechtlich-historischen oder kulturnationalen Tradition brach und auf naturrechtlich-ethnischen Wurzeln aufbaute.[94] Ebenso brachen die ›Népies‹ mit der gängigen Auffassung, die Ungarn seien eine große, historische Nation, die aufgrund der frühen Staatsbildung prädestiniert sei, die anderen Nationen des Raumes zu führen. Die Volkstümler erkannten in den Magyaren eben jene kleine Nation, die sie auch tatsächlich war, und bot ihr im Karpatenbecken den Platz einer gleichen und gleichberechtigten Gemeinschaft an: »Ein kohärenteres Programm bzw. Projekt der Populisten war das einer Allianz mittel-/osteuropäischer ›Kleinstaaten‹ und einer an diese Orientierung gebundenen Identität.«[95] In diesem

---

91 Miklós Horthy, Ein Leben für Ungarn, Königstein/Ts. 1953, 116.
92 Amália Kerekes, »Bis zur Grenze des Tragbaren«. Zur Geschichte der Kritik am Antisemitismus im Feuilleton des ›Pester Lloyd‹ 1933 bis 1944, in: Hans Höller/Christoph Leitgeb/Michael Rössner (Hg.), Sprachkunst, Beiträge zur Literaturwissenschaft (LI/2020) 2. Halbband, 49–67, 60, URL: doi: 10.1553/spk51_2s49 (abgerufen 27.12.2021).
93 Miklós Szabó, Történelmi nemzet – etnikus tudat. Az etnikum gondolata a Horthy-kor nemzetfelfogásában [Historische Nation – ethnisches Bewusstsein. Der Gedanke der Ethnie in der Nationsauffassung der Horthy-Ära], in: Világosság 29 (1988) 8/9, 582–589, 584.
94 Emmerich András, Entstehung und Entwicklung der sogenannten ›völkischen Bewegung‹ in Ungarn (1920–1956), phil. Diss. Universität Wien 1974, 33.
95 Richard S. Esbenshade, Symbolic Geographies and the Politics of Hungarian Identity in the ›Populist-Urbanist Debate‹, 1925–44, in: Hungarian Cultural Studies. e-Journal of the American Hungarian

Sinn war ihre Nationsauffassung – neben der historisch-revisionistischen der Staatsnation und der rassistisch-kultursprachlich orientierten – als ethnisch verstandenes Ordnungsmoment zeitanaloger, aber nicht unbedingt moderner als die beiden vorher genannten. Die ›Népies‹ sahen Nation als ein archaisches Gebilde, als organischen Körper, leiteten den Begriff nicht aus einem politischen Rahmen oder aus einer verfassungshistorischen Entwicklung ab. Kurz: Die Volkstümler dachten nicht in Gesellschafts-, sondern in Gemeinschaftskategorien. Ihre Entstehung war eng verbunden »mit der späten, begrenzten und verzerrten bürgerlichen Entwicklung des Landes, der Unvollständigkeit des Prozesses einer ausgereiften bürgerlichen Entwicklung, […] mit unter diesen Umständen entwicklungsbedingten ›Anomalien‹ des Mittelstands und der Intellektuellen«.[96]

Während die Volkstümler-Bewegung die Arbeiterschaft nur marginal in ihre Überlegungen einbezog, setzte sie sich für eine »radikale Landreform, Bildung und Besserstellung der verarmten ländlichen Massen sowie die Anerkennung des Bauern als Essenz des nationalen Lebens und der nationalen Kultur ein […].«[97] Sie trug also – bei aller Antimodernität und allem Antiurbanismus – durchaus sozialreformerische Züge, dokumentierte mit den Mitteln der Soziographie und Literatur das bis dahin fast unbeschriebene Elend der Land- und Wanderarbeiter sowie der Kleinhäusler. Mit der Bauern- und Landarbeiterschaft im Zentrum ihres Denkens war die Frage der sozialen Integration der ländlichen Massen in die ungarische Gesellschaft gestellt, auf die das Horthy-Regime, aber auch die Sozialdemokratie nie eingegangen war. Allein die Abgrenzung sowohl vom traditionellen, konservativen als auch vom rechtsextremen Nationalismus blieb unscharf, zeigte widersprüchliche Bilder: Vom konservativen Nationalismus unterschied die Bewegung die soziale Orientierung, von der rechtsextremen Richtung die Tatsache, dass ihre Gesinnung auch auf rationalen Komponenten aufbaute, wenn auch rassistische Züge nicht fehlten. Einerseits orientierte man sich in Richtung Sozialismus, andererseits gab es unter den Protagonisten durchaus antisemitische, rechtsextreme Ideologen.

Mit ihrer Plattform der »Új Szellemi Front« (Neue Geistige Front) suchten die Führer der ›Népies‹ noch 1935 Kontakte zur rechtsextremen Gömbös-Regierung, wandten sich aber enttäuscht von ihr ab und orientierten sich in der Folge stärker nach links, womit sie eine der Stützen des Widerstandes gegen die deutsche Orien-

---

Educators Association 7 (2014), URL: https://doi.org/10.5195/ahea.2014.174, 177–193, 187/189 (abgerufen 27.12.2021).
96 Miklós Lackó, A népi mozgalom az 1930-as évek magyar szellemi válságban [Die Bewegung der Volkstümler in der Geisteskrise Ungarns in den dreißiger Jahren], in: Történelmi Szemle 17 (1974) 4, 533–551, 533/534, URL: https://epa.oszk.hu/00600/00617/00138/pdf/EPA00617_toretenelmi_szemle_1974_04_543-551.pdf (abgerufen 27.12.2021).
97 Richard S. Esbenshade, Symbolic Geographies, 178.

tierung des Landes wurden: Die Parteien der Arbeiterbewegung und die ›Urbanen‹ hielten zur Bewegung der Volkstümler Distanz – wie auch umgekehrt: Das wechselseitige Misstrauen überwog. Allein im Rahmen der »Márciusi Front« (März-Front)[98] sollte es 1937 einige Berührungen mit der illegalen kommunistischen Partei geben. Die Front forderte eine demokratische Wende, volle Presse- und Versammlungsfreiheit, die Enteignung des Großgrundbesitzes sowie Grenzrevisionen auf der Basis des Selbstbestimmungsrechtes der Völker des Donauraumes und verwies, aber eben nur verwies, auf die Diskriminierung der Juden und auf die Gefahren des deutschen Einflusses. Ihre Vertreter wurden aber rasch, zum Teil wegen innerer Querelen, zum Teil wegen der Verfolgung durch die Geheimpolizei, marginalisiert. Tatsächlich von Bedeutung wurde die Bewegung der Volkstümler wieder erst in den 1940er Jahren, wo sie – vor allem um die Konferenz von Balatonszárszó 1943[99] – zu einer der Trägerinnen des antifaschistischen Kampfes wurde.

6. Das Horthy-System: Versuch einer Charakterisierung

Angesichts all dieser Widersprüchlichkeiten, Ambivalenzen, zum Teil sogar Ungereimtheiten schlägt der Historiker Dávid Turbucz – in Anlehnung an den Politologen Juan L. Linz – vor, das Horthy-Regime als ein konservativ-autoritäres Herrschaftssystem[100] zu bezeichnen, als weder totalitär noch demokratisch. Laut Linz wäre ein solches System von vier wesentlichen Zügen geprägt: Es herrsche ein eingeschränkter politischer Pluralismus, die Machtausübung der Führung sei limitiert, es gebe keine politische Massenmobilisierung und es gebe keine allumfassende Staatsideologie – alles Elemente, die für das Horthy-System zutreffen.

Aber auch schon in der Konsolidierungsphase der kádáristischen Diktatur der frühen 1970er Jahre sah die ungarische Historiographie[101] das Horthy-System differenzierter, als es die starre marxistisch-leninistische, stalinistische Faschismustheorie vorgegeben hatte: Von einem ›Horthy-Faschismus‹ wie in den 1950er Jahren[102] war nur mehr sehr eingeschränkt die Rede, und man löste sich allmählich von der Do-

---

98 Salomon Konrád, A Márciusi Front [Die März-Front], Budapest 1980.
99 Szárszó 1943. Előzményei, jegyzőkönyve és utóélete. Dokumentumok [Szárszó 1943. Vorgeschichte, Protokoll und Nachleben], Budapest 1983.
100 Juan Linz/Raimund Krämer (Hg.), Totalitäre und autoritäre Regime. Potsdamer Textbücher 4. WeltTrends, Potsdam ³2009.
101 Miklós Lackó, Ostmitteleuropäischer Faschismus, in: Vierteljahreshefte für Zeitgeschichte 21 (1973) 1, 39–51.
102 Erzsébet Andics, Fasizmus és reakció Magyarországon [Faschismus und Reaktion in Ungarn], Budapest 1947; György Magos, Az angol és amerikai monopoltőke szerepe a Horthy-fasizmus megszilár-

minanz wirtschaftlicher Erklärungsmodelle. Das Regime galt in der Verfallsära des ›realen Sozialismus‹, in den 1980er Jahren, als ein in sich widersprüchliches, schwer zu fassendes Herrschaftssystem. Es basierte auf einem erklärten Antiliberalismus, sah die liberale Ära der Ausgleichsperiode als Sündenbock für alle Fehlentwicklungen. Paradoxerweise operierte es aber gleichzeitig mit einigen wesentlichen Elementen des Dualismus und der liberalen Ära, so mit dem Wahlzensus und dem Parlament, mit der Souveränität der Rechtsprechung, mit einem durchaus pluralistischen geistigen Leben. Horthy stützte sich nach seiner Machtübernahme und vor allem nach der brutalen Konsolidierung seiner Macht nicht mehr auf harte diktatorische Maßnahmen: Bethlen war gewissermaßen der Garant für diesen Kurs. »Unerschütterlich wandte er sich [...] gegen jene Bestrebungen, die dieses aus dem 19. Jahrhundert ererbte politische System – gleich ob mittels einer radikalen Ausweitung der Freiheitsrechte oder mittels deren Beschneidung – grundlegend verändern wollten.«[103] Sowohl die Linke generell als auch die radikale Rechte waren ihm verhasst: Erstere wegen deren Forderungen nach sozialen Rechten und einer Eigentumsreform, letztere wegen deren Bestrebungen, den Parlamentarismus zu liquidieren und harte diktatorische Regierungsformen durchzusetzen.

Der begrenzte politische Pluralismus war durch die Beschränkungen des Wahlrechts gegeben, die bedeutende Gruppen von der Partizipation ausschlossen und denjenigen, die – aktiv und passiv – an Wahlen teilnehmen konnten, ungleiche sowie unfaire Bedingungen vorgaben.[104] Dennoch hatte eine parlamentarische Opposition weitreichende Rechte, die durch mehrere Reformen der Hausordnung aber auch wieder eingeschränkt werden konnten und wurden. Auch die Presse war durchaus vielfältig – aber ebenfalls mit klaren Grenzen. Die Machtbefugnisse Horthys – zwar im Laufe der 1920er und 1930er Jahre mehr und mehr erweitert – waren limitiert. Und letztlich stand hinter dem Regime – auch wenn es unter Gyula Gömbös dazu Bestrebungen gab – keine organisierte Massenbewegung. Massenkundgebungen und -zeremonien, staatlich geförderte »Massenspektakel«[105] galten mehr religiösen Kulten, allen voran dem Sankt-Stephanskult, weniger einem Führerkult um Horthy: Dafür war das System zu konservativ.

Erst nach den beiden Wiener Schiedssprüchen, der Annexion der Karpato-Ukraine und der Batschka, wurde der Kult um Horthy etwas stärker, der nun als der »országgyarapító« (»Vermehrer Ungarns«) gefeiert wurde (1938–1944).[106] Der Einmarsch in

---

dításában [Die Rolle des englischen und amerikanischen Monopolkapitals bei der Konsolidierung des Horthy-Faschismus], Budapest 1953.
103 Tóth, Geschichte Ungarns, 631.
104 Ebd., 638.
105 Klimó, Nation, Konfession, Geschichte, 248.
106 Die Darstellung der wichtigsten Phasen des Horthy-Kults folgen hier der Kapiteleinteilung von Dávid Turbucz, Horthy-Kultusz, Inhaltsverzeichnis.

die südslowakischen oder Siebenbürger Städte wurde live im Rundfunk übertragen, eigene Propagandafilme wurden gedreht. Doch ein Personenkult spielte auch hier eine Nebenrolle, blieb weit hinter den Ritualen und Inszenierungen[107] um die Revision des Vertrags von Trianons zurück. Diese beherrschten mittels einpeitschender, laufend wiederholter Slogans und mnemonischer Symbole auf »Limonadenetiketten, Bechern, Aschenbechern, Bleistiften, Uhren, Wandteppichen und Brettspielen« den öffentlichen Raum.[108] Maßgeblich – und dies ebenfalls als Unterscheidung zu den Führerkulten der faschistischen Systeme – war auch, dass es Konkurrenzinszenierungen gab, sei es durch die katholische Kirche, sei es durch die Kulte rund um die Führer rechtsextremer Parteien und Bewegungen: Der Antisemitismus – tragendes Element des ganzen Systems – war kein Teil des Horthy-Kults.[109]

Ebenso wenig kannte das konsolidierte System bewaffnete, staatlich kontrollierte Terroreinheiten, wie für faschistische Systeme charakteristisch, dafür aber eine effiziente politische Polizei.[110] Und was eine Staatsideologie betrifft, ist nicht »zu leugnen, dass eine Art teils formaler, teils inoffizieller Spiritualität [Mentalität] das System umgab, doch […] dieses chaotische Ideensystem ist schwer als Ideologie zu betrachten. Das ideologische System der Horthy-Ära bestand eigentlich nur aus Werbeslogans.«[111] Wenn man überhaupt von einer Staatsideologie sprechen kann, so war es der Irredentismus: Die Staatsdoktrin des radikal verkleinerten Staates war der Revisionismus des Trianon-Vertrages. Nicht die Lehre aus den Fehlern der Vergangenheit, die Unhaltbarkeit des alten Staatsterritoriums wurde Leitlinie, sondern die Übersteigerung des alten territorialen Imperativs. Der hysterische Propagandaruf des »Nem, nem, soha!« (Nein, nein, niemals!) wurde zur Ikone Horthy-Ungarns. Die irredentistische Propa-

---

107 Steven Jobbitt, ›Playing the Part: Hungarian Boy Scouts and the Performance of Trauma in Interwar Hungary‹, Hungarian Cultural Studies (2011) 4, 1–15, 7; URL: https://doi.org/10.5195/ahea.2011.29 (abgerufen 27.12.2021).
108 Turbucz, Horthy-Kultusz, 205, siehe auch: Szabolcs KissPál, From Fake Mountains to Faith. Hungarian Trilogy, Berlin 2017 und Miklós Zeidler, A magyar irredenta kultusz a két világháború között [Ungarische irredentistische Kulte zwischen den beiden Weltkriegen], Budapest 2002.
109 Péter Csunderlik, Egy igazi hős? [Ein wahrer Held?], in: Múltunk 63 (2018) 1, 188–197, 191.
110 Krisztián Varga, Ellenség a baloldalon. Politikai rendőrség a Horthy-korszakban [Feind von links. Politische Polizei in der Horthy-Ära], Budapest 2015 sowie Krisztián Varga, Politikai rendőrség és az illegális mozgalmak a két világháború között. Reflexiók egy könyv kapcsán [Politische Polizei und illegale Bewegungen zwischen den zwei Weltkriegen. Reflexionen anhand eines Buches], in: Gergő Bendegúz Cseh/Zsolt Krahulcsán/Rolf Müller/Tibor Takács (Hg.), Titkos történetek. Válogatás a Betekintő folyóirat első öt évfolyamából [Geheime Geschichten. Auswahl aus den ersten fünf Jahrgängen der Zeitschrift Betekintő], Budapest 2013.
111 Mária Ormos, Politikai Ideológia a két világháború között, in: József Vonyó (Hg.), Társadalom és kultúra a 19–20. században. Tanulmányok, Pécs 2003, 75–97, 86; zit. n. Turbucz, A politikai rendszer jellege, 237.

ganda wurde aber fast ausschließlich von Historikern geführt, deren persönliche Befindlichkeiten – die Zerschlagung Ungarns führte zu einem Verlust der historischen Bühne, der Quellenbasis und des Publikums – Auswirkungen auf die Historiographie selbst zeigte. Wenn das einzig unanfechtbare Argument gegen Trianon die Geschichte war, dann fiel den Historikern – allen voran der geistesgeschichtlichen Schule um Gyula Szekfű und seinem Werk »Drei Generationen«[112] – eine zentrale Rolle zu: Wirtschaftliche Beweisgründe zum Zusammenhalt Ungarns hätten leicht widerlegt werden können, und die ethnischen Argumente waren nur teilweise stichhaltig. Die kultisch-rituellen Feierlichkeiten um historische Persönlichkeiten oder Jahrestage[113] bzw. das konservative Geschichtsbild der Schulbücher[114] der Epoche zeigen, wie sehr die klassische historische Argumentation wieder das nationale Denken beherrschte.

Was über dieses System der Restauration und eines elitären Konservativismus hinausweist, sind Aspekte einer Modernisierung der ungarischen Gesellschaft, aber auch eine einsetzende vertikale Mobilität:[115] Allein die Exekutive, Regierungshäupter, Minister und andere Regierungsämter befanden sich in der ganzen Zwischenkriegszeit in den Händen der alten konservativen, meist aristokratischen oder adligen Eliten. Am ausgeprägtesten lässt sich ein Modernisierungsschub im Bereich der Massenkultur feststellen. Mit dem Vordringen der Moderne in Lebensstil, Alltags- und Populärkultur sowie der Unterhaltungsindustrie – sicherlich in erster Linie in Budapest – änderten sich auch traditionelle Geschlechterrollen: Das Horthy-System erwies sich so gegenüber Homosexualität und der durchaus lebendigen queeren Budapester Subkultur erstaunlich tolerant,[116] während traditionalistische Zeremonien zu touristisch ausgeschlachteten, modern inszenierten Massenspektakeln wurden, wie die Inszenierung des Eucharistischen Weltkongresses 1938, eines katholischen Massenfestes, zeigt.

Die Erneuerung der Kultur- und Bildungspolitik unter dem langjährigen Bildungsminister Kunó Klebelsberg offenbart ebenso die Widersprüchlichkeit des Horthy-Systems: Als vehementer Antisemit (er stimmte 1920 für den Numerus Clausus) und

---

112 Zsigmond Pál Pach, Az ellenforradalom történetszemlélet kialakulása Szekfű Gyula Három nemzedék c. tanulmányában [Die Entstehung der Geschichtsauffassung der Konterrevolution in Gyula Szekfűs Studie Drei Generationen], in: Történelmi Szemle 5 (1962) 3/4, 387–425, URL: https://epa.oszk.hu/00600/00617/00172/pdf/EPA00617_tortenelmi_szemle_1962_03-04_387-425.pdf (abgerufen 27.12.2021).
113 Szabó Miklós, Politikai évfordulók a Horthy-rendszerben [Politische Jahrestage im Horthy-System], in: Miklós Lackó (Hg.), A két világháború közötti Magyarországról [Über das Ungarn zwischen den beiden Weltkriegen], Budapest 1984, 479–512.
114 Mátyás Unger, A történelmi tudat alakulása középiskolai történelemtankönyveinkben [Das Entstehen eines Geschichtsbewusstseins in unseren Geschichtslehrbüchern], Budapest 1976.
115 Tóth, Geschichte Ungarns, 664.
116 Anita Kurimay, Queer Budapest 1873–1961, Chicago/London 2020.

Kulturkonservativer drängte er mit der Einrichtung eines engmaschigen Netzes von Volksschulen den Analphabetismus zurück, mit der Einrichtung eines Stipendiensystems, der Errichtung von Hochschulen und Universitäten setzte er eine gewisse vertikale Mobilisierung der erstarrten ungarischen Gesellschaft durch.[117] Aber hinter der modernisierten/modernisierenden Bildungs-, Wissenschafts- und Kulturpolitik stand letztlich die Idee einer magyarischen Kultursuprematie.

Eines der herausragendsten Charakteristika für den Mangel an und nicht »Krise der Demokratie« im Ungarn der Zwischenkriegszeit blieb die fehlende Gleichstellung der Bürger. Derartige, die vollkommene Freiheit der Interessensverwirklichung einschränkende und die staatsbürgerliche Gleichheit verletzende Elemente waren »die offene Wahl und der übertriebene Einfluss der zentralen Exekutivmacht [...] sowie [...] die Einschränkung der Pressefreiheit und die Diskriminierung aufgrund der Religion und später der Rasse.«[118] Die entscheidende Einschränkung der bürgerlichen Gleichheit war der Antisemitismus, die Entrechtung der jüdischen – oder als jüdisch stigmatisierten – Menschen.

Die Rahmenbedingungen des ungarischen Vielvölkerstaates hatten vor 1918 allen jenen, die sich zum ungarischen Staat und zum ›Ungartum‹ bekannt hatten, so auch den Juden, die Möglichkeit der Integration geboten: die »magyarisch-jüdische Symbiose«.[119] Da der neue, radikal verkleinerte ungarische Staat nicht mehr auf dieses Bekenntnis angewiesen war, um die Dominanz des magyarischen Elements zu stärken, verlor diese Politik jede Bedeutung. Nach 1918/19 kippte dieses traditionelle Verhältnis, und der Gegensatz nahm, nicht zuletzt durch den schon immer existenten, nun erstarkten Antisemitismus überhand. Ein Teil der Intelligenz und des Kleinbürgertums, der über keine Stellung verfügte oder sie verloren hatte, in seiner Existenz bedroht war, machte sich nach den Revolutionen die Losungen der antisemitischen Propaganda zu eigen.[120] Mit der Entrechtung oder der Verweigerung der gleichen Bürgerrechte durch den Numerus Clausus[121] für jüdische Studierende wurde der Antisemitismus des Systems bereits in seiner Konsolidierungsphase mit dem Gesetzesar-

---

117 Gábor Újváry, »Egy európai formátumú államférfi«. Klebelsberg Kunó, 1875–1932 [Ein Staatsmann europäischen Formats. Kunó Klebelsberg, 1875–1932], Pécs 2014; Ferenc Glatz, Konzervatív reform: Klebelsberg, Domanovszky, Szekfű, Hóman, Hajnal [Konservative Reform: Klebelsberg, Domanovszky, Szekfű, Hóman, Hajnal], Budapest 2016.
118 Tóth, Geschichte Ungarns, 638.
119 Rolf Fischer, Entwicklungsstufen des Antisemitismus in Ungarn 1867–1939, Die Zerstörung der magyarisch-jüdischen Symbiose, München 1988.
120 Ottokár Prohaszka, Die Judenfrage in Ungarn, Hamburg 1921.
121 Mária M. Kovács, Disenfranchised by Law. The ›Numerus Clausus‹ in Hungary 1920–1945, in: S.I.M. O.N. Shoah: Intervention. Methods. Documentation. 1 (2014) 2, 136–143, URL: https://simon.vwi.ac.at/index.php/simon/article/view/143/65 (abgerufen 27.12.2021).

tikel XXV/1920 kodifiziert: Auch seine Novellierung 1928 änderte im Wesentlichen daran nichts.[122] Dass das Gesetz letztlich seine Stoßrichtung verfehlte, es zu keinem Elitenwechsel kam, sogar die Studienlehrgänge kaum gefüllt werden konnten, ein massiver Verlust an intellektuellen Kapazitäten sowie eine Emigration von Lernwilligen einsetzte,[123] haben jüngste Forschungen sehr eindringlich gezeigt.[124] Dem ersten, bereits erwähnten Antisemitengesetz folgte im Mai 1939 ein zweites, das bereits rassistische Elemente einbezog, noch mehr die Rechte von Juden (oder als solche stigmatisierte) einschränkte. Auch wenn sich Horthy durchaus bewusst war, was dies bedeutete,[125] akzeptierte er letztlich diese Maßnahmen auch ohne deutschen Druck.

Als sich im Zuge der Faschisierung und militärischen Erstarkung Deutschlands die erste Möglichkeit einer Grenzrevision für Ungarn ergab, »sah sich das Land nach 1938 auch frei von jeder europäischen Verpflichtung«.[126] Allein die Wiener sozialdemokratische Emigration trat weiter gegen jede Form der Revision des Trianon-Vertrages auf, erhoffte sich mehr von guten Beziehungen zu den Staaten der Kleinen Entente, vor allem der Tschechoslowakei.[127] So war für Zsigmond Kunfi die soziale Frage in Ungarn wichtiger als jede Form der Vertragsrevision, und Pál Szende experimentierte noch im theoretischen Organ der österreichischen Sozialdemokratie »Der Kampf«[128] angesichts des aufkommenden Faschismus mit einem Plädoyer für eine Allianz aller mitteleuropäischen Staaten. Für ihn verdankte das Horthy-Regime »seine Existenz der offenen Sympathie der Entente-Mächte und der versteckten Unterstützung ein-

---

122 Mária M. Kovács, Törvénytől sújtva. Numerus Clausus Magyarországon, 1920-1945 [Per Gesetz betroffen. Der Numerus Clausus in Ungarn, 1920–1945], Budapest 2012, 150–172.
123 Michael Miller, From White Terror to Red Vienna. Hungarian Jewish Students in Interwar Austria, in: Frank Stern/Barbara Eichinger (Hg.), Wien und die jüdische Erfahrung 1900–1938. Akkulturation – Antisemitismus – Zionismus, Wien/Köln/Weimar 2009, 307–323; Judith Szapor, Between Self-defense and Loyalty. Jewish Responses to the Numerus Clausus Law in Hungary, 1920–1928, in: S: I.M.O.N. Shoah: Intervention. Methods. Documentation. 6 (2019) 1, 21–34: URL: https://doi.org/10.23777/SN0119/ART_JSZA01 (abgerufen 27.12.2021).
124 Ágnes Katalin Kelemen, Peregrináció, emigráció, száműzetés. A két világháború közötti magyar diákvándorlás és a numerus clausus összefüggései [Wanderschaft, Emigration, Verfolgung. Die Zusammenhänge zwischen der ungarischen studentischen Migration und dem Numerus Clausus zwischen den beiden Weltkriegen], in: Múltunk 63 (2018) 4, 4–31.
125 Siehe dazu das Kapitel »Horthy Miklós reakciója a zsidóellenes követelésekre 1938 után« [»Die Reaktionen von Miklós Horthy auf die judenfeindlichen Forderungen nach 1938«], in: Krisztián Ungváry, Horthy Miklós – a Kormányzó és felelőssége 1920–1944 [Miklós Horthy. Der Reichsverweser und seine Verantwortlichkeit 1920–1944], Budapest: 2020, 114–22.
126 István Bibó, Misere, 31.
127 Siehe: György Litván, Jaszi's Viennese Years: Building Contacts with the Democratic Left in the Successor States, in: Hungarian Studies Review 18 (1991) 1/2, 43–49.
128 Paul Szende, Die Donauföderation, in: Der Kampf 25 (1932) 8/9, 344–349.

flussreicher Politiker der Nachfolgestaaten«,[129] die an einem demokratischen Ungarn nicht interessiert seien. Die Sozialdemokratie im Land selbst hingegen unterstützte diese Revisionsbestrebungen in den späten dreißiger Jahren nach kurzem Zögern weiterhin.

Diese Eindeutigkeit der (inländischen) sozialdemokratischen Politik, die Übersteigerung der nationalistischen Parolen der Ultrarechten, der nationalistische Ton der Parteizeitung »Népszava« Ende der dreißiger Jahre überraschte nicht nur die Sozialistische Internationale, sondern auch die extreme Rechte Ungarns.[130] Nur: Die Sozialistische Internationale gab der ungarischen Sozialdemokratie in dieser Situation keinerlei Ratschläge, wie sie auch die tschechoslowakische Sozialdemokratie angesichts der Zerschlagung der ČSR alleingelassen hatte. Am 15. Oktober 1939 veröffentlichte »Népszava« ein Memorandum zur Unterstützung der Grenzrevisionen. Der Erste Wiener Schiedsspruch vom 2. November 1939, durch den mehrheitlich ungarisch sprachige Gebiete der Südslowakei unmittelbar entlang der Grenze zu Ungarn kamen, wurde auch von der USDP gefeiert; kein Wort wurde darüber verloren, dass dies auch mit Verlusten staatsbürgerlicher Rechte einhergegangen war,[131] hatte sich doch die Sozialdemokratie in der ČSR frei betätigen können.[132] Nun waren die ungarisch sprachigen Parteigänger dieser Gebiete mit dem ihnen fremden »neobarocken Ungarn konfrontiert, das sich von den Gegebenheiten des öffentlichen Lebens in der Masarykschen Tschechoslowakei«[133] wesentlich unterschied.

Im Gefolge dieser Ereignisse und der weiteren territorialen Veränderungen Ungarns während des Zweiten Weltkrieges machte sich die Sozialdemokratie die Losung der Restauration der historischen Grenzen Ungarns zu eigen. Die Wiederherstellung Groß-Ungarns blieb bis Anfang 1944 die offizielle Linie der Partei.[134] Eine

---

129 Zit. n. Lee Congdon, Trianon and the Émigré Intellectuals, in: Király/Pastor/Sanders, Total War, 378–401, 392.

130 István Pintér, Az MSZDP politikája a második világháború élőestjén [Die Politik der USDP am Vorabend des Zweiten Weltkrieges], Budapest 1979, 48.

131 Aliaksandr Piahanau, Unrequited Love? The Hungarian Democrats' Relations with the Czechoslovak Authorities (1919–1932), in: Hungarian Studies Review 45 (2018) 1/2, 21–60.

132 Ján Rychlik, The Situation of the Hungarian Minority in Czechoslovakia 1918–1938, in: Ferenc Eiler/Dagmár Hajková (Hg.), Czech and Hungarian Minority Policy in Central Europe 1918–1938, Prag/Budapest, 2009.

133 Ildikó Bajcsi, A trianoni békeszerződéstől a bécsi döntésig Kisebbségi helyzet és reintegráció hatása a sarlós nemzedék életében [Vom Vertrag von Trianon zum Wiener Schiedsspruch. Auswirkungen der Minderheitensituation und Wiedereingliederung auf das Leben der Generation der »Sarló«-Bewegung], in: Múltunk 65 2020 2, 4–37, 37.

134 János Molnár, A szociáldemokrata párt új irányvonalának kialakulása [Die Ausformung der neuen Richtlinien der sozialdemokratischen Partei], in: Századok 112 (1978) 3, 442–494, 458. Vgl. auch: István Pintér, Szélső jobboldali nacionalista csoport az MSZDP-ben 1938–1939 fordulóján [Rechts-

Forderung nach Autonomie der teilweise von Minderheiten bewohnten Gebieten wurde nicht erhoben.¹³⁵ Paradoxerweise taten dies die nazistischen Pfeilkreuzler: Die Schwierigkeiten um die Autonomie der Karpato-Ukraine bewegen die Leitung der Pfeilkreuzler-Partei, von der ursprünglichen Auffassung abzuweichen und an Stelle des Systems der Gebietsautonomie,

> das System der Volksgruppenautonomie zur Auffassungsgrundlage des nationalsozialistischen Großungarns zu setzen. Die Volksgruppenautonomie bezieht sich nämlich auf die einzelne Person: sie steht dem Volksgruppenmitglied auch dann zu, wenn in einem Landesgebiet die Volksgruppe zahlenmäßig in der Minderheit ist oder nur verstreut lebt.¹³⁶

Die Pfeilkreuzler brachen mit der feudalen Rhetorik des Horthy-Systems, aber nicht in einer Sprache der Linken, sondern ersetzten mit »aus anderen ungarischen historischen Mythologien abgezweigten oder eben produzierten Begriffen die in der Sprache des Horthy-Systems gebräuchlichen.«¹³⁷

Im Jänner 1940 erklärte die USDP, dass sie gegen die offizielle Linie der ungarischen Außenpolitik keine seriösen Einwände erhebe.¹³⁸ In der Antikriegsagitation im Parlament blieb der Sozialdemokrat Károly Peyer weit hinter jener Endre Bajcsy-Zsilinszkys von der Kleinlandwirtepartei zurück: Der bürgerliche Widerstand gegen den Hitler-Kurs des Landes war mindestens genauso effizient bzw. ineffizient wie die Resistenz der Arbeiterparteien.

Die illegale kommunistische Partei, eine kleine Sektierergruppe, hatte sich in der Frage der Grenzrevision niemals eindeutig festlegen lassen:¹³⁹ Der Fünfte Kongress der Kommunistischen Internationale 1924 diskutierte zwar das Recht auf Abtrennung generell, auch ein selbständiges Siebenbürgen wurde besprochen – aber auch nicht mehr.¹⁴⁰ 1933 lautete die Losung: »Es lebe die proletarische Revision von Ver-

---

extreme Gruppe in der USDP an der Jahreswende 1938–1939], in: Párttörténeti Közlemények 22 (1976) 1, 34–45. István Pintér, München és az első bécsi döntés hatása a MSZDP politikájára [Die Auswirkungen Münchens und des Ersten Wiener Schiedsspruchs auf die Politik der USDP], in: Történelmi Szemle 19 (1976) 3, 407–438.

135 Lóránt Tilkovszky, Revízió és nemzetiségpolitika Magyarországon (1938-1941) [Revision und Nationalitätenpolitik in Ungarn (1938–1941)], Budapest 1967, 52.
136 Lóránt Tilkovszky, Nationalitätenpolitische Richtungen in Ungarn in der gegenrevolutionären Epoche (1919–1945), Budapest 1983, 12.
137 Szabó, A területi revízió, 133.
138 Molnár, A szociáldemokrata párt, 457.
139 Josef Révai, Ungarn, in: Kommunismus. Zeitschrift der Kommunistischen Internationale für die Länder Südosteuropas, Heft 45/ 3. Dezember 1920, 1613.
140 Bericht des Gen. Manuilski über die Nationalitäten- und Kolonialfrage, in: Fünfter Kongress der Kommunistischen Internationale (7. Juni bis 8. Juli 1924), Hamburg 1924 [Bd. 1 2], 620-714, URL:

sailles, Trianon und St. Germain«, da eine kapitalistische Revision einen imperialistischen Krieg bedeuten würde.[141] Erst nach München 1938 stellten sich die Kommunisten gegen eine Revision: »Gebietsrevisionen, die dank Hitler durchgeführt werden, werden Ungarn langfristig zu seinem Vasallenstaat machen – sowohl national als auch international«.[142] Allein die Frage der Vertragsrevision wurde von den Kommunisten niemals eindeutig beantwortet. Der Aufruf vom 1. September 1941 hielt fest, dass die KP bei ihren Aktivitäten gegen NS-Deutschland in Zusammenarbeit mit den bürgerlichen Parteien die Rahmen der ungarischen Rechtsordnung nicht überschreiten werde; die illegale KP wolle keinerlei Maßnahmen setzen, die bestehende soziale Ordnung zu stürzen, und sie werde ihre ganze Tätigkeit bis zur Verwirklichung der »gemeinsamen nationalen Ziele ausschließlich gegen den gemeinsamen Feind, die deutsche Okkupationsmacht, richten«[143]. Ein Aufruf zum Sturz des Horthy-Regimes hätte die »antideutschen Gruppen der herrschenden Klassen verschreckt«.[144] Mit dem Eintritt Horthy-Ungarns in den Zweiten Weltkrieg auf der Seite Hitler-Deutschlands war der Weg Ungarns vorgezeichnet, die Möglichkeiten einer Kehrtwende waren kaum mehr gegeben.

Kehren wir zum Abschluss zu dem noch zehn Jahre vor der demokratischen Wende 1989/90 in Ungarn verstorbenen István Bibó zurück. Seinem Wunsch entsprechend sollten auf seinem Grab folgende Worte stehen: »Gelebt von 1945 – 1948« – eben jene Jahre, in denen seiner Ansicht nach Ungarn eine echte, liberale Demokratie war, mag sie auch ihre Probleme gehabt haben.

---

https://archive.org/details/funfter-kongress-der-kommunistischen-internationale-17.-juni-bis-8.-juli-1924-ha/page/713/mode/2up (abgerufen 27.12.2021).
141 Magyarország munkásságához és dolgozóihoz! [An die Arbeiter und Werktätigen Ungarns], Wien 1933, 6.
142 Endre Rozgonyi, A trianoni revízió kérdése [Die Frage der Revision von Trianon], in: Szabad Szó, Paris, 5. November 1938; zit. n. Károly Vígh, Causes and Consequences of Trianon. An Re-Examination, in: War and Society, 59–87, 87.
143 Dokumentumok a magyar forradalmi munkásmozgalom történetéből. 1935–1945 [Dokumente aus der Geschichte der ungarischen revolutionären Arbeiterbewegung. 1935–1945]. Budapest 1964. Band 3. Dokument Nr. 128, 290–292.
144 István Pintér, Hungarian Anti-Fascism and Resistance 1941–1945, Budapest 1986, 18.

Florian Kührer-Wielach

Masse und Messianismus

Rumäniens Integrationsprozess zwischen den Weltkriegen

Zum institutionellen und gesellschaftlichen Integrationsprozess des Königreichs Rumänien zwischen den Weltkriegen und der weitgehend gescheiterten Demokratisierung stellen sich drei zentrale Fragen:
1. Welches Rumänien? Wie sollten dieser neue bzw. erweiterte Staat und seine Gesellschaft organisiert sein?
2. Welche Krisen? Mit welcher Art von Herausforderungen war das Rumänien der Zwischenkriegszeit konfrontiert?
3. Welche Demokratie? Wie stellten sich die politischen Eliten zur Idee der Partizipation und welche Rolle wurde der Bevölkerung zugedacht?

Dieser Aufsatz setzt sich zum Ziel, diese drei Zugänge zur »großrumänischen« Transformation nach dem Ersten Weltkrieg zu beantworten und zu skizzieren, welche endogenen und exogenen Faktoren zum Scheitern des Demokratisierungsprozesses beigetragen haben.[1]

---

1 Dieser Aufsatz basiert in weiten Teilen auf den Ergebnissen folgender Vorstudien des Autors: Siebenbürgen ohne Siebenbürger? Zentralstaatliche Integration und politischer Regionalismus nach dem Ersten Weltkrieg, München, 2014; The Transylvanian promise: political mobilisation, unfulfilled hope and the rise of authoritarianism in interwar Romania, in: Florian Kührer-Wielach/Sarah Lemmen (Hg.), Special issue der European Review of History 23 (2016) 4, 580–594; A Counter-Community Between Regionalism and Nationalism: State-Building and the Vision of Modernisation in Interwar Romania, in: Stefan Couperus/Harm Kaal (Hg.), (Re)Constructing Communities in Europe 1918–1968. Senses of Belonging Below, Beyond and Within the Nation-State, London 2016; »Maniu, schläfst du?«. Ethnoregionalistische Diskurse nach dem Ersten Weltkrieg an einem Fallbeispiel, in: Harald Heppner (Hg.), Umbruch mit Schlachtenlärm. Siebenbürgen und der Erste Weltkrieg, Wien, Köln, Weimar, 2017, 339–353; Orthodoxer Jesuitismus, katholischer Mystizismus. Konfessionalismus in Rumänien nach dem Ersten Weltkrieg, in: Mihai-D. Grigore/Florian Kührer-Wielach, Orthodoxa Confessio? Konfessionsbildung, Konfessionalisierung und ihre Folgen in der östlichen Christenheit Europas, Göttingen 2018; »A fertile and flourishing garden«. Alexandru Vaida-Voevod's Political Account Ten Years after Versailles, in: Special Issue »Romania and the Paris Peace Conference (1919). Actors, Scenarios, Circulation of Knowledge«, Hg. von Svetlana Suveica, *Journal of Romanian Studies*, 1 (2019) 2, 135–152; (Was) Minderheiten schaffen. »Eigen-sinnige« Lebenswelten und ethnonationale Blockbildung am Beispiel »Großrumäniens«, in: Steffen Höhne (Hg.), Zerfall, Trauma, Triumph. Das Epochenjahr 1918 und sein Nachleben in Zentral-, Ostmittel- und Südosteuropa, München 2020, 327–362.

Zur Beantwortung der *ersten Frage*, um welches Rumänien es sich denn nach 1918 handelte, wird auf die Ausgangslage und die unmittelbare Phase nach dem Ersten Weltkrieg eingegangen, in der die ersten Weichen für den umfassenden Integrations- und Transformationsprozess gestellt werden. Welche regionalen, historischen Prägungen müssen im Rahmen der »Vereinigung« zusammenfinden, wie verändert sich die demographische Tektonik, welche politische Traditionen und Prägungen treffen aufeinander? Welche Visionen, Hoffnungen und Absichten sind mit der Erweiterung des rumänischen Königreiches bzw. dessen Gründung als »Großrumänien« verbunden? Wie verläuft der institutionelle und mentale Integrationsprozess? Um die *zweite Frage* zu beantworten – jene, von welchen Krisen diese Epoche geprägt wurde – wird auf die verschiedenen, als krisenhaft empfundenen Momente bzw. Situationen eingegangen, die die rumänische Zwischenkriegszeit bzw. den öffentlichen Diskurs prägten. Schwerpunkt bilden dabei die institutionelle Integration, die wirtschaftliche Situation und das Thema des Vertrauens in die politischen Eliten. Der Versuch, die *dritte Frage* – jene nach der Rolle der Demokratisierung – zu beantworten, kommt einer Conclusio gleich: Es wird hinterfragt, ob denn im Falle Rumäniens in der Zwischenkriegszeit – und darüber hinaus – überhaupt von Demokratie gesprochen werden kann.

1. Welches Rumänien?

1.1 Die Ausgangslage: Rumänien verdoppelt sich

Ist von der rumänischen Zwischenkriegszeit die Rede, findet sich insbesondere nach der Wende von 1989 in den historischen bzw. historisierenden Narrativen ein spezielles Grundmotiv: das eines »goldenen Zeitalters«.[2] Der enorme territoriale Zuwachs, den Rumänien nach dem Ersten Weltkrieg zeitigte, wurde und wird als weitgehende Annäherung an den Idealzustand eines Nationalstaates empfunden, in dem Territorium und Volk zusammengefunden haben.

Tatsächlich können der Staat bzw. die »ethnischen« Rumänen in diesem Sinne als Profiteure des Kriegs betrachtet werden. Das kleine Königreich Rumänien an der unteren Donau, das in den Jahren 1859/1862 aus den beiden Fürstentümern Walachei und Moldau entstanden war, verdoppelte mit dem Anschluss ostungarischer Gebiete (Siebenbürgen, der größte Teil des Banats, Partium), der cisleithanisch-österreichischen Bukowina und des bis 1918 russländischen Bessarabien seine Fläche und seine Ein-

---

[2] Georgeta Daniela Oancea, Mythen und Vergangenheit. Rumänien nach der Wende, phil. Diss., LMU München 2005, 12. Vgl. auch Lucian Boia, Geschichte und Mythos. Über die Gegenwart des Vergangenen in der rumänischen Gesellschaft, Köln/Weimar/Wien 2003.

wohnerzahl: Das Territorium wuchs von 138.000 km² auf 295.049 km², die Bevölkerung stieg von 7,9 Mio. (1915) auf 14,7 Mio. (1919) und sollte bis 1930 auf 18 Mio. EinwohnerInnen anwachsen.³ Es fanden ethnisch, sprachlich und konfessionell diverse Gebiete zusammen, die zwar in der Regel mehrheitlich von RumänInnen bewohnt waren, jedoch sehr unterschiedliche historische Prägungen aufwiesen: Die ungarländischen RumänInnen konnten auf eine Tradition der politischen Teilhabe verweisen, die sich am steigenden Assimilierungsdruck seitens der magyarischen Hegemonialkultur bewähren musste. In der Bukowina hatten die RumänInnen am, auch im innerhabsburgischen Vergleich, relativ liberalen Regime Wiens partizipiert. Selbst die RumänInnen in Bessarabien, das seit 1812 dem Zarenreich angegliedert war, konnten auf ihre regionalen und lokalen Vertretungs- und Verwaltungsinstanzen verweisen.

Die Dobrudscha, die bereits seit dem 19. Jahrhunderten in mehreren Schritten an Rumänien gefallen war und zwischenzeitlich in Teilen wieder zu Bulgarien gehörte, wies als einzige Region des »Alten Königreichs« *(Vechiul Regat)* bzw. »Altreichs« eine enorm multikulturelle Bevölkerungsstruktur auf. Diese diente somit als Blaupause für die Integration von neugewonnenen Gebieten.⁴

»Großrumänien« musste gleichsam über Nacht rund ein Drittel »ethnische« Nicht-RumänInnen, darunter einige Orthodoxe (v. a. russisch und ruthenisch/ukrainisch) und ein Drittel Nicht-Orthodoxe, darunter einige »ethnische« RumänInnen (v. a. römisch-katholische und unierte/griechisch-katholische) integrieren: Die RumänInnen (als ethnisch-nationale Gruppe) machten 71,9 % der Gesamtbevölkerung aus, der Rest verteilte sich auf eine Vielzahl von Ethnien, darunter 7,9 % UngarInnen, 4,1 % Deutsche und 4 % Jüdinnen und Juden.

Ein Fokus auf die neuen Gebiete zeigt das Ausmaß der demographischen Veränderung noch deutlicher. Dort stellten die RumänInnen meist nur knapp die Mehrheit, fast die Hälfte gehörte ethnischen Minderheiten an. In Siebenbürgen lebten beispielsweise 57,6 % RumänInnen. Unter den anderen Gruppen waren ungarische und deutsche die bedeutendsten. Zudem bekannten sich rund die Hälfte der RumänInnen zur griechisch-katholischen, mit Rom unierten Kirche. In der Bukowina wiederum deklarierten sich nur 44,5 % als zur rumänischen Ethnie zugehörig. Dort wurden auch 27,7 % RuthenInnen und 10,8 % Jüdinnen und Juden gezählt. In der Dobrudscha waren es 44,2 % RumänInnen und u. a. 22,7 % BulgarInnen und 8,5 % TürkInnen.⁵

---

3 Sabin Manuilă (Hg.), Recensămăntul general al populației României din 29 Decemvrie 1930, Bd. 1. București 1938, XLVI.

4 Vgl. Constantin Iordachi, Citizenship, Nation and State-Building. The Integration of Northern Dobrogea into Romania, Pittsburgh 2002a, 1878–1913.

5 Alle Daten basieren auf der Volkszählung von 1930: Sabin Manuilă (Hg.), Recensămăntul general al populației României din 29 Decemvrie 1930. Bd. 2, București 1938.

Das rumänische »Altreich« brachte hingegen sein Erbe als ethnisch relativ homogener Kleinstaat mit einem Hohenzollern-König und einem starren, dualistischem Parteiensystem ein. »Konservative« *(Partidul Conservator)* und »Liberale« *(Partidul Național-Liberal)* regierten abwechselnd das Land. Die politische Landschaft war insofern sehr eintönig, als das nur allmählich gelockerte Zensuswahlrecht eine immergleiche, sehr dünne Schicht an überkommenen Eliten begünstigte und den Großteil der Bevölkerung von einer politischen und ökonomischen Partizipation ausschloss. Das Land war agrarisch geprägt, die wenigen städtischen Siedlungen lebten vom Handel. Das Land war orthodox, die Kirche auch in den politischen Institutionen vertreten.

Auf dieses System trafen nun, neben den im Zarenreich eher unterdrückten RumänInnen Bessarabiens die selbstbewussten rumänischen AkteurInnen der Donaumonarchie. Sie hatten sich zunehmend in der rumänischen Nationalpartei *(Partidul Național Român din Ungaria și Transilvania)* gesammelt, die auch im ungarischen Parlament vertreten war. Das politische Handwerk war ihnen also bekannt. Die aus den von Ostungarn abgetrennten Regionen stammenden – oft in Wien, Budapest, Rom und deutschen Städten ausgebildeten und sozialisierten rumänischen Eliten der Donaumonarchie – traten nun an, um den als rückständig und überkommen wahrgenommenen rumänischen Staat nach ihren Vorstellungen zu gestalten. Es mag wenig verwundern, dass sie dabei auf den Widerstand der Politik aus dem »Altreich« trafen.

Der so plötzlich entstandene, »großrumänische« Staat hatte also eine *translatio imperii*, die umfassende ökonomische, gesellschaftliche, politische, kulturelle, institutionelle und mentale Integration, erst vor sich.

1.2 Die Entstehung eines Nationalitätenstaates

Wenn von einer Vision für eine im Entstehen begriffene Gesellschaft die Rede ist, dann kann dafür ein wesentlicher Moment in den letzten Tagen der Donaumonarchie bzw. den ersten Tagen »Großrumäniens« benannt werden. Denn während die rumänische Armee bereits den südöstlichen Teil Siebenbürgens eingenommen hatte und im Banat noch gekämpft wurde, waren in der zentralsiebenbürgischen Stadt Alba Iulia (dt. Karlsburg, ung. Gyulafehérvár) am 1.12.1918 im Rahmen einer »Großen Nationalversammlung« *(Marea Adunare Națională)* 1.228 Delegierte zusammengekommen, um den Anschluss *an*, aber vor allem auch eine demokratische Vision *für* das neue, kommende Rumänien in einer Resolution[6] zu verkünden. Die Verfasser der Resolu-

---

6 Rezoluția privind unirea Transilvaniei cu România (18 noiembrie – 1 decembrie 1918), in: Iulian Oncescu/Ion Stanciu/ Emanuel Plopeanu (Hg.), Texte și documente privind istoria modernă a Românilor. Bd. 2: 1866–1918, Târgoviște 2009, 292–293.

tion forderten mit der Stimme des griechisch-katholischen Bischofs Iuliu Hossu und unter den Augen seines orthodoxen Kollegen Miron Cristea »provisorische Autonomie« für die von Ungarn angeschlossenen Gebiete sowie »weitgehende Freiheiten und Rechte für die verschiedenen Gruppen, Gleichberechtigung und Autonomie für alle Konfessionen im Staat, [...] volle Verwirklichung eines rein demokratischen Regierungssystems auf allen Gebieten des öffentlichen Lebens. Allgemeines, direktes, gleiches, geheimes und proportionales Wahlrecht in Gemeinden für beide Geschlechter [...]. Uneingeschränkte Presse-, Vereinigungs- und Versammlungsfreiheit; freie Verbreitung des Gedankengutes« sowie eine »Radikale Bodenreform« und »Sicherstellung derselben Rechte für die Industriearbeiter« nach westlichem Vorbild.[7] Auch in der Bukowina und in Bessarabien gab es Kundgebungen zur »Union«, jedoch unter weniger idealistischen Vorzeichen, da sie teilweise unter Druck und in Abwesenheit der Minderheiten stattfanden.[8]

Bereits in den ersten Wochen nach der »Union« zeichnete sich ein Ringen zwischen »Altrumänien« und »Neurumänien« um die politische Vorherrschaft im Land ab. Neben dieser, aus ethnonationaler Sicht »inner-rumänischen« Frontlinie, die mehr oder minder entlang der »Phantomgrenze« des Karpatenbogens verlief, war das Verhältnis zwischen »Mehrheit« und »Minderheiten« ein prägender Faktor. So wurden, wie im Falle der Magyaren im Westen und der Russen im Nordosten, aus »Mehrheitlern« »Minderheitler«. Sie wurden BürgerInnen eines Staates, der auf ethnonationaler Basis dem Rumänischen und hinsichtlich der Konfession dem Orthodoxen de facto und de jure den Vorrang gab. Entsprechend reagierten die verschiedenen Minderheitengruppen distanziert bis ablehnend oder aber, wenn die Situation im alten »Gastland« schlechter war (vor allem in Bessarabien, jedoch für manche Minderheitengruppen auch in Ungarn), hoffnungsvoll.[9]

Zum Verständnis der Minderheitensituation ist es wichtig festzustellen, dass nicht von homogenen ethnonationalen Gruppen ausgegangen werden kann: *Die* deutsche Minderheit, *die* jüdische Minderheit, *die* ungarische Minderheit etc. existierte nur auf dem Papier und in der Rhetorik der politischen AkteurInnen – auch diese Gruppen zeigten sich aufgrund verschiedener kultureller Prägungen divers. Dementsprechend schwierig gestaltete sich die Gründung von ethnonationalen Dachorganisationen. Gemeinsamkeiten zwischen ungarisch sprachigen, weitgehend assimilierten Jüdinnen und Juden, Jiddisch sprechenden ChassidInnen wie deutsch-jüdischen BildungsbürgerInnen in der Bukowina und der sich überwiegend »rumänisch« fühlenden jüdi-

---

7 Ernst Wagner, Quellen zur Geschichte der Siebenbürger Sachsen, Köln/Wien 1976, 1191–1975, 264–265.
8 Declarația de unire a Basarabiei cu România (27 martie/9 aprilie 1918), in: Oncescu, Texte, 291–292.
9 Vgl. Kührer-Wielach, (Was) Minderheiten schaffen, 14.

schen Bevölkerung in Bukarest bzw. zwischen evangelischen Sächsinnen und Sachsen in Siebenbürgern und katholischen Schwäbinnen und Schwaben im Banat mussten betont und ausverhandelt werden. Erst als sich die »großrumänische« Situation als Dauerzustand zu erweisen schien, etablierten sich landesweite, nach nationalen Kriterien abgegrenzte politische Vertretungen der Minderheiten. Eine zunehmende Rolle spielten dabei *Kin States* wie Deutschland und Ungarn oder auch die Vision von Eretz Israel.

1.3 Der Integrationsprozess (1918–1928)

Die institutionelle Transformation, die nach dem Ersten Weltkrieg erfolgen sollte, war von drei fundamentalen Prozessen geprägt, die im Folgenden kurz beschrieben werden: Zentralisierung, Rumänisierung und Verstaatlichung.

1.3.1 Zentralisierung
Die Frage, wie denn der Staat in Zukunft organisiert sein solle, betraf alle rumänischen StaatsbürgerInnen unabhängig von ihrer nationalen Zuordnung: Sollte es sich hier um einen föderalen oder zumindest »dezentralen« Staat handeln, wie es vor allem die Eliten »Neurumäniens« forderten? Oder sollte man weiterhin am Modell des Zentralstaats festhalten, wie ihn die alte, nach belgischem Vorbild geschaffene Verfassung vorsah, die zum Zeitpunkt ihrer Einführung 1866 als höchst modern galt? Von dieser vordergründig administrationstechnischen Frage hingen die weiteren Schritte gesellschaftlicher Ausgestaltung ab: Verwaltung, Finanzen, Rechtsprechung, Bildungswesen, Kultur, Kultusfragen etc.

Ab 1920, nachdem eine »neurumänisch« dominierte Regierung rasch gescheitert und die vorübergehende Autonomie in Westrumänien abgeschafft worden war, wurde die Verwaltung Schritt für Schritt zentralisiert. Die endgültige Entscheidung fiel nach zähem politischen Ringen 1923 mit der Verabschiedung der neuen Verfassung durch die vom König unterstützte liberale Regierung bzw. das von ihnen dominierte Parlament:[10] Das neue Grundgesetz basierte in weiten Teilen auf der alten Verfassung von 1866[11] – Rumänien sollte also auch als »Großrumänien« ein Zentralstaat bleiben. (Wie es im Übrigen auch die ungarische Reichshälfte war. Den ungarländischen RumänInnen war dieses Modell also nicht fremd, aber verhasst.)

Auch nach ihrer offiziellen Verabschiedung durch das Parlament und die Bestätigung durch den König kämpfte die Opposition gegen die Verfassung, die als von einer kleinen, überkommenen Elite oktroyiert empfunden wurde und mit der man sich

---

10 Kührer-Wielach, Siebenbürgen ohne Siebenbürger, 206–211.
11 Vgl. Cultura Națională (Hg.), Institutul Social Român. Nouă Constituția a României, București 1923.

nicht identifizierte. So wurde unter anderem kritisiert, dass die in der Resolution vom 1.12.1918 formulierten »Grundsätze« nicht berücksichtig worden seien.[12]

1.3.2 Rumänisierung
Die Regierungen »Großrumäniens«, aber letztlich auch die meisten Oppositionsparteien, verlangten und forcierten den Aufstieg der »ethnischen« RumänInnen im neuen Staat. »Das Nationale« muss in diesem Zusammenhang vor allem als Vehikel gesehen werden, um die wirtschaftlichen und sozialen Chancen, die sich im Rahmen des neuen staatlichen und gesellschaftlichen Umfeldes boten, zu nutzen. Denn obwohl die RumänInnen in fast allen Teilen »Großrumäniens« in der quantitativen Mehrheit waren, fühlten sie sich aufgrund ihres eher schwachen gesellschaftlichen und ökonomischen Status nach wie vor sozial unterlegen.

Diese Situation sollte mit gezielten Rumänisierungsmaßnahmen in allen Bereichen des öffentlichen Lebens – Schule, Wirtschaft, Kultur, Verwaltung etc. – geändert werden. Die entsprechenden Maßnahmen reichten von der Verweigerung von Gruppenrechten für ethnische und konfessionelle Minderheiten[13] über relativ kurzfristig anberaumte Sprachprüfungen bei NichtmuttersprachlerInnen im Staatsbedienstetenapparat[14] bis hin zur Rumänisierung des öffentlichen Raums im Sinne von Straßenumbenennungen[15] und zur Errichtung neuer Denkmäler.[16] Die »romanische Brüderlichkeit« verlieh diesem Unterfangen ihre internationale Dimension, als die Stadt Rom gleich mehrere Capitolinische Wölfinnen schenkte: In Bukarest stand die Capitolina schon seit 1906, in Cluj-Napoca (1921), Târgu Mureș (1924) und Timișoara (1926) wurden sie – ebenso wie viele weitere Kopien – nach und nach als Zeichen einer »Landnahme« errichtet.

1.3.3 Verstaatlichung
Eine Tendenz, die sowohl Minderheiten wie RumänInnen betraf, war das Durchgreifen des Staates: Einerseits wurde, auch nach dem Ende des Krieges, mit Zensur und der gebietsweisen Verhängung des Ausnahmezustands regiert. Andererseits wurde das vor allem in den Regionen der ehemaligen Donaumonarchie übliche System der Kirchenschulen gleichsam ausgehungert, während im Gegenzug viele staatliche Schulen errichtet wurden. Dies war einerseits für die Bekämpfung des Analphabetismus wichtig – führte aber auch zum Verlust einer wichtigen Institution für den Erhalt und die

---
12 Die neue Verfassung Rumäniens, Kronstädter Zeitung, 21.3.1923.
13 Kührer-Wielach, Siebenbürgen ohne Siebenbürger, 357.
14 Situația funcionarilor revocați din serviciu, Vestul României, 21.11.1923.
15 Kührer-Wielach, Siebenbürgen ohne Siebenbürger, 214.
16 Ebenda, 180–186.

Förderung von Gruppenbewusstsein unterhalb der nationalen Ebene; sei es bei den orthodoxen und unierten, rumänisch-sprachigen Schulen wie auch bei den Schulen der nicht-rumänisch geprägten Konfessionen, wo man die Kirchenschulen als besonders wichtigen Ort der Identitätsbewahrung sah.[17]

Die umfassende, wenn auch inkonsequent und mit Bevorzugung der RumänInnen durchgeführte Bodenreform, sollte wiederum jene Umverteilung ermöglichen, die zur Selbstermächtigung der sozial schwächeren Bevölkerungsgruppen führen sollte. Gleichzeitig entzog die Regierung aber beispielsweise den siebenbürgisch-sächsischen, evangelischen Gemeinden mit der Verstaatlichung und Umverteilung ihres Waldbesitzes die Finanzierungsgrundlage der Schulen.[18] So wurde aus der hoffnungsvollen, wenn auch überraschenden Union von 1918 also bald ein Verteilungskampf um Ressourcen und politische Dominanz.

2. Welche Krisen?

Tatsächlich wurde die staatliche Verwaltung jedoch entgegen allen Versprechungen zunehmend als dysfunktional und korrupt wahrgenommen. Die Regierungen der Liberalen bzw. ihrer Satellitenparteien hatten sich ihre Macht mit Unterstützung des Königs vor allem mit Wahlmanipulationen und Instrumentalisierung der Behörden gesichert: Die bereits vor 1918 existierende Praxis, dass der König zuerst eine Regierung ernannte, die in der Folge die Wahlen ausrichtete, wurde weitergeführt. So stand der Wahlsieger mit großer Wahrscheinlichkeit im Vorhinein fest, wofür loyale Beamte und die Tendenz des Elektorats, die Wahlen eher als Bestätigung des königlichen Vorschlags zu sehen, sorgten.

Diese Entwicklungen blieben nicht unwidersprochen. An die Spitze der Opposition setzten sich die habsburgischen RumänInnen mit ihrer Nationalpartei. Im Wesentlichen baute die bereits im 19. Jahrhundert in Ungarn gegründete Partei, die man als typische »Ethnopartei« bezeichnen kann, auf ihren Anti-Zentralismus und auf mehr oder weniger ernst gemeinte Empathie für die Minderheiten – teilte man doch in den Regionen eine gemeinsame Geschichte.

Von ihren Gegnern wurde den Wortführern aus Siebenbürgen in der politischen Diskussion ihre »dynastischen, patriotischen und traditionellen Gefühle«,[19] die im Ersten Weltkrieg zum Ausdruck gebracht wurden, ostentativ zum Vorwurf gemacht:

---

17 Ebenda, 146–156.
18 Ebenda, 94–111.
19 Românii din Austro-Ungaria, in: Țara Noastră 4 (1923) 12, 387–389 (ohne Autor).

Sie wurden beispielsweise als »Wiedergänger der Habsburgtreue« bezeichnet,[20] die wie die »Gespenster« aus Henrik Ibsens Bühnendrama in Bukarest umherwandeln würden, um sich im Namen Budapests für das Ende des alten Ungarns an den Rumänen zu rächen.[21] Der österreichisch-ungarische Einfluss sei im Gegensatz zu den »lateinischen Wurzeln« der Rumänen fremd und schädlich: Die »Regionalisten« sollten endlich den »richtigen« geistigen Weg einschlagen, sodass die »hybride Mixtur«, die ihnen in der Donaumonarchie als »intellektuelle Nahrung« gedient habe, endlich ein Ende finde.[22]

Die harsche Kritik, die wohl auch viel über die Kritiker selbst aussagt, nützte jedoch wenig. 1926 vereinigte sich die siebenbürgische Nationalpartei mit der im Altreich verankerten, populären Bauernpartei zur Nationalen Bauernpartei (*Partidul National-Țărănesc*, PNȚ). Dieser Parteienzusammenschluss kam gleichsam einer doppelten Ausweitung der Kampfzone gleich. Einerseits erschloss man sich neue Gebiete, andererseits erweiterte man auch sein ideologisches Profil, indem man die sehr auf die soziale Frage bei der Bauernschaft konzentrierten Agenden der Bauernpartei übernahm:

Während die ehemalige Bauernpartei eine Organisation war, in der die intellektuellen dörflichen Schichten ihren Platz fanden, wurde die siebenbürgische Nationalpartei von Intellektuellen, Berufspolitikern und kleinen Handwerkern getragen.[23]

Iuliu Maniu, die zentrale Figur der Opposition, wurde zum Retter und Erlöser Rumäniens stilisiert. Der Begriff »Siebenbürgen« – auf Rumänisch *Ardeal* bzw. *Transsilvania* – stand längst nicht mehr nur für den territorialen Schlussstein eines rumänischen Risorgimento, sondern wurde selbst zum politischen Programm: »Siebenbürgen« stand für eine Gegenvision, die am 1.12.1918 in Alba Iulia klar und deutlich formuliert worden war – am siebenbürgischen Wesen sollte Rumänien genesen.[24] Höhepunkt der Wahlbewegung war eine Massenkundgebung im Mai 1928 in Alba Iulia, die gleichsam ein »Reenactment« der »Großen Nationalversammlung« zehn Jahre zuvor am selben Ort darstellen sollte.[25] Ein von Teilen der Versammelten geplanter

---

20 Un document ..., Țara Noastră 4 (1923), 386 (ohne Autor).
21 Octavian Goga, Regionalismul, in: Țara Noastră 3 (1922) 2, 43.
22 Valer Moldovan, Ardelenii și limba franceză, in: Societatea de Mâine 8 (1931) 6–7, 144.
23 Hans-Christian Maner, Parlamentarismus in Rumänien (1930–1940). Demokratie im autoritären Umfeld, München 1997, 58.
24 Sextil Pușcariu, Regionalismul constructive, in: Societatea de Mâine 2 (1925) 6, 85; Radu Dragnea, Formarea criticismului în Ardeal, in: Țara Noastră 6 (1925) 2, 44.
25 Klaus P. Beer, Zur Entwicklung des Parteien- und Parlamentssystems in Rumänien. 1928–1933. Die Zeit der national-bäuerlichen Regierungen. Bd 1. Frankfurt am M./Bern 1983, 231–232.

»Marsch auf Bukarest« konnte verhindert werden,[26] denn eine solche, an Mussolinis »Marsch auf Rom« (1922) erinnernde Aktion hätte wohl eher den Gegnern der Nationalen Bauernpartei in die Hände gespielt und den demokratischen Telos (oder zumindest Pathos) der Versammlung unterminiert.

So konnte die Nationale Bauernpartei Ende 1928 tatsächlich einen fulminanten Wahlsieg erringen, als nahezu 78 % der Wähler für sie stimmten.[27] Die gewogene Presse schrieb von den ersten wirklich freien Wahlen »Großrumäniens« und von einer »Demokratisierung Rumäniens durch Siebenbürgen«.[28] Die PNȚ-AnhängerInnen feierten den Anbruch einer neuen Ära.[29] Maniu und seine Leute hatten es besser verstanden, mit der für Rumänien neuen Form der Massendemokratie umzugehen. Sie benötigten die üblichen Lock- und Druckmittel in geringerem Ausmaß als vorherige Wahlsieger und setzten auf Mobilisierung. Es war offensichtlich ausreichend, die reale, krisenhafte politische Großwetterlage zu nutzen und eine Vision zu entwickeln, auf die die Wählermassen ansprachen.

Maniu wurde Premierminister. Diese politische Wende erfolgte jedoch vor dem Hintergrund multipler Transformationskrisen sowie ökonomischer Fehlentwicklungen auf internationaler Ebene und der mit all diesen Faktoren zusammenhängenden ideologischen Verschärfungen in ganz Europa. So leitete die neue Regierung umgehend Reformen ein, versuchte, die Exekutive neu aufzustellen, die Beamten besser auszubilden und gleichzeitig die Möglichkeiten der Willkür in der Verwaltung zu reduzieren. Der Staat sollte dezentralisiert werden.[30] Für den Agrarsektor und die IndustriearbeiterInnen sollten bessere Rahmenbedingungen geschaffen werden, ausländische Investitionen wurden erleichtert. Jedoch zeitigte die Weltwirtschaftskrise auch in Rumänien ihre Wirkung, sodass die Reformen auf halbem Wege stecken blieben. Für die Stabilisierung des Staatshaushalts nötige Steuererhöhungen verschlechterten die Stimmung in der Bevölkerung zusätzlich.[31] Letztlich griff auch die Regierung Maniu zu restriktiven Maßnahmen: Die Pressezensur wurde wieder eingeführt, wenn auch mit anderen Methoden. Streiks wurden mit Gewalt niedergeschlagen. Der Dezentralisierungsprozess ermöglichte den Austausch von Beamten im Sinne der neuen Regierung.

Es folgte eine unstete Phase mehrerer national-tzaranistischer Kabinette. Diese wurde 1931 von einem ebenso missglückten Experiment eines vorgeblichen Techno-

---

26 Beer, Entwicklung, Bd. 1, 580.
27 Marcel Ivan, Evoluția Partidelor noastre politice în cifre și grafie. 1919–1932. Studiu comparativ al rezultatelor oficiale ale alegerilor pentru Camera Deputaților din anii 1919–1932. Sibiu o. J., Tab. XIII.
28 Beer, Entwicklung, Bd. 1, 110 und 261.
29 Ioan Scurtu (Hg.), Istoria Românilor. Bd. VIII: România întregită. 1918–1940, București 2003, 272.
30 Beer, Entwicklung, Bd. 1, 280–281.
31 Istoria Românilor, Bd. VIII, 274–276.

kratenkabinetts unterbrochen, das jedoch in erster Linie dazu da war, die autoritären Tendenzen des neuen Königs Carol II. umzusetzen, der Maniu als Erlöserfigur ersetzen sollte.[32] Dieser erste Versuch des Königs, über die Köpfe der Parteipolitiker hinweg zu regieren, scheiterte vorerst. So endete 1933 das national-tzaranistische Kapitel und eine zweite liberale Ära begann mit Gewalt: Ende des Jahres erschossen Anhänger der faschistischen Legion des Erzengels Michael (Eiserne Garde) den neuen Ministerpräsidenten Duca.

Die mittlerweile als Dauerzustand wahrgenommene, multiple Krise des »großrumänischen« Integrationsprozesses wurde von den ökonomischen Krisenerscheinungen verstärkt. Die Auswirkungen der Weltwirtschaftskrise beendeten zugleich die demokratisch motivierten und legitimierten Reformambitionen der antizentralistischen Allianz und erschütterten – nachdem 1928 große Hoffnung aufgekeimt war – das Vertrauen in die demokratische Politik vollends. Mit der Transformationskrise, der Wirtschaftskrise und der Vertrauenskrise zeichnete sich auch eine Repräsentationskrise immer deutlicher ab. Denn was ab 1933 folgte, war eine vollständige Ablösung des politischen Handelns von den noch eine Weile aufrecht gehaltenen demokratischen Institutionen und Strukturen. Bis 1937 regierten zwar wieder die vom König gestützten Liberalen, gleichzeitig setzte aber eine von der Eisernen Garde maßgeblich angestoßene Dynamik ein.[33] Diese war schon in der Massenbewegung der National-Tzaranisten erprobt worden, wenn auch unter demokratischeren Vorzeichen: Autoritäre Ideen griffen de facto in allen Lagern um sich, statt Parteien verstanden sich nun Bewegungen als Treiber der Politik. Die Straßen wurden zum Aufmarschgebiet. Wahlen hatten keine Bedeutung mehr, dem Parlamentarismus fehlte jede demokratische Tiefe. Der Nationalismus wurde immer radikaler, was unter anderem die wirtschaftliche Marginalisierung der Minderheiten, insbesondere der Juden, mit sich brachte. In der Endphase des rumänischen Zwischenkriegsparlamentarismus kam Ende 1937 mit der National-Christlichen Partei *(Partidul Național Creștin)* eine offen antisemitische, an Faschismus und Nationalsozialismus orientierte Partei an die Regierung.[34] Unter dem aus Siebenbürgen stammenden Kurzzeit-Premierminister Octavian Goga wurde eine »Revision« der Staatsbürgerschaften vorgenommen, mehr als der Hälfte der Jüdinnen und Juden im Land wurde die rumänische Staatszugehörigkeit aberkannt (ca. 395.000 von 765.000).[35] Im Frühjahr 1938 beendete König Carol II. die Parteiendemokratie – die stets mehr Partei als Demokratie war – mit der Einführung

---

32 Beer, Entwicklung, Bd. 1, 372.
33 Vgl. Oliver Jens Schmitt, Căpitan Codreanu. Aufstieg und Fall des rumänischen Faschistenführers. Wien 2016.
34 Wolfgang Benz (Hg.), Handbuch des Antisemitismus. Bd. 2/1: Personen A–K. Berlin 2009, 297.
35 Ebenda, Bd. 2/1, 156.

der Königsdiktatur. Sein erster Ministerpräsident wurde Miron Cristea – jener zum Patriarchen aufgestiegene orthodoxe Regionalbischof, der am 1.12.1918 in Alba Iulia bei der Verlesung der Resolution assistierte.

3. Welche Demokratie?

Am rumänischen Beispiel stellt sich die Frage, inwieweit von einer »Demokratie in der Krise« gesprochen werden kann, denn diese Annahme würde voraussetzen, dass demokratische Strukturen und demokratische Praxis tatsächlich existierten. Und in der Tat sind in der rumänischen Zwischenkriegszeit Ansätze zur Demokratisierung zu finden. Diese wurden jedoch stets von der Widersprüchlichkeit der legistischen, administrativen und politischen Realität unterlaufen:
- Die Verfassung baute auf Gewaltentrennung, kannte das Wort »demokratisch« jedoch nicht.
- Die RumänInnen der Donaumonarchie brachten ihre Erfahrung aus dem Budapester Reichstag sowie dem Wiener Reichsrat bzw. aus regionalen Gremien ein, trafen jedoch auf ein völlig verknöchertes politisches System des »Altreichs«.
- Es entwickelten sich Perspektiven eines egalitären, individuellen Staatsbürgerschaftsgedankens, der sich als solcher auch in der Verfassung niederschlug, in deren Rahmen jedoch keine kollektiven Minderheitenrechte eingeräumt wurden.
- Das Wahlrecht war nominell »frei« und »gleich«, wurde jedoch mit der üblichen Vorab-Nominierung des zukünftigen Regierungschefs seitens des Königs und den damit verbundenen Behördenübergriffen ad absurdum geführt. Frauen wurden auf nationaler Ebene von den Wahlen ausgeschlossen.
- Es sollten demokratische Grundrechte wie Versammlungs-, Presse- und Redefreiheit gelten, die großräumige und langfristige Verhängung des »Belagerungszustands« und die Praxis der Zensur hebelte diese Rechte jedoch zeitweilig aus.
- Die Macht des Königs war auf die Verfassung zurückgebunden, der König aber griff tief in den politischen Prozess ein, um die ihm genehmen Regierungen zu installieren.
- Rumänien wollte ein säkularer Staat sein, dessen größte Kirche, die rumänische Orthodoxie, jedoch in der Verfassung vor alle anderen Kirchen gestellt wurde und über ihr Personal von den Kanzeln und in den Schulen großen politischen Einfluss auf die Bürger ausübte. Sie fungierte faktisch als Staatskirche.

Neben diesen aus demokratiepolitischer Sicht offensichtlichen, möglicherweise auch beabsichtigten grundlegenden Fehlkonstruktionen wurde der staatliche und gesellschaftliche Integrationsprozess Rumäniens nach 1918 von einem multiplen Krisenszenario unterlaufen. Die erratisch verlaufende institutionelle Transformation und die sich rasch verschlechternde ökonomische Situation führten, gepaart mit einer als völlig korrupt und eigennützig handelnd erscheinenden Politikerschicht, zu massivem Vertrauensverlust in das Angebot einer demokratischen Gesellschaftsordnung. *Krise war im rumänischen Fall nicht Treiberin von Innovation, sondern des Autoritarismus.*

Spätestens 1933 schienen sich alle demokratischen Angebote als nicht wirksam herausgestellt zu haben. Zwei Faktoren, die sich insbesondere mit der tendenziell demokratischen Bewegung der Nationalen Bauernpartei im Wahlkampf des Jahres 1928 etablierten, spielten weiterhin eine Rolle: *Masse und Messianismus* – beides hatte sich in den noch am ehesten als demokratisch zu bezeichnenden Wahlen im Jahr 1928 besonders manifestiert und sich *mutatis mutandis* im religiös durchsetzen Faschismus der Eisernen Garde fortgesetzt. Ihr Führer Corneliu Zelea Codreanu erhielt den Status eines Heiligen.[36]

In einem *postimperialen Nationalitätenstaat*, der sich jedoch für einen Nationalstaat hielt, musste zwangsläufig eine Art von Zerfallsangst herrschen: »Regionalisten«, ethnische und religiöse Minderheiten wie auch SozialistInnen bzw. KommunistInnen wurden wahlweise oder kumuliert zur Gefahr, die gleichzeitig von außen herein und von innen heraus drohte – ein Bild das sich in extremis in der rhetorischen Figur des »Judeo-Magyaren«[37] verdichtet.

Der *exklusive, radikale Nationalismus* (der im Gegensatz zu substanziellen Maßnahmen stets kostenlos zur Verfügung steht) füllte das von der multiplen Krise und der damit verbundenen Enttäuschung verursachte Vakuum. Es fehlten die großen gemeinsamen Erfolge. So begründete allein die Existenz »Großrumäniens«, nicht seine Lebensrealität, den Ruf des »Goldenen Zeitalters«. Die Eiserne Garde hatte dieses Problem erkannt und bot das ganze »Paket«: *Soziales, Nationales, Transzendenz.*

Die 1938 ausgerufene Königsdiktatur Carols II. reagiert auf diese Entwicklung. Es ist als bittere Ironie zu betrachten, dass sich ein Teil der demokratischen Forderungen von 1918 nun unter autoritären Vorzeichen erfüllen sollten: Das rumänische Kulturleben wurde massiv unterstützt, die deutsche Minderheit erhielt erstmals die Anerkennung als rechtsfähige Körperschaft, und sogar das Frauenwahlrecht auf nationaler Ebene wurde eingeführt. Wahlen waren in der neuen Verfassung weiterhin vorgesehen. Allein: Die WählerInnen hatten keine Wahl mehr.

---

36 Florian Kührer, Helden der Kohäsion? Politische und sakrale Heilige in Rumänien und Südosteuropa – Inszenierung, Funktionalisierung, Habitat, in: *Ostkirchliche Studien* 59 (2010) 2, 185–214.

37 Hienele, Înfrățirea Românească, 15.6.1926; Ebenda, Cum se romanizează întreprindele neromânești din Ardeal?, 1.8.1926.

Stephanie Zloch

Zweierlei Krisen

Zeitdiagnosen und Demokratiewissen zu Polen

Entwicklungsfortschritte von Demokratie beschreibt die historische und politologische Forschung klassischerweise in Wellen. Eine erste Welle reichte demnach von der Mitte des 19. Jahrhunderts bis zu den 1920er Jahren und war vor allem durch die Ausweitung des Wahlrechts charakterisiert, dann folgten eine zweite Welle nach dem Zweiten Weltkrieg vor allem in Mitteleuropa und eine dritte Welle zwischen 1974 und 1989/91, die den Abschied vom Autoritarismus in Südeuropa sowie vom real existierenden Sozialismus in Mittel- und Osteuropa umfasste.[1] In jüngster Zeit tritt neben diese internationale Expansionsperspektive, die ihren Höhepunkt in den demokratiegewissen und optimistischen 1990er Jahren hatte, verstärkt eine Perspektive, die »die strukturellen Probleme im Innern westlicher Gesellschaften und formal konsolidierter Demokratien«[2] zum Gegenstand hat. Vielmehr noch wird in einer *longue durée* die Geschichte der Demokratie als Geschichte »einer immerwährenden Suche«[3] konzeptualisiert, wenn nicht gar postuliert, dass Demokratie »immer gefährdet und angefochten« sei und »stets erkämpft und behauptet werden« müsse.[4] Zugespitzt findet sich in einer politikwissenschaftlichen und demokratietheoretischen Darstellung der nahezu gelassen klingende Satz: »Die Rede von der Krise der Demokratie ist so alt wie diese selbst«; eine Krise könne immer auch Ausgangspunkt für Neues sein.[5]

Sind die Krisen der Demokratie in der Zwischenkriegszeit von 1918 bis 1939 somit ein historischer und demokratietheoretischer »Normalfall«? Mit Blick auf die Entwicklung in Deutschland und Österreich, die ins »Großdeutsche Reich«, zum Zweiten Weltkrieg und zum Holocaust führte, ist, selbst wenn auf die nachfolgende Ausbildung einer stabileren demokratischen Ordnung seit 1945 verwiesen wird,[6]

---

1 Als Beispiele: Hans Vorländer, Demokratie. Geschichte, Formen, Theorien, München ³2019, 6; Paul Nolte, Was ist Demokratie? Geschichte und Gegenwart, Bonn 2012, 10; mittlerweile als Klassiker: Samuel P. Huntington, The Third Wave. Democratization in the Late Twentieth Century, Norman 1991.
2 Nolte, Was ist Demokratie, 15.
3 Nolte, Was ist Demokratie, 9.
4 Vorländer, Demokratie, 11; Steven Levitsky./Daniel Ziblatt, Wie Demokratien sterben. Und was wir dagegen tun können, München 2018.
5 Wolfgang Merkel, Demokratiekrisen, in: Frank Bösch/Nicole Deitelhoff/Stefan Kroll (Hg.), Handbuch Krisenforschung, Wiesbaden 2020, 111–133, 111.
6 Merkel, Demokratiekrisen, 112.

möglichen relativierenden Auffassungen deutlich entgegenzutreten. Hier kommt Demokratietheorie an eine ethische Grenze. Aber auch für die Staaten des östlichen Mitteleuropa hatte die Krise der Demokratie in der Zwischenkriegszeit tiefgreifende Wirkungen. Der rasch folgende, reihenweise Übergang zu autoritären politischen Ordnungen in den 1920er und 1930er Jahren sorgte bereits zeitgenössisch für große Aufmerksamkeit und schlug als Misserfolg und Scheitern von Demokratie zu Buche. Der Umstand, dass auf die NS-Besatzung im Zweiten Weltkrieg im östlichen Mitteleuropa keine stabilere demokratische Ordnung, sondern nach 1945 bzw. 1948 ein bis zur so genannten »Entstalinisierung« totalitäres und später bis 1989 ein zumindest autoritäres politisches System folgte, sollte dann die Krisendiagnosen der Zwischenkriegszeit prolongieren und nachhaltig, auch in der Wissenschaft, die Wahrnehmung von einer mangelnden Beständigkeit und Widerstandskraft der Demokratie im östlichen Mitteleuropa verfestigen.

Um die grundsätzlich anregende Idee von der Demokratie als einer Suchbewegung weiter zu entwickeln, ist es notwendig, dem recht allgemeinen Topos einer immerwährenden oder allgegenwärtigen Krise von Demokratie einen konkreten historischen Kontext aus Akteuren, Zeit und Raum an die Seite zu stellen. Das Beispiel Polens in der Zwischenkriegszeit ist von besonderem Interesse, weil sich hier, gemessen am Enthusiasmus und an den politisch-konstitutionellen Errungenschaften der ersten Demokratisierungswelle kurz nach dem Ersten Weltkrieg,[7] die Fallhöhe zum Staatsstreich Józef Piłsudskis und zum nachfolgenden autoritären Regime wohl am ausgeprägtesten im östlichen Mitteleuropa zeigte.

Die konzeptionelle Herausforderung, Demokratie in ihrer Historizität zu begreifen, da jeder Begriff von Demokratie zeitgebunden, wenn nicht sogar kontingent sei,[8] verbindet dieser Beitrag mit einem wissensgeschichtlichen Ansatz und fragt: Wer hat aus welcher Position über Demokratie nachgedacht? Mit welchen Argumenten wurde eine Krise konstatiert und welche Lösungsansätze wurden angeboten? Und in welchem Verhältnis standen die oft breitenwirksam zirkulierenden Zeitdiagnosen zu einem Demokratiewissen in Politik- und Geschichtswissenschaft? Als Demokratiewissen sollen hier jene Aussagen gelten, die als Bausteine von Evidenzproduktion

---

7 Besonders prägnant im Falle Polens: Stephanie Zloch, Elusive Enthusiasm. Parliamentary Democracy in the Newly Founded European Nation-States After the First World War. The Case of Poland, in: Remieg Aerts/Carla van Baalen/Marie-Luise Recker/Margit van der Steen/Henk te Velde (Hg.), The Ideal of Parliament in Europe since 1800, London 2019, 117–137.
8 Martin Conway, Western Europe's Democratic Age 1945–1968, Princeton – Oxford 2020, 27; Paul Nolte, Jenseits des Westens? Überlegungen zu einer Zeitgeschichte der Demokratie, in: Vierteljahrshefte für Zeitgeschichte (61) 2013, 275–301, 280; John Keane, The Life and Death of Democracy, London u.a. 2009, XIV; Ute Daniel, Postheroische Demokratiegeschichte, Hamburg 2020, 7–8.

über Demokratie entstanden sind und Anerkennung als wissenschaftliches Wissen fanden.[9]

Im Folgenden wird die These vertreten, dass zwischen zweierlei Krisen zu unterscheiden ist: eine, die sich auf die politische Konstellation in Polen vor 1926 bezieht, und eine andere, die, im Widerspruch dazu, den Übergang vom demokratischen zum autoritären Regime nach 1926 im Blick hat. Hierfür untersuchte Quellen sind Aussagen der politischen Publizistik in der Zwischenkriegszeit sowie einflussreiche Überblicksdarstellungen in polnischer, englischer und deutscher Sprache zur Geschichte Polens sowie zu Fragen von Nation und Demokratie.

1. Die Demokratie in der Krise – vor 1926

Die Auffassung, dass sich die neu errichtete Demokratie in Polen bereits seit den frühen 1920er Jahren in einer Krise befand, fand sich in vier unterschiedlich akzentuierten Diagnosen. Hierzu zählte als erstes die »Anarchie« und ungeregelte »Parteienherrschaft«. Gebündelt war diese Diagnose in einem zeitgenössischen Zeitungsbeitrag der *Gazeta Warszawska*, den der junge Nationaldemokrat und persönliche Referent von Roman Dmowski, Tadeusz Bielecki, rückblickend im Jahre 1928 veröffentlichte:

> Die Sejm-Wahlen gemäß dem fünffachen Wahlrecht förderten die Entstehung neuer Parteien, die nicht Ausdruck tatsächlicher Bedürfnisse des Landes, sondern oft des Egoismus einzelner ambitionierter Führer oder sozialer Gruppen waren. Darüber hinaus führte fehlende politische Erfahrung dazu, dass sich an der Spitze des öffentlichen Lebens nicht Männer von Statur befanden, sondern Schreihälse und Agitatoren, die den Wählermassen schmeichelten. Kein Wunder, dass die politische Kultur niedrig war. Jeder kühnere Gedanke, der die Gesamtheit des nationalen Interesses in den Blick zu nehmen suchte, ertrank in einem Meer der Demagogie. Die Energie der Parteien wurde vor allem in internen Flügelkämpfen und im Flicken brüchiger Parlamentskoalitionen aufgebraucht, mit Kompromissen, Zugeständnissen und Halbheiten, wobei häufig das kleinere Grüppchen das Zünglein an der Waage spielte und über die wichtigsten Anliegen der Regierung entschied, obwohl es darauf weder moralisch noch inhaltlich vorbereitet war.[10]

Bieleckis plastisch formulierte Zeitdiagnose fand, obgleich nicht als direktes Zitat präsent, in späteren wissenschaftlichen Urteilen bemerkenswerte inhaltliche Analo-

---

9 Zum wissenssoziologischen Begriff der Anerkennung: Peter L. Berger/Thomas Luckmann, The Social Construction of Reality. A Treatise in the Sociology of Knowledge (1966), Reprint London 1991, 15.
10 Tadeusz Bielecki, Demagogja bezpartyjna, Gazeta Warszawska, 1.5.1928, 3.

gien. Der in der Tschechoslowakei aufgewachsene und nach Jahren im britischen Exil seit den 1960er Jahren in Köln lehrende Politikwissenschaftler Karl J. Newman konstatierte in seiner Darstellung zu Mitteleuropa in der Zwischenkriegszeit die »Zersplitterung« und »Rückhaltlosigkeit« der Parteien in Polen, die er im Wesentlichen durch das Verhältniswahlrecht gefördert sah.[11] Der deutsche Historiker Hans Roos, der mit seiner »Geschichte der Polnischen Nation« über viele Jahre die internationale Historiographie zu Polen prägte,[12] richtete den Blick auf die innere Struktur der Parteien und befand, dass diese keine straffe Parteiorganisation ausgebildet hätten, sondern es sich vielmehr um lockere Gruppen, arrangiert um einzelne Führungspersönlichkeiten gehandelt hätte, »den Konföderationen des alten Polen nicht unähnlich.«[13]

Die Krise der modernen Demokratie auf wahrgenommene Unzulänglichkeiten eines ihrer wichtigen neueren Bestandteile, der Parteien, zurückzuführen, war nicht spezifisch für polnische Verhältnisse. Allgemein regte sich in der ersten Demokratisierungswelle die Kritik an vermeintlicher Parteienherrschaft; dennoch blieb in Europa das oft als Alternative gepriesene britische Zweiparteiensystem die Ausnahme.[14]

Die erste Diagnose zur Krise der Demokratie bezog sich somit vor allem auf die Rolle der Parteien, doch sie war kompatibel mit einer zweiten Diagnose, die bei Bielecki bereits in Teilen anklang, nämlich mit derjenigen vom »ungebildeten Volk«, das von den Parteien auf den politischen Massenmarkt gelockt worden sei. Auch dies war keine polnische Besonderheit. Die Vorstellung vom Aufstieg der »Massen« und vom drohenden Verlust der traditionellen Ordnung der Gesellschaft war begleitet von zahlreichen, publizistisch breitenwirksam aufbereiteten Untergangsszenarien in Europa am Ende des Ersten Weltkriegs.[15] Die von intellektuellen Eliten geäußerte Kritik, die sich auf die »fehlende politische Kultur« des »einfachen« Volkes richtete, war allerdings in sich widersprüchlich: Gegenstand der Klagen war sowohl die vermeintliche Passivität der Bevölkerung als auch eine übersteigerte Politisierung des Wahlkampfs. Selbst erste wissenschaftliche Studien erbrachten sehr heterogene Befunde zur Komplexität und

---

11 Karl J. Newman, Zerstörung und Selbstzerstörung der Demokratie. Europa 1918–1938, Stuttgart ²1984, 115.
12 Das wegweisende Werk von Eric Hobsbawm, Nationen und Nationalismus. Mythos und Realität seit 1780, München ²1998 stützt sich in seinen Ausführungen zu Polen auf eine englische Ausgabe von Hans Roos' Darstellung.
13 Hans Roos, Geschichte der Polnischen Nation 1918–1985. Von der Staatsgründung im Ersten Weltkrieg bis zur Gegenwart. Fortgeführt von Manfred Alexander, Stuttgart u. a. ⁴1986, 101.
14 Lutz Raphael, Imperiale Gewalt und mobilisierte Nation. Europa 1914–1945, München 2011, 94.
15 Als bekannteste Schrift: Oswald Spengler, Der Untergang des Abendlandes. Umrisse einer Morphologie der Weltgeschichte, 2 Bde., München 1919. Für Polen zentral ist: Florian Znaniecki, Upadek cywilizacji zachodniej. Szkic z pogranicza filozofji kultury i socjologji, Poznań 1921. Mit weiteren Beispielen: Jan Werner Müller, Das demokratische Zeitalter. Eine politische Ideengeschichte Europas im 20. Jahrhundert, Berlin 2013, 38–39.

Kontingenz des Wahlkampfs und des Wahlprozederes und boten noch kaum demokratietheoretische Einordnung, stattdessen bestärkten sie zeitgenössische Annahmen über die Unberechenbarkeit des politischen Massenmarkts.[16] Das damalige Wissen über Wahlen und Demokratie war mithin nicht trennscharf von Demokratiekritik oder gar Demokratieverachtung abzugrenzen: Wie John Keane festgestellt hat, gehörte das Reden gegen die Demokratie insbesondere in der Zwischenkriegszeit zu den schwierigsten Kapiteln in der Geschichte europäischer Intellektueller.[17]

Aber auch nach dem Zweiten Weltkrieg pflegten manche Politologen und Historiker die skeptische Haltung gegenüber der Massenpolitik und dem »einfachen« Volk weiter. Ein prägnantes Beispiel war die These des deutschen Politikwissenschaftlers Theodor Eschenburg, der befand, die nach 1918 neu begründeten Demokratien Ost- und Südosteuropas seien »*improvisierte Demokratien* ohne geistige Vorbereitung und ohne die Entwicklungsstufe, welche die traditionelle Demokratie erlebt hatte«.[18] Und auch der walisische Historiker Norman Davies machte in seiner viel gelesenen Darstellung zu Polen als »God's Playground« die überwiegend agrarisch verfasste Bevölkerungsstruktur als historischen Nachteil aus: »A society in which two-thirds of the population was engaged in subsistence agriculture and where one-third consisted of national minorities, could hardly afford the gradualist, liberal climate of prosperous and well-established western countries.«[19] Allerdings war zum Zeitpunkt dieser Urteile doch schon bekannt, dass ein größerer Teil zumindest der männlichen polnischen Bevölkerung vor dem Ersten Weltkrieg Wähler nicht nur des österreichischen Reichsrats und der russischen Duma, sondern auch des deutschen Reichstags mit seinem allgemeinen Wahlrecht gewesen waren. Inwieweit nicht nur diese Wahlen, sondern auch der Grad der Parlamentarisierung wichtige Indikatoren für einen demokratischen Aufbruch darstellten, wird jüngst in der Geschichtswissenschaft wieder intensiv diskutiert.[20]

Diese Forschungsdiskussionen sind insofern von Bedeutung, da sie der dritten Diagnose zur Krise der Demokratie im Polen vor 1926 einen größeren historischen Kontext geben: der Diagnose von einer »Überhöhung« des Parlamentarismus. So nannte der sudetendeutsche Osteuropa-Historiker Jörg K. Hoensch in seiner einführenden Darstellung zur Geschichte Polens die demokratische Phase der Zweiten Republik

---

16 Als Beispiel für Polen: Ludwika Dobrzyńska-Rybicka, Wybory powszechne w świetle psychologji społecznej i etyki, Poznań u. a. 1925. Dobrzyńska-Rybicka war eine Mitarbeiterin Florian Znanieckis.
17 Keane, Life and Death, 570–572; hierzu auch Vorländer, Demokratie, 85.
18 Theodor Eschenburg, Der Zerfall der demokratischen Ordnungen zwischen dem Ersten und dem Zweiten Weltkrieg, in: ders. u. a.: Der Weg in die Diktatur 1918 bis 1933, München 1962, 7–28, 15–16.
19 Norman Davies, God's Playground. A History of Poland, Bd. 2: 1795 to the Present, Oxford 1981, 410.
20 Birgit Aschmann/Monika Wienfort (Hg.), Zwischen Licht und Schatten. Das Kaiserreich (1870–1914) und seine neuen Kontroversen, Frankfurt/Main 2022; mit optimistischem Akzent: John W. Boyer, Austria 1867–1955, Oxford 2022.

eine »extreme Ausbildung der parlamentarischen Regierungsform«.[21] Auch Hans Roos sah eine »parlamentarische Allmacht«, die Gefahren für die staatspolitische Kontinuität mit sich brachte: Denn während der Staatspräsident nach der Verfassung nur repräsentativ wirkte, sei die »eigentliche Staatsgewalt einer Schicht von Parlamentariern« zugefallen.[22]

Im Gegensatz zu den anderen Diagnosen von der »ungeregelten« Parteienherrschaft und dem »ungebildeten« Volk handelte es sich hier in erster Linie um eine historiographische Kritik. Den Zeitgenossen fiel es kaum ein, eine »Überhöhung« des Parlaments zu beklagen, im Gegenteil: Eine zentrale, autoritative Rolle des Sejm war zu Beginn der Zweiten Republik sehr erwünscht,[23] wenn auch eher als Symbol nationaler Einheit und weniger als Ort von Wettbewerb und Konfliktaustragung. So gibt die Diagnose zum Parlamentarismus mehr Rückschlüsse auf das Politikverständnis späterer Wissenschaftler als auf empirische Befunde frei, so auch im Falle von Hans Roos, der in seiner Darstellung unverkennbares Wohlwollen gegenüber Piłsudski zeigte und gerade für Zeiten wirtschaftlicher Not die »unentbehrliche Straffheit der staatlichen Ordnung« lobend hervorhob.[24]

Für Polen war jene Analyse zur Krise der Demokratie am spezifischsten, die auf Probleme mit den so genannten nationalen Minderheiten abstellte. Zeitgenössisch beharrte insbesondere die politische Gruppierung der Nationaldemokraten (nach ihren Anfangsbuchstaben ND polnisch *Endecja* genannt) darauf, dass die bisherige Wahlordnung die nicht-polnischen Ethnien zu sehr berücksichtige, so dass keine stabile Mehrheit im Sejm und keine konstruktive politische Arbeit gewährleistet seien.[25] Einer der wichtigsten Vordenker der *Endecja*, der Sejm-Abgeordnete und zeitweilige Minister für religiösen Angelegenheiten und öffentliche Bildung Stanisław Grabski, urteilte: Es gebe »ein sehr starkes Bewusstsein der Bürger, was ihnen vom Staat zusteht, [...] aber ein sehr schwaches, was ihre Pflichten gegenüber dem Staat betrifft«. Die ethnisch nicht-polnischen Bevölkerungsgruppen seien für eine solche Haltung besonders anfällig, da sie mit dem Staat »weder durch Tradition noch durch nationale Solidarität verbunden« seien. Eine »Herrschaft der Gesamtheit aller Einwohner« galt Grabski als »Herrschaft ohne Willen, ohne Konsequenz, ohne Leitgedanken, als

---

21 Jörg K. Hoensch, Geschichte Polens, Stuttgart ²1990, 265.
22 Roos, Geschichte, 102–103; ähnlich auch Gotthold Rhode, Geschichte Polens. Ein Überblick, Darmstadt 1966, 475–476.
23 Hierzu Stephanie Zloch, Polnischer Nationalismus. Politik und Gesellschaft zwischen den beiden Weltkriegen, Köln – Weimar – Wien 2010, 49–50.
24 Roos, Geschichte, 125.
25 Karol Wierczak, Naprawa czy pogorszenie konstytucji, undatiertes Flugblatt (ca. 1927). Archiwum Akt Nowych (AAN), Zbiór druków ulotnych 73, Bl. 59; Krzysztof Kawalec, Spadkobiercy niepokornych. Dzieje polskiej myśli politycznej 1918–1939, Wrocław – Warszawa – Kraków 2000, 96.

Herrschaft des Zufalls, der behelfsmäßigen, künstlichen parteipolitischen Kombinationen oder des militärischen Klüngels«.[26]

Der These einer Belastung durch die vermeintliche Illoyalität nationaler Minderheiten zum polnischen Staat folgten auch manche Historiker nach 1945,[27] doch zunehmend wendete sich die Perspektive: Demnach stand der polnische Staat in der Bringschuld. Grundlegend prägte diese Perspektive in der deutschsprachigen Zeitgeschichte Hans Rothfels. Bereits in einem frühen, noch nahezu als zeitgenössisch zu wertenden Beitrag in den 1930er Jahren galt dem damals im ostpreußischen Königsberg lehrenden Historiker die ethnisch heterogene Struktur in den neuen Staaten Mittel- und Osteuropas als inkompatibel mit dem Nationalstaatsgedanken »im westeuropäischen Sinne«: Dieser »mußte hier zur wirklichkeitsfremden und lebensfeindlichen Theorie werden«.[28] In seinen Nachkriegsveröffentlichungen stellte Rothfels dann vor allem den instrumentellen Umgang mit den Begriffen Nation und Nationalität heraus.[29] Der Neuzeithistoriker Heinrich August Winkler folgte darin seinem akademischen Lehrer Rothfels, führte jedoch dessen Einschätzungen demokratietheoretisch substanzieller aus: »Das Prinzip der demokratischen Mehrheitsentscheidungen, wie es dem Selbstbestimmungsrecht der Völker entsprach, schloß keinerlei Schutz für zahlenmäßig schwächere Nationalitäten innerhalb des Staatsverbandes ein; es konnte vielmehr durchaus eine Politik ethnischer Diskriminierung zur Folge haben und hat diese Wirkung auch oft genug gehabt.«[30] Das Prinzip des Minderheitenschutzes stand hier dem ursprünglich emanzipatorisch gedachten Slogan »One man, one vote«, den verschiedene Wahlrechtsbewegungen im 19. und 20. Jahrhundert verwendeten, entgegen.

Grundsätzlich ist allerdings die These, dass die Nationalitätenprobleme der Zwischenkriegszeit die Demokratien in Mittel- und Osteuropa erheblich belastet hätten, mit dem Umstand zu konfrontieren, dass die am längsten anhaltende Abwesenheit von Demokratie in Mittel- und Osteuropa eintrat, als durch Flucht und Vertreibung seit Ende des Zweiten Weltkriegs und durch die Ziehung neuer Grenzlinien eine weitgehende ethnische Homogenität erzwungen worden war. Präziser ist daher wohl die Feststellung, dass im Umgang mit den so genannten nationalen Minderheiten Alltagsprobleme »politisiert und in die außenpolitische Konfrontation mit Nachbar-

---

26 Stanisław Grabski, Szkoła na ziemiach wschodnich. W obronie ustawy szkolnej z 31 lipca 1924 r., Warszawa 1927, 5.
27 Anklänge hierzu etwa bei Davies, God's Playground, 404, 410.
28 Hans Rothfels, Das Problem des Nationalismus im Osten, in: Albert Brackmann (Hg.), Deutschland und Polen. Beiträge zu ihren geschichtlichen Beziehungen, München – Berlin 1933, 259–270, 259.
29 Als Beispiel: Hans Rothfels, Nationalität und Grenze im späten 19. und frühen 20. Jahrhundert, in: Vierteljahrshefte für Zeitgeschichte 9 (1961), 225–233.
30 Heinrich August Winkler, Der Nationalismus und seine Funktionen, in: ders. (Hg.), Nationalismus, Königstein/Ts. ²1985, 5–46, 10–11.

staaten über Grenzfragen hineingezogen« wurden.[31] Für Polen ist etwa die in jüngster Zeit gut erforschte Schulpolitik ein eindrückliches Beispiel.[32]

Zu den Zeit- und Krisendiagnosen gehörten Lösungsansätze. Zeitgenössische Ansatzpunkte zur Regulierung des wenig geschätzten politischen Massenmarkts boten zunächst die Einschränkung der Allgemeinheit der Wahlen, etwa durch die Anhebung des Wahlalters, sowie vor allem die Abkehr vom Verhältniswahlrecht. Ein stattdessen einzuführendes Mehrheitswahlrecht sollte Kompromisse und Koalitionen überflüssig machen. Dieses Ansinnen resultierte ganz praktisch aus den parlamentarischen Erfahrungen der Nationaldemokratie, die aus den Wahlen von 1919 und 1922 jeweils als stärkste Kraft hervorgegangen war, aber ihre politischen Ideen wegen instabiler Koalitionsbildungen nur kurze Zeit an regierender Stelle durchsetzen konnte.[33] Verstärkend kam hinzu, dass die Nationaldemokraten seit Beginn der Zweiten Republik zu denjenigen politischen Gruppierungen gehört hatten, die besonders aufmerksam nach »westlichen« Vorbildern Ausschau hielten. Zur Untermauerung der eigenen Forderungen nach einer neuen Wahlordnung verwiesen sie auf das Beispiel Frankreichs oder Englands,[34] doch eine spezifisch nationale Komponente lag in der Selektivität, mit der sie auf tatsächliche oder auch nur vermeintliche Errungenschaften des Westens rekurrierten. Als ein indirektes Plädoyer für ein Mehrheitswahlrecht lassen sich auch die späteren Stellungnahmen von Politologen wie Karl J. Newman und Theodor Eschenburg lesen, die eine dezidierte Kritik am Verhältniswahlrecht äußerten, »das starke und aktionsfähige parlamentarische Regierungen unmöglich machte.«[35]

Mit der Forderung nach einem Mehrheitswahlrecht verband sich zeitgenössisch die Forderung nach einem tendenziell ethnisch exklusiven Wahlrecht. Damit sahen wiederum insbesondere die Nationaldemokraten nicht nur die Rechte der ethnisch polnischen Bevölkerung sichergestellt, sondern auch die Wahlchancen der eigenen Partei verbessert, da nach ihrer Überzeugung die ethnisch nicht-polnische Bevölkerung ihre Stimme ohnehin Kandidaten der Linken geben würde.[36]

Neben diesen stark auf das Wahlprozedere bezogenen Lösungsansätzen stand die Forderung nach verstärkter politischer Bildung der Bevölkerung. Insbesondere die

---

31 Raphael, Imperiale Gewalt, 121.
32 Machteld Venken, Peripheries at the Centre. Borderland Schooling in Interwar Europe, New York – Oxford 2021; Ingo Eser, »Volk, Staat, Gott!« Die deutsche Minderheit in Polen und ihr Schulwesen 1918–1939, Wiesbaden 2010.
33 Adam Próchnik, Strach przed demokracją, Robotnik, 30.4.1928, 1.
34 Schon seit längerem hatte insbesondere das britische Mehrheitswahlrecht nationaldemokratische Publizisten und Politiker fasziniert: Kawalec, Spadkobiercy, 19.
35 Newman, Zerstörung und Selbstzerstörung, 105, 132 (Zitat); Eschenburg, Zerfall, 16.
36 Als Beispiel hierfür Karol Wierczak, Naprawa czy pogorszenie konstytucji, undatiertes Flugblatt (ca. 1927). AAN, Zbiór druków ulotnych 73, Bl. 59.

Vertreter der Bauernparteien nahmen sich der Sache an. So meinte einer der prominentestes Vertreter des PSL-Piast, der seit 1922 amtierende Sejm-Marschall Maciej Rataj, bei seinen Wahlkampfauftritten im ländlichen Galizien »von Jahr zu Jahr« ein verbessertes Verständnis für staatliche Belange feststellen zu können.[37] Tatsächlich reagierten viele Wahlkämpferinnen und Wahlkämpfer konstruktiv auf die vorhandenen, von einer im europäischen Vergleich teilweise recht hohen Analphabetismus-Quote begünstigten Bildungsdefizite breiter Bevölkerungsschichten und bemühten sich um eine geeignete Ansprache der Wählenden.[38] Machtpolitisch setzte sich allerdings letztlich ein Lösungsansatz durch, der sich auf eine verstärkte politische Führung und Exekutive stützte: Dies war seit 1926 die Antwort von Józef Piłsudski und der von ihm geleiteten Bewegung zur »Gesundung« der politischen Verhältnisse (polnisch kurz als *Sanacja* bezeichnet) auf die Krise der Demokratie.

2. Die Demokratie in der Krise – nach 1926

Die Machtübernahme Piłsudskis vollzog sich graduell; formal galt die demokratische Verfassung vom März 1921 fort, und es fanden Wahlen zum Sejm statt. Es kann also mit einigem Recht auch für die Zeit nach 1926 noch von einer Krise des demokratischen Verfassungsstaats die Rede sein – zumindest bis zur Verabschiedung einer neuen Verfassung und Wahlordnung im Jahre 1935.

Dennoch richteten sich die damaligen Proteste gegen »Faschismus«, »Diktatur« und »Militarismus«.[39] Es war vor allem die politische Linke, für die fest stand: Der »Faschismus« hatte sich einen zentralen Platz im politischen Leben der Zweiten Republik erobert.[40] Die Grundlage für diese Einschätzung lieferten marxistische Faschismustheorien, die den Faschismus als eine politische Massenbewegung interpretierten, mit deren Hilfe die Bourgeoisie ihre kapitalistischen Interessen vor der revolutionären Arbeiterbewegung zu schützen versuchte.[41] In der verwendeten Begrifflichkeit spiegelten sich noch nicht die Gewalterfahrungen des Zweiten Weltkriegs wider, vielmehr

---

37 Maciej Rataj, Pamiętniki 1918–1927, hg. von Jan Dębski, Warszawa 1965, 30.
38 Dobrzyńska-Rybicka, Wybory powszechne, 37–39.
39 Imponująca manifestacja jedności i solidarności klasy pracującej stolicy, Robotnik, 2.5.1931, 1–2.
40 Abzulesen etwa in der politischen Rhetorik zum 1. Mai: Kazimierz Czapiński, Komuniści – Faszyści. Po krwawych wypadkach w Warszawie, Robotnik, 3.5.1928, 1; Bolesław Limanowski, Co zwiastuje nam jutro? Robotnik, 1.5.1929, 1; Imponująca manifestacja jedności i solidarności klasy pracującej stolicy, Robotnik, 2.5.1931, 1–2.
41 Zu den marxistischen Faschismustheorien: Arnd Bauerkämper, Der Faschismus in Europa 1918–1945, Stuttgart 2006, 18–24; Jerzy W. Borejsza, Schulen des Hasses. Faschistische Systeme in Europa, Frankfurt/Main 1999, 37–41.

galten in der Zwischenkriegszeit »moderne« Staaten nicht zwangsläufig auch als demokratische Staaten,[42] so dass die Bezeichnung »Diktatur« weniger Schrecken besaß, zumal, wenn sie auf einem vermuteten »Volkswillen« gründete – so wie die berühmte »Diktatur des Proletariats«.[43] Daher war die sprachliche Eskalation, die sich in der zeitgenössischen Bewertung von »Diktatur« und »Faschismus« zeigte, nicht nur von theoretischer Bedeutung, sondern diente auch der Feindmarkierung in aktuellen politischen Auseinandersetzungen. Die Historiographie in der frühen Volksrepublik Polen hat diesen epistemischen Modus reproduziert, die Verwendung des Attributs »faschistisch« noch einmal ausgeweitet und auf diese Weise mitunter den polnischen Staat der Zwischenkriegszeit, die so genannte Zweite Republik, insgesamt charakterisiert.[44]

Eine willkommene Versachlichung und Differenzierung stellte das Konzept des Autoritarismus dar, mit dessen Hilfe sich das politische System der Zwischenkriegszeit auf neue Weise analysieren ließ. Dem deutsch-spanischen Politologen Juan Linz gebührt der Verdienst, seit Ende der 1960er Jahre hierfür konkrete Kriterien entwickelt zu haben. Dazu gehören ein begrenzter Pluralismus mit der Möglichkeit für oppositionelle Gruppierungen, weiterhin zu agieren, und eine Herrschaft, die nicht auf einer bestimmten Ideologie gründet, sondern eher intuitiv gesellschaftlich weithin akzeptable Leitmotive formuliert. Trägerschichten der autoritären Herrschaft sind weniger professionelle Politiker als vielmehr Angehörige von Bürokratie, Militär, technischer Elite oder wirtschaftlichen Interessengruppen. Die Parteibildungen der autoritären Herrschaft, obwohl oft mit dem Anspruch einer Einheitspartei versehen, sind zumeist Schöpfungen von oben und oft auch ohne die Fähigkeit, in der Bevölkerung nennenswerte politische Mobilisierung hervorzurufen.[45] Die amerikanischen Politologen Steven Levitsky und Daniel Ziblatt haben jüngst in einigen Punkten das Konzept von Linz ergänzt, so vor allem um die Leugnung der Legitimität politischer Gegner, die Tolerierung von bzw. Ermutigung zu Gewalt sowie die Beschneidung der Freiheiten von oppositionell eingestellten Medien.[46]

Unter dem Eindruck des Autoritarismus-Konzepts haben neuere geschichtliche Synthesen seither das politische System Polens nach 1926 als »autoritär« charakterisiert,

---

42 Keane, Life and Death, 575.
43 Nolte, Was ist Demokratie, 237–238.
44 Dokumentiert bei Antoni Czubiński, Spory o II Rzeczpospolitą. Ewolucja poglądów publicystyki i historiografii polskiej na temat przyczyn odbudowy i znaczenia niepodległego państwa dla narodu polskiego, Poznań 1988, 29.
45 Juan J. Linz: Totalitäre und autoritäre Regime, Berlin 2000, 129–142. Zur Rezeption in Polen: Franciszek Ryszka, Państwo autorytarne, in: Janusz Żarnowski (Hg.), Dyktatury w Europie środkowo-wschodniej 1918–1939. Konferencja naukowa w Instytucie Historii Polskiej Akademii Nauk 2–3 XII 1971, Wrocław u. a. 1973, 115–126.
46 Levitsky/Ziblatt, Wie Demokratien sterben, 31–34.

allerdings teilweise parallel die ältere Deutungstradition »Diktatur« beibehalten.⁴⁷ Dabei lässt sich die Unterscheidung von »Autoritarismus« und »Diktatur« am empirischen Fall der polnischen Sejm-Wahlkämpfe detailliert nachvollziehen. 1928 und 1930 zeigte sich, dass die Strategie der *Sanacja*, sowohl mit Repressionen als auch mit einem spezifischen staatsnationalen Integrationsangebot das Wahlergebnis zu beeinflussen, nicht von durchschlagendem Erfolg war. Selbst der Piłsudski-Kult konnte nicht eindeutig im Sinne der neuen Regierungsmacht instrumentalisiert werden. Die Schwierigkeiten bei der Mobilisierung der Wählerschaft zeigten Grenzen der *Sanacja*-Herrschaft auf. In den Wahlkämpfen 1928 und 1930 erwiesen sich abwechselnd zunächst die politische Linke, dann die katholische Kirche als wichtiges Widerlager. Ein Quantum an Pluralismus blieb im öffentlichen Leben der Zweiten Republik somit auch nach 1926 gewahrt.

Auch angesichts der autoritären Überformung des demokratischen Verfassungsstaats nach 1926 gab es Lösungsansätze. Nahe liegend war zunächst der Versuch, die verbliebenen demokratischen Institutionen zu stärken. So war insbesondere die politische Linke, die sich recht bald von ihrer ursprünglichen Unterstützung für Piłsudski entfernt hatte, für die Beibehaltung der bisherigen und formal noch gültigen Wahlordnung von 1922 und ermunterte zu couragiertem Widerstand gegen Wahlmanipulationen.⁴⁸ Auch manche Vertreter rechter und kirchlicher Kreise traten dafür ein, die Wahlrechte der Bürgerinnen und Bürger zu verteidigen, und sammelten Materialien, um Verstöße gegen die bestehende Wahlordnung und Verfassung zu dokumentieren.⁴⁹ Nachdruck erhielt dieser Lösungsansatz aber erst in den 1930er Jahren durch den oppositionellen Boykott der Sejm-Wahlen 1935 und 1938 sowie durch die Politisierung der Wahlen zur kommunalen Selbstverwaltung, die den auf Regierungslinie eingeschworenen Sejm und Senat ein pluralistisches, oppositionelles Gewicht entgegensetzen sollten.⁵⁰

Neben dezidiert wahlbezogenen Aktionen machte sich zeitgenössisch eine große Vielfalt weiterer Proteste bemerkbar. Eine neuere Studie polnischer Autorinnen und

---

47 Erwin Oberländer, Die Präsidialdiktaturen in Ostmitteleuropa – »Gelenkte Demokratie?«, in: ders., Autoritäre Regime, 3–17 verwendet die Begriffe »Präsidialdiktatur« und »autoritäres Regime« weitgehend synonym; Stanley Payne, Geschichte des Faschismus. Aufstieg und Fall einer europäischen Bewegung, München – Berlin 2001, 192: Polen als »Diktatur«, dagegen 187: Polen als »einigermaßen pluralistisches autoritäres Regime«.
48 O wyborach, Wyzwolenie, 26.10.1930, 4–5; Trzeba strzec tajności głosowania Wyzwolenie, 9.11.1930, 5.
49 Sprawdzajcie listy wyborców. Undatiertes Flugblatt (1928). AAN, Zbiór druków ulotnych 103, Bl. 43; Poufny Komunikat Informacyjny nr 80 (10 III 1928), in: Ministerstwo Spraw Wewnętrznych (Hg.), Komunikaty Informacyjne Komisariatu Rządu na m. st. Warszawę, Bd. 2, H. 1 (3 stycznia 1928 – 26 czerwca 1928), Warszawa 1992, 129.
50 Hierzu ausführlicher Zloch, Polnischer Nationalismus, 403–409, 473–482; Hanna Kozińska-Witt: Jüdische Stadtdeputierte in der Zweiten Polnischen Republik. Projekte – Strategien – Dynamiken, Göttingen 2021, 63–72, 202–210.

Autoren mit intensiver Quellenauswertung für sämtliche Regionen des Landes hat für die Jahre von 1930 bis 1935 ergeben, dass solche Proteste von recht unterschiedlicher Motivation und Beteiligung waren. Diese konnten sich gegen die Arbeitsverhältnisse in der Industrie, gegen die anhaltende Arbeitslosigkeit im Gefolge der Weltwirtschaftskrise, gegen Steuererhöhungen oder das Verhalten der staatlichen Polizei richten.[51] Sie schufen allerdings einen weiteren Resonanzrahmen für die dezidert politischen Proteste, die Kritik am autoritären Regime der *Sanacja* übten, und sorgten für Mobilisierungseffekte.

1935 war zwar der demokratische Verfassungsstaat durch eine neue Verfassung und Wahlordnung auch formal beseitigt, doch nach Piłsudskis Tod im selben Jahr und angesichts der Neuformierungen innerhalb der *Sanacja* witterte die politische Opposition dennoch Morgenluft.[52] Einige Aktionen fanden besonders große Resonanz. So versuchte die vereinigte Bauernpartei (Stronnictwo Ludowe, SL) am 15. August einen eigenen Feiertag, den »Tag der bäuerlichen Tat« zu etablieren. Häufig auf den Kundgebungen erhobene Forderungen lauteten: »Änderung der Verfassung und der Wahlordnung. Auflösung des gegenwärtigen Sejm, des Senats und der Selbstverwaltungen. Eine demokratische Ordnung für Polen und neue, ehrliche Wahlen zu den Institutionen des Staates und der Selbstverwaltung. Beendigung des diktatorisch-bürokratischen Regierungssystems. Einberufung einer Regierung, die das Vertrauen breiter Bevölkerungskreise besitzt. Gerechtigkeit vor den Gerichten. Änderungen in der Außenpolitik. Eine Armee, die sich auf die Landesverteidigung vorbereitet und die die Wertschätzung aller Bürger besitzt. Bezahlbarkeit landwirtschaftlicher Produkte und gerechte Entlohnung. Gerechte Verteilung gesellschaftlicher Güter, Brot und Arbeit für alle«.[53]

1937 erfolgte der Aufruf zum bäuerlichen Streik. Konkret bestand dieser darin, dass sämtliche Bauern in Polen in der Zeit vom 16. bis 25. August nichts kaufen und verkaufen sollten. Sie sollten nicht in die Städte fahren und nur die nötigsten Arbeiten auf ihren Höfen verrichten. Der Streik stand ausdrücklich unter der Maßgabe, »das Sanacja-System in Polen zu beenden und den Staatsbürgern die ihnen zustehenden und zum Leben notwendigen Rechte zurückzugeben«. Dementsprechend kämpferisch waren die Aufrufe für den 15. August 1937: »Zahlreicher als sonst. Selbst wenn sie es verbieten sollten« oder gar »Lieber den Tod – als ein Leben in Not und Erniedrigung«. Energisch animierte die SL-Führung dazu, die ganze ländliche Bevölkerung in

---

51 Piotr Cichoracki/Joanna Dufrat/Janusz Mierzwa, Oblicza buntu społecznego w II Rzeczypospolitej doby Wielkiego Kryzysu (1930–1935). Uwarunkowania, skala, konsekwencje, Kraków 2019.
52 Als Beispiele: Adam Próchnik, Najgłębsza treść demokracji, Robotnik, 1.5.1938, 6; W dwudziestą rocznicę, Zielony Sztandar, 13.11.1938, 1.
53 Stronnictwo Ludowe, Chłopi! Undatiertes Flugblatt (1937). AAN, Ministerstwo Spraw Wewnętrznych (MSW) 873, Bl. 113.

beeindruckender Zahl zu mobilisieren: Junge, Alte, Frauen und Männer. Alle Bauern, gleich welcher politischen Haltung, sollten solidarisch zusammenstehen.[54] Der Bauernstreik erfuhr ein gewaltsames Ende: In der Streikhochburg Kleinpolen kamen in bewaffneten Auseinandersetzungen zwischen Polizei und Streikenden rund 40 Bauern ums Leben, mehrere Hundert erlitten Verletzungen, Tausende wurden verhaftet.

Gegenüber dem Bauernstreik hatte die polnische Geschichtswissenschaft nach 1989 eine eher skeptische Haltung eingenommen. Richtig ist, dass die Historiographie in der Volksrepublik Polen in den 1940er und 1950er Jahren das Ereignis überhöhte, als »Aufstand« bezeichnete und die Rolle der Kommunisten überschätzte;[55] dennoch bleibt es eine wichtige Aufgabe, den Bauernstreik auf breiter, regional differenzierter Quellenbasis neu zu analysieren und in eine Demokratiegeschichte Polens zu integrieren. Dabei kann der Bauernstreik auch als Mosaikstein eines weiteren Lösungsansatzes zur Krise der Demokratie gelten, der über die Grenzen Polens hinausweist: die Hinwendung zur sozialen Demokratie.

Noch in der Anfangszeit der Zweiten Republik hatten sich vielfach paternalistisch-hierarchische Strukturen, insbesondere im ländlichen Raum, gehalten, doch spätestens für die 1930er Jahre legten zeitgenössische Beschreibungen des gesellschaftlichen Lebens eine Zeit von großer Veränderungs- und Modernisierungsdynamik nahe. Kurz vor dem Zweiten Weltkrieg entstanden zahlreiche Analysen und Dokumentationen wie etwa die gesammelten Lebenserinnerungen verschiedener Berufs- und Bevölkerungsgruppen, die vom Unternehmungsgeist der noch jungen empirischen Sozialforschung in Polen zeugten.[56] Das Konzept der sozialen Demokratie manifestierte sich in der praktischen Politik vor allem in der kommunalen Selbstverwaltung. Hierzu gehörte neben dem Infrastruktur- und Wohnungsbau auch die Bereitstellung von öffentlichen Bildungsangeboten.

Was in Polen erst anklang, war andernorts schon weiter ausgearbeitet: Das Konzept der sozialen Demokratie war in den 1930er Jahren vor allem in Nordeuropa zum Durchbruch gekommen und hatte dort die ebenfalls noch jungen und durchaus fragilen Demokratien stabilisiert;[57] vielmehr noch, es sollte über mehrere Jahrzehnte das Demokratiewissen prägen. Dies schlug sich noch in Einschätzungen zur Demokratie im internationalen Vergleich durch. Der finnische Politologe Tatu Vanhanen, auf den der bis heute in der Politikwissenschaft bekannte Vanhanen-Index der Demokratisierung zurückgeht, legte in seiner 1984 erstmals erschienenen Vergleichsstudie als

---

54 Ebd., Bl. 111, 113, 123–124.
55 Cichoracki/Dufrat/Mierzwa, Oblicza buntu społecznego, 21.
56 Zloch, Polnischer Nationalismus, 570–571.
57 Kristina Krake, Reconsidering the Crisis Agreements of the 1930s: The Defence of Democracy in a Comparative Scandinavian Perspective, in: Contemporary European History 29 (2020), 1–15.

entscheidende Rahmenbedingung einen sozialen Fortschritt zugrunde, was ihn zu einer überraschend optimistischen Einschätzung der polnischen Demokratie in der Zwischenkriegszeit brachte: Polen »had a good chance of remaining among democracies«; zwar hätte das demokratische System nach 1926 autoritäre Züge bekommen, doch noch leidlich gut funktioniert.[58]

So vielfältig die Lösungsansätze zur Krise der Demokratie nach 1926 waren, so wenig konnten sie in den Jahren vor Beginn des Zweiten Weltkriegs das Blatt entscheidend wenden. Die autoritäre Verschärfung ab 1935 war auch deswegen möglich, weil es immer weniger europäische Staaten als demokratische Vorbilder gab. Ab 1938 kam in Polen entscheidend hinzu, dass sich auch oppositionelle politische und gesellschaftliche Gruppierungen angesichts der wachsenden Kriegsgefahr eine Selbstmobilisierung auflegten, die den zumindest vorübergehenden Verzicht auf öffentliche Kontroversen beinhaltete. Über die konkrete Gefahrenabwehr hinaus bot die Bereitschaft zur Landesverteidigung angesichts der Polarisierung im politischen Leben Polens der 1930er Jahre eine nur schwer zu relativierende Verheißung: die Einheit der Kriegsnation. Nicht voraussehbar für die Zeitgenossen war, dass eine neue Chance für die Demokratie in Polen erst mehr als ein halbes Jahrhundert später kommen sollte.

3. Fazit

Die Zwischenkriegszeit mit ihren Demokratiegründungen ist in diesem Beitrag anhand eines wissensgeschichtlichen Ansatzes am Beispiel Polens näher untersucht worden. Zu unterscheiden sind dabei Zeit- und Krisendiagnosen, die vorwiegend im Zuge von politischen Positionierungen und Auseinandersetzungen zu sehen sind, und Darstellungen in den Politik- und Geschichtswissenschaften. Zwischen den untersuchten Zeitdiagnosen und dem Demokratiewissen mit wissenschaftlichem Anspruch existierten in der Regel keine direkten Querverweise, etwa durch Annotationen oder bibliographische Verzeichnisse. Eine solche Rezeption empirisch eindeutig festzustellen, wäre nur über eine aufwändige Auswertung wissenschaftlicher Nachlässe, sofern diese überhaupt vollständig überliefert sind, möglich.

Nicht zu übersehen ist allerdings, dass die Darstellungen zu Demokratiewissen vor allem im Zeitraum seit Ende des Zweiten Weltkriegs bis in die 1980er und frühen 1990er Jahre Topoi aufgriffen, die es schon in der Zwischenkriegszeit gab. Dabei handelte es sich mehrheitlich um Topoi, die eine Krise der Demokratie vor 1926 diagnostizierten und nicht trennscharf von Demokratieverachtung abzugrenzen waren.

---

58 Tatu Vanhanen, The Emergence of Democracy. A Comparative Study of 119 States, 1850–1979, Helsinki 1984, 79, 135–136.

Einzelne Topoi kamen nur in den Zeitdiagnosen der Zwischenkriegszeit oder nur in der späteren Forschung vor, so der Topos von der »Überhöhung« des Parlamentarismus. In einem Fall erfuhr ein Topos eine diametral entgegengesetzt Umdeutung: von der »Belastung« der Demokratie durch vermeintlich illoyale ethnische Minderheiten zum Schutz von Minderheiten als Kriterium für eine funktionierende Demokratie.

Wie sich aus diesen topologischen Kontinuitäten von Zeitdiagnosen und Demokratiewissen ergibt, ist die These von den zweierlei Krisen nicht nur auf den demokratiehistorischen Zeitraum vor 1926 und nach 1926 zu richten, sondern auch auf die Wissensform der lange Zeit gängigen Überblicksdarstellungen zur Geschichte Polens sowie zu Fragen von Nation und Demokratie. Nur mit spärlichen Belegen, dafür aber mit verstetigten Topoi der Demokratiekritik aufwartende Darstellungen mögen bis heute rezipiert werden, sind aber konzeptionell und methodisch erkennbar überholt. Ein erster wichtiger Schritt, um die Krise dieser Wissensform zu verdeutlichen, war das ab den 1960er Jahren und seither fortwährend weiter entwickelte Autoritarismuskonzept; seit den 1990er Jahren, vor allem aber im 21. Jahrhundert folgten dann als neuere Entwicklungen die Suche nach mehr demokratiehistorischer Empirie und das Überdenken bisheriger politologischer Kriterienbildung zu den Demokratiegründungen der Zwischenkriegszeit.[59] Erste Ergebnisse zeigen, dass die Trennlinie zwischen Demokratie und Autoritarismus zwischen den beiden Weltkriegen vielfach recht dünn war und dass der Einfluss situativer Faktoren sowie die Resilienz und Wandlungsfähigkeit von Demokratie neu zu diskutieren ist.[60] Das »internationale demokratische Projekt und die Erwartungen der 1920er und 1930er Jahre«[61] in seiner wirklichkeitskonstituierenden Funktion ernst zu nehmen, bedeutet somit, dass spezifische Überlebensversuche von Demokratie in einem schwierigen Umfeld ein größeres und differenzierteres Forschungsinteresse als bislang verdienen.

---

59 Hierzu wegweisend Steffen Kailitz, Nach dem »Großen Krieg« – vom Triumph zum Desaster der Demokratie 1918/19 bis 1939, in: Totalitarismus und Demokratie (12) 2015, 21–45.
60 Tim B. Müller/Hedwig Richter, Einführung: Demokratiegeschichten. Deutschland (1800–1933) in transnationaler Perspektive, in: Geschichte und Gesellschaft 44 (2018), 325–335, 327–328; Agnes Laba/Maria Wojtczak, »Aufbruch zur Demokratie?« – Aspekte einer Demokratiegeschichte Ostmitteleuropas (1918–1939), in: Zeitschrift für Ostmitteleuropaforschung 64 (2015), 159–173, 167; Tim B. Müller, T. B., Nach dem Ersten Weltkrieg. Lebensversuche moderner Demokratien, Hamburg 2014, 19; David Runciman, The Confidence Trap. A History of Democracy in Crisis from World War I to the Present. Princeton – Oxford 2013, XIX–XX.
61 Tim B. Müller/Adam Tooze, Demokratie nach dem Ersten Weltkrieg, in: dies. (Hg.), Normalität und Fragilität. Demokratie nach dem Ersten Weltkrieg, Hamburg 2015, 9–33, 23; ähnlich auch Müller, Demokratisches Zeitalter, 12.

Michael Gehler

Deutsche Reichs- und Österreichs Bundesverfassung 1919–1920

Entstehungsgeschichte und Entwicklungen im Vergleich

1. Die »Weimarer Verfassung«

1.1 Der Schöpfer und Ratgeber

Als Mitglied der Berliner Stadtverordnetenversammlung für die »Freisinnige Vereinigung« und ehrenamtlicher Stadtrat des Berliner Magistrats für die »Fortschrittliche Volkspartei« fungierte der Staatsrechtler Hugo Preuß (geboren am 28. Oktober 1860 in Berlin; gestorben am 9. Oktober 1925 ebenda) als Mitbegründer der linksliberalen Deutschen Demokratischen Partei (DDP). Von 1919 bis 1925 war er in der Preußischen Landesversammlung wie auch im entsprechenden Landtag vertreten. Am 15. November 1918 wurde er als Staatssekretär in das Reichsamt des Innern berufen und vom Vorsitzenden der Sozialdemokratischen Partei Deutschlands (SPD) als fraktionsstärkster Partei des Reichstags, dem vorläufig ernannten Reichskanzler und späteren Reichspräsidenten Friedrich Ebert beauftragt, eine Reichsverfassung auszuarbeiten. Preuß war Anhänger einer organischen Staatstheorie und Vertreter der Genossenschaftslehre. Der Begriff »Obrigkeitsstaat« geht auf ihn zurück. Vom deutsch-französischen Staats- und Völkerrechtler Robert Redslob (geboren am 3. Februar 1882 in Straßburg; gestorben am 6. Juni 1962 ebenda) und seinen Theorien des parlamentarischen Regierungssystems beeinflusst, fanden auch dessen Ideen in die Reichsverfassung Eingang. Im Kabinett Philipp Scheidemann war Preuß von Februar bis Juni 1919 erster Reichsinnenminister. Er verstarb kurz vor seinem 65. Geburtstag.

1.2 Die Ausgestaltung und der historische Kontext

Bei den Wahlen zur verfassunggebenden Nationalversammlung am 19. Januar 1919 besaßen Frauen erstmals in Deutschland aktives und passives Wahlrecht – wie auch in Österreich das Parlament durch die Konstituierende Nationalversammlung für »Deutschösterreich« am 16. Februar 1919 erstmals von Frauen und Männern in freier und gleicher Wahl berufen war. Die Sitzverteilung erfolgte nach Verhältniswahlrecht.

Als wie erwähnt stärkste Fraktion formte die SPD mit der katholischen Zentrumspartei und der DDP eine Koalition.

Am 6. Februar 1919 trat die Nationalversammlung erstmals im Deutschen Nationaltheater in Weimar zusammen. In dem von Preuß drei Tage zuvor vorgelegten Verfassungsentwurf war ein umfangreicher Teil an Grundrechten noch nicht enthalten. Auf Verlangen Eberts gab es dann jedoch die Einbeziehung eines knapp gehaltenen Anteils davon. In der Nationalversammlung, die aufgrund der bürgerkriegsartigen Verhältnisse in Berlin im beschaulichen thüringischen Weimar tagte, nahm der Nationalliberale Friedrich Naumann eine Anregung Eberts auf und verfasste noch einen eigenen Grundrechtsteil. Der Verein »Recht und Wirtschaft« hatte zudem, ausgehend von der Verfassung der Paulskirche vom 28. März 1849, Formulierungen aus einem eigens ausgearbeiteten Grundrechtsteil eingebracht, was Kritik von konservativer Seite auslöste, die auf die preußische Verfassung von 1848/50 rekurrieren wollte.

Die sozialdemokratische Regierung unter Philipp Scheidemann war völlig uneins in der Frage, ob der Versailler Vertrag, der am 28. Juni 1919 unterzeichnet werden sollte, hinzunehmen sei und fiel schon zuvor am 20. Juni auseinander. Der auch zu den Kritikern des Friedensvertrags zu zählende Preuß gab sein Amt auf, weshalb kurioserweise seine Unterschrift unter der Verfassung fehlt, zumal diese erst am 31. Juli 1919, also nach seinem Rücktritt, verabschiedet wurde. An diesem Tag beschloss die Nationalversammlung die Verfassung in ihrer definitiven Version und zwar mit 262 zu 75 Stimmen, wobei 84 Abgeordnete fehlten.

Am 11. August 1919 unterzeichnete Reichspräsident Ebert die Verfassung im thüringischen Schwarzburg. Sie trat mit Verkündung am 14. August im Reichsgesetzblatt in Kraft. Das Unterzeichnungsdatum wurde zum Nationalfeiertag der Republik in Erinnerung an die Geburtsstunde der deutschen Demokratie. Die am 16. April 1871 in Kraft getretene Reichsverfassung unter Otto von Bismarck wurde damit abgelöst, sodass die Strukturen der Kaiserzeit ihre Bedeutung verloren, was einen dauerhaften Konflikt zwischen Monarchisten und Republikanern hervorrief. Offiziell hieß sie 1919 »Verfassung des Deutschen Reichs«. Um sie von der Reichsverfassung von 1871 zu unterscheiden, wurde sie ausgehend von ihrem Entstehungsort im allgemeinen Sprachgebrauch – auch in abwertender Weise seit Ende der 1920er Jahre – »Weimarer Verfassung« genannt. Die deutschnationale und völkische Rechte wie die Nationalsozialisten instrumentalisierten die jüdische Glaubensherkunft ihres Schöpfers, um die »Weimarer Verfassung« und ihre Republik als »undeutsch« zu diskreditieren und damit zu delegitimieren.

1.3 Die Bausteine

Zentrale Grundsätze der deutschen Reichsverfassung waren die Volkssouveränität, die sich aber nicht in der Parlamentssouveränität widerspiegelte. Sie sah Gewaltenteilung und Grundrechte vor, wie die staatsbürgerliche und familienrechtliche Gleichstellung der Frauen, repräsentative Demokratie mit einer dem Parlament verantwortlichen Regierung sowie plebiszitäre Elemente, allerdings verbunden mit Möglichkeiten zur Präsidialdemokratie und einem direkt gewählten Reichspräsidenten. Der Föderalismus lebte in geschwächter Form fort. Die Kompetenzen des Reiches waren somit erweitert. Das dominante Reichsland Preußen blieb zwar bestehen, aber das Amt seines Ministerpräsidenten wurde vom Vorsitz in der Ländervertretung und vom Amt des Reichskanzlers gelöst. Die Bismarcksche Sozialgesetzgebung wurde erheblich erweitert.

Die verschiedenen Verfassungselemente plebiszitären und autoritären Zuschnitts erzeugten jedoch kein integratives und stabilitätsorientiertes Ensemble. Die Grundrechte waren kein unmittelbares und die verschiedenen Gewalten kein bindendes Recht wie später im Grundgesetz der Bundesrepublik Deutschland (1949). Die plebiszitären Elemente direkter Demokratie schwächten vielmehr die Stellung des Reichstags und untergruben die repräsentative Demokratie. Der vom Volk auf sieben Jahre direkt gewählte Reichspräsident verfügte über sehr viel Macht. Im Unterschied zum österreichischen Bundespräsidenten konnte man ihn zu Recht als einen »Ersatzkaiser« bezeichnen. Er war der eigentliche Hüter der Verfassung, demgegenüber der Staatsgerichtshof zurücktrat, der v. a. für Verfassungsstreitigkeiten innerhalb eines Landes zuständig war, wenn und wo kein Gericht zu ihrer Beilegung bestand.

Der Reichspräsident konnte den Reichstag fast beliebig auflösen (Artikel 25). Jedes vom Reichstag verabschiedete Gesetz, wozu sein Einverständnis nicht gegeben war, konnte theoretisch einem Volksentscheid unterworfen werden, was für den Parlamentarismus brandgefährlich werden konnte. Der Reichspräsident ernannte und entließ den Reichskanzler sowie auf dessen Vorschlag die Reichsminister. Eine Kanzlerwahl durch den Reichstag, die das Parlament gegenüber der Regierung und beide zusammen gegenüber dem Reichspräsidenten gestärkt hätte, war nicht vorgesehen.

Der Artikel 48 der Verfassung eröffnete die Möglichkeit zur Außerkraftsetzung von Grundrechten, was 1933 verhängnisvoll werden sollte. Der Begriff »Notverordnung« wurde zwar nicht genannt, aber praktisch lief es darauf hinaus. Es waren damit dem Reichspräsidenten umfangreiche Möglichkeiten zur Regierung im Ausnahmezustand gestattet, was zur Bildung von Präsidialkabinetten führte. Während in Absatz 1 des Artikels 48 die Reichsexekution (Maßnahmen gegen die Länder des Reichs) festgelegt wurde, gab Absatz 2 dem Reichspräsidenten außerordentliche Kompetenzen für die Verhängung des Ausnahmezustands. Daraus leitete sich das Recht ab, formelle

Verordnungen mit Gesetzeskraft zu erlassen. Der Reichspräsident entschied somit über den »Ausnahmezustand« und »nötige Maßnahmen«, um Militär bei innenpolitischen Konflikten einzusetzen und Grundrechte außer Kraft zu setzen, wogegen zwar der Reichstag mit einfacher Mehrheit die Aufhebung verlangen konnte. Ein Ausführungsgesetz, mit dem sich die Gefahr des Machtmissbrauchs hätte beheben lassen, kam jedoch, wie in Artikel 5 vorgesehen, nicht zustande.

Mit dem Ermächtigungsgesetz, offiziell »Gesetz zur Behebung der Not von Volk und Reich« (Reichsgesetz-Blatt I, S. 141), beschlossen vom Deutschen Reichstag am 23. März 1933 (ausgefertigt durch den Reichspräsidenten am 24. März 1933), ging die gesetzgebende Gewalt faktisch auf den Reichskanzler Adolf Hitler über. Mit diesem Gesetz erlangte seine Regierung die Ermächtigung, ohne Zustimmung von Reichstag und Reichsrat sowie ohne Gegenzeichnung des Reichspräsidenten Gesetze zu erlassen. Für ein solches, die Weimarer Verfassung änderndes Ermächtigungsgesetz bedurfte es der Zweidrittelmehrheit des Reichstages, wobei nur zwei Drittel der Abgeordneten anwesend sein mussten. Nach Hitlers taktisch gegebener Versicherung einer kontrollierten Anwendung des Gesetzes sowie der Zusicherung, die Rechte der Verfassungsorgane, Länder und Kirche einzuhalten, brachten die Parteien der bürgerlichen Mitte ihre Zustimmung zum Ausdruck. Mit 444 Stimmen der Regierungskoalition aus NSDAP und DNVP sowie von Zentrum, Bayerischer Volkspartei (BVP) und der liberalen Deutschen Staatspartei (unter ihnen der spätere Bundespräsident Theodor Heuss) wurde das Gesetz in namentlicher Abstimmung angenommen. Lediglich die 94 Abgeordneten der SPD ließen sich von den Androhungen der im Reichstag aufgestellten SA-Formationen nicht einschüchtern und stimmten gegen das Gesetz. In seiner Reichstagsrede hatte ihr Parteivorsitzender Otto Wels zuvor ein Bekenntnis zur parlamentarischen Demokratie abgelegt. An der Abstimmung nicht teilnehmen konnten die 81 Abgeordneten der KPD, deren Mandate auf der Grundlage der Reichstagsbrandverordnung bereits am 8. März 1933 erloschen waren. Das auf vier Jahre verabschiedete Ermächtigungsgesetz wurde 1937, 1939 und 1943 verlängert. Es blieb bis zum Ende des NS-Staats am 8. Mai 1945 Basis deutscher Gesetzgebung.

2. Die österreichische Bundesverfassung von 1920

2.1 Der Schöpfer und Ratgeber

Die in weiten Teilen bis heute bestehende österreichische Bundesverfassung geht auf den Staats- und Völkerrechtler sowie Rechtstheoretiker Hans Kelsen (geboren am 11. Oktober 1881 in Prag; gestorben am 19. April 1973 in Orinda/Berkeley, USA) zurück, der mit Georg Jellinek und Félix Somló zur Schule der österreichischen

Rechtspositivisten gehörte. Kelsen entstammte einem deutschsprachigen jüdischen Elternhaus. Er konvertierte 1905 zum römisch-katholischen Glauben. Im Jahre 1912 wechselte er zum evangelisch-lutherischen Christentum des Augsburger Bekenntnisses über. Die Anerkennung gegenüber Minderheiten nannte Kelsen den »höchsten Wert« der repräsentativen Demokratie. Von 1919 bis 1930 wirkte er als Universitätsprofessor in Wien und als Richter am Verfassungsgerichtshof.

Aufgrund der Neuformierung des Verfassungsgerichtshofes 1929/30 wurden die Mandate der bisherigen Verfassungsrichter für beendet erklärt. Die Bundesregierung nahm Kelsen nicht zuletzt aufgrund der von ihm abgelehnten Verfassungsnovelle von 1929 nicht in den Ernennungsvorschlag an den Bundespräsidenten für die neu zu besetzenden Mandate auf. Die Sozialdemokratische Partei als stärkste Fraktion im österreichischen Parlament bot allerdings an, ihn auf die Liste der vom Nationalrat zu wählenden Verfassungsrichter aufzunehmen. Kelsen lehnte jedoch das Angebot ab, weil er nicht Richter von Gnaden einer Partei sein wollte. Das zunehmende rassenantisemitische Klima an der Universität Wien tat ein Übriges, ihm den Verbleib in Österreich zu verleiden. Er nahm mit Unterstützung von Oberbürgermeister Konrad Adenauer einen Ruf an die Universität zu Köln an, wurde jedoch bald nach der »Machtergreifung« 1933 beurlaubt und noch im gleichen Jahr zwangspensioniert.

Von da an bis 1938 lehrte er am Institut Universitaire des Hautes Études Internationales in Genf. Zwischenzeitlich folgte im Jahr 1936 ein Ruf an die Karls-Universität Prag, er kehrte aber wieder nach Genf zurück. 1940 ging Kelsen ins amerikanische Exil. An der Harvard Law School erlangte er ein zeitlich befristetes Lectureship. Ab 1942 Lecturer und seit 1945 Full Professor an der University of California in Berkeley, emeritierte er 1952. Kelsen gilt als einer, wenn nicht der bedeutendste Jurist der Welt des 20. Jahrhunderts (Thomas Olechowski). Sein umfassendes Oeuvre schließt Politologie, Rechtsphilosophie, Soziologie, Verfassungsrecht und das Völkerrecht ein.

2.2 Die Ausgestaltung und der historische Kontext

Von der Provisorischen Nationalversammlung für »Deutschösterreich« wurden erste verfassungsmäßige Grundlagen geschaffen. Vom Gesetz vom 12. November 1918 über die Staats- und Regierungsform (Art. 1: »Deutschösterreich ist eine demokratische Republik. Alle öffentlichen Gewalten werden vom Volke eingesetzt«; Art. 2: »Deutschösterreich ist Bestandteil der Deutschen Republik« und Art. 9: Wahlrecht ohne Unterschied des Geschlechts) wurde der Grundsatz der Republik und das Wahlrecht übernommen. Die am 16. Februar 1919 gewählte Konstituierende Nationalversammlung, die am 4. März 1919 erstmals zusammentrat, traf weitere grundlegende Entscheidungen, z.B. mit dem Habsburgergesetz vom 3. April 1919 im Verfassungsrang sowie der Landesverweisung und der Abschaffung der Adelstitel.

Die Arbeiten an der Verfassung verzögerten sich allerdings, da die Verhandlungen über den Friedensvertrag von St. Germain-en-Laye die Staatsregierung unter Karl Renner weitgehend absorbierten. Vor seiner Abreise nach Paris hatte er noch im Mai 1919 Kelsen mit der Ausarbeitung eines Verfassungsentwurfs auf Basis einer »bundesstaatlichen Struktur« beauftragt. Die danach in Gang gekommenen Arbeiten und Verhandlungen verliefen jedoch zäh. Mit der Unterzeichnung des von Österreich so benannten »Staatsvertrags« von Saint-Germain-en-Laye vom 10. September 1919, seiner Ratifizierung durch die Nationalversammlung am 25. Oktober 1919 und dessen Inkrafttreten am 16. Juli 1920 war der Staat »Deutschösterreich« durch alliierten Druck und Zwang verhindert sowie gleichzeitig die Republik Österreich ins Leben gerufen worden.

Mit dem Tiroler Christlichsozialen Michael Mayr wurde im Oktober 1919 ein Staatssekretär für die Ausarbeitung der Verfassung berufen. Zwei Länderkonferenzen waren vorgesehen, um die Forderungen der Bundesländer zu berücksichtigen. Renner war bestrebt, mit Vizekanzler Jodok Fink, Mayr und Kelsen einen beschlussreifen Entwurf vorzulegen, was bis zum Ende seiner Regierung Anfang Juli 1920 jedoch nicht mehr zu erreichen war.

So gingen die Verhandlungen auf den Verfassungsausschuss der Konstituierenden Nationalversammlung über, zu denen Kelsen zu Rate gezogen wurde. Erst Ende September 1920 zeichnete sich eine Einigung zwischen den weltanschaulichen Gegenspielern, dem Austromarxisten Otto Bauer und dem Christlichsozialen Prälat Ignaz Seipel, in den Verhandlungen ab, die teilweise vor dem Abbruch standen. Das konnte verhindert werden, indem höchst strittige Themen wie Aspekte der Grund- und Freiheitsrechte, der Finanzverfassung, des Kultus, der Schule und Ehe außen vorgelassen wurden. Der Verfassungsausschuss konnte den gemeinsamen Entwurf am 26. September 1920 fertigstellen. Am 1. Oktober wurde er von der Konstituierenden Nationalversammlung, die aus den ersten demokratischen Wahlen in Österreich hervorgegangen und als verfassungsgebendes Parlament vorgesehen war, in ihrer letzten Sitzung vor den für den 17. Oktober angesetzten Neuwahlen beschlossen und am 5. Oktober im Staatsgesetzblatt verkündet.

Mit der ersten Sitzung des neugewählten Nationalrates am 10. November trat das Bundes-Verfassungsgesetz durch Kundmachung in Kraft. Wesentliche Teile dieser Verfassung wurden im Bundesgesetzblatt (BGBl.), welches das Staatsgesetzblatt ablöste, wiederholt.

Von Beginn an war die Bundesverfassung unvollständig, weil Christlichsoziale und Sozialisten bzw. Sozialdemokraten in relevanten Fragen keinen Konsens herbeiführen konnten, wie z. B. bei den Grundrechten und den Zuständigkeiten zwischen Bund und Ländern in heiklen Fragen. Um den Verfassungsbestand zu wahren, wurden Grundgesetze aus der Dezemberverfassung des Staatsgrundgesetzes über die allgemeinen

Rechte der Staatsbürger für die »im Reichsrat vertretenen Königreiche und Länder« vom 21. Dezember 1867 aus der Zeit der Habsburgermonarchie übernommen, die bis heute Teil der Bundesverfassung sind. Formulierung und Systematik der Verfassung gingen großteils auf Kelsen zurück.

2.3 Die Bausteine

Die Bundesverfassung folgte dem demokratischen, liberalen, republikanischen, bundes- und rechtsstaatlichen Prinzip sowie der Gewaltenteilung. Artikel 1 sieht vor, dass Österreich eine demokratische Republik ist, in der das Recht vom Volk ausgeht. Das demokratische Prinzip weist zwei Elemente auf: Institutionen und Träger des Staates müssen alle Entscheidungen und Handlungen den Bürger/innen gegenüber verantworten, um politische Freiheiten für alle zu sichern. Alle sollen sich an der politischen Meinungsbildung und an Wahlen beteiligen sowie die Möglichkeit haben, politisch aktiv zu werden. Weitere Regelungen lauten: Das Recht geht vom Volk aus. Eine Mehrheit kann jedoch allein nicht beschließen, was sie will und wie dies zu geschehen habe. Die politische Freiheit aller Bürger/innen muss gewährleistet sein, weshalb alle Entscheidungen in klar geregelten Verfahren zu treffen sind. Rechte in Minderheit Befindlicher müssen gesichert sein. Österreich ist eine parlamentarische Demokratie. Parlamente in Bund und Ländern sollen transparent Gesetze beschließen und die Regierung kontrollieren. Volksbegehren oder Volksabstimmungen sind vorgesehen.

In der Novelle vom 30. Juli 1925 wurde die definitive Kompetenzverteilung zwischen Bund und Ländern bestimmt (in Kraft 1. Oktober 1925). Christlichsoziale versuchten in Folge, die Parlamentsdemokratie durch eine stärkere präsidiale Regierungsform zu ersetzen, wogegen sich die Sozialdemokraten widersetzten. Die am 7. Dezember 1929 beschlossene zweite Novellierung ermöglichte dann jedoch eine Machtverlagerung vom Nationalrat zum Bundespräsidenten, der fortan die Regierung, die bis dato vom Parlament gewählt worden war, wie auch die Beamten ernannte. Der Bundespräsident war nun wie der deutsche Reichspräsident Oberbefehlshaber der nationalen Streitkräfte und konnte das Parlament auflösen. Wie der deutsche Reichspräsident wurde er laut Verfassung direkt vom Volk gewählt, wenn auch nur für sechs Jahre. Außerhalb der Sitzungen des Nationalrats hatte der Bundespräsident ein eingeschränktes Notverordnungsrecht. Als Muster diente das Vorbild des Quasi-Notstandsartikels 48 der Reichsverfassung. Kelsen lehnte diese antidemokratischen und antiparlamentarischen Novellierungen ab und verließ das Land. Österreichs Sozialdemokraten erreichten jedoch, dass die Mehrzahl der Rechtsakte des Bundespräsidenten an Vorschläge der dem Nationalrat verantwortlichen Bundesregierung gebunden waren. Die Prinzipien der Verfassung wurden durch den Verfassungsgerichtshof geprüft, der als »Hüter der Verfassung« galt.

Österreichs Bundeskanzler (1932–1934) Engelbert Dollfuß nutzte Lücken in der Geschäftsordnung des Nationalrates, um ohne Parlament regieren zu können. Die von Dollfuß so bezeichnete »Selbstausschaltung des Parlaments« für die am 4. März 1933 eingetretene Vorsitzlosigkeit des Nationalrates nach dem Rücktritt aller drei Nationalratspräsidenten war keine Verfassungs-, sondern eine parlamentarische Geschäftsordnungskrise, die im Einvernehmen hätte beigelegt werden können. Eine solche Lösung wurde am 15. März 1933 von Dollfuß unter Einsatz der Exekutive verhindert, wodurch die Abgeordneten nicht mehr zusammentreten konnten. Österreichs Bundespräsident Wilhelm Miklas machte vom Notverordnungsrecht keinen Gebrauch, forderte die Bundesregierung nicht zu einem Vorschlag zur Auflösung des Nationalrates auf und verzichtete damit auch auf die Abhaltung von Neuwahlen. Der Verfassungsgerichtshof wurde durch den Rücktritt regierungsnaher Richter seiner Funktion beraubt. In der Folge untersagte die christlichsoziale Bundesregierung schrittweise die Tätigkeit anderer Parteien und errichtete eine faschistoide Diktatur nach ständestaatlichem Modell.

3. Fazit: Befunde, Thesen und Ausblicke

1. Beide Republiken nahmen 1918 ihren Ausgang durch militärische Niederlagen von Kaiserreichen. Beide demokratischen Verfassungen sind nicht nur politische Ergebnisse verlorener Kriege der beiden Monarchien, deren Repräsentanten zum Abdanken gezwungen waren, sondern auch von revolutionären Ereignissen 1918/19.
2. In beiden Ländern war die politische Linke (SPD – USPD – Spartakusbund; SPÖ – KPÖ) gespalten, wobei sich in beiden Fällen die gemäßigte Sozialdemokratie als mehrheitsfähig und staatstragend erwies und damit wesentliche Voraussetzungen für eine demokratische Verfassungsentwicklung schuf.
3. Das revolutionäre Potential 1918/19 und die auf den Plan tretende Gegen*reaktion* waren im Deutschen Reich bestimmender für das politische Klima und für die deutsche Republik auch existenzgefährdender als jene für die österreichische Republik.
4. Das österreichische politische System war in den Jahren von 1918 bis 1933 stabiler – trotz oder auch gerade wegen einer stärkeren parlamentarischen Ausprägung der Verfassung im Gegensatz zur reichsdeutschen.
5. Beide demokratischen Verfassungen entstanden im Schatten von zwei höchst umstrittenen Friedensverträgen – Versailles und Saint Germain –, die keinen ausgleichenden und demokratischen, sondern einen einseitigen, erzwungenen, imperialistischen und willkürlichen Diktatfrieden verkörperten, womit die jeweiligen gesellschaftlichen, innerstaatlichen und konstitutionellen Strukturen politisch schwer belastet wurden.

6. Beide Verfassungen waren maßgeblich Schöpfungen herausragender Intellektueller ursprünglich jüdischer Glaubensherkunft, was ein verbal-rhetorisch enthemmter und politisch radikalisierter Antisemitismus der Zwischenkriegszeit sich im Deutschen Reich und in Österreich zunutze zu machen versuchte, um die Leistungen ihrer Schöpfer und ihrer Werke anzugreifen, herabzusetzen und zu entwürdigen.

7. Beide Verfassungen bildeten Kompromisslösungen durch Ausklammerung relevanter bundes-, grund- und verfassungsrechtlicher Elemente, boten aber gesellschaftspolitische Neuerungen und sozialpolitische Errungenschaften, die jedoch auf Ablehnung starker rechtskonservativer und monarchistischer Gesellschaftskreise stießen. Sie fanden damit in den jeweiligen Bevölkerungen nur geteilte Zustimmung und wurden lediglich zu einem geringen Teil verinnerlicht.

8. Beide Verfassungen bargen Gefahren hinsichtlich demokratiepolitischer Schwächung und verfassungsrechtlicher Unterhöhlung im Zeichen wachsender autoritärer und autokratisch-diktatorischer Tendenzen.

9. Trotz oder gerade wegen des Befundes, dass die österreichische Bundesverfassung im ersten Jahrzehnt demokratiespezifisch fortschrittlicher als die Reichsverfassung war, übernahm sie von ihr ab Ende der 1920er Jahre demokratiegefährdende präsidial-autokratische Muster.

10. Trotz der Verfassungsnovellierung von 1929 erfolgte in Österreich keine mit dem Reichspräsidenten vergleichbare Installierung eines »Ersatzkaisers«. Die österreichischen Bundespräsidenten (Michael Hainisch und Wilhelm Miklas) blieben im Vergleich zu Paul von Hindenburg blasse Figuren, die politisch im Hintergrund agierten.

11. War das deutsche Verfassungssystem eher ein Präsidialsystem, so war das österreichische mehr ein Kanzlersystem. Im Zentrum der Macht standen die Bundeskanzler, vor allem Ignaz Seipel oder Johannes Schober und später Engelbert Dollfuß und Kurt Schuschnigg.

12. Die Weimarer Verfassung wurde 1933 von den Nationalsozialisten ihrer demokratiepolitischen Elemente entkleidet und damit vollständig ausgehebelt, in Österreich waren es Christlichsoziale, die 1934 eine neue Verfassung auf »ständischer Grundlage« schufen und damit die Kelsen-Verfassung definitiv hinter sich ließen.

13. Der österreichische »Ständestaat« war als »Regierungsdiktatur« (Helmut Wohnout) antidemokratisch und autoritär, basierend auf partieller Bevölkerungszustimmung, während der NS-Staat auf breitester Zustimmungsbasis nach innen demokratiezerstörerisch und absolut totalitär sowie nach außen aggressiv-expansiv ausgerichtet war, womit erhebliche qualitative Unterschiede bestanden.

14. In der Bundesrepublik wurde das Grundgesetz vom 23. Mai 1949 ganz bewusst in Abgrenzung und Unterscheidung nach dem Motto »Bonn ist nicht Weimar« kon-

zipiert, welches auch für das vereinigte Deutschland nach dem 3. Oktober 1990 (mit wenigen Abänderungen, Novellierungen und Streichungen) weiterbestand.
15. Die Kelsen-Verfassung sollte – mit ihren Novellierungen in den Jahren 1925 und 1929 – den Zweiten Weltkrieg überleben und gilt in der Zweiten Republik bis heute.

Im Zuge der Regierungskrise im Mai und Juni 2019 in Österreich geschah in dreifacher Weise etwas völlig Erstmaliges: Ein Bundesminister (FPÖ-Innenminister Herbert Kickl) wurde auf Vorschlag des Regierungschefs (ÖVP-Bundeskanzler Sebastian Kurz) vom Bundespräsidenten (Alexander Van der Bellen) entlassen. Zudem war zum ersten Mal ein Misstrauensantrag in der Zweiten Republik aufgrund der erforderlichen Mehrheit der Stimmen im Nationalrat im Mai 2019 gegen die gesamte Regierung Kurz erfolgreich. Erstmals amtierte daraufhin eine Bundeskanzlerin (Brigitte Bierlein) und führte eine Expertenregierung. Die Regierungskrise erzeugte jedoch keine Krise der Verfassung, denn sie war gewappnet dagegen: Die Bestimmungen, die im Zuge der Regierungskrise und des Misstrauensvotums zum Zug kamen, waren – anders als von Kelsen vorgesehen – geregelt. Artikel 71 beschrieb die einstweilige Bundesregierung und Artikel 74 das Vorgehen nach einem Misstrauensvotum. Dass der Bundespräsident 2019 mit der Ernennung der Expertenregierung so vorgehen konnte, war auf die Novellierung der Verfassung von 1929 zurückzuführen, die eine Stärkung der Position des Staatsoberhauptes mit sich brachte. Zuvor wurde die Regierung vom Nationalrat gewählt und entlassen. Die betreffende Änderung des Artikels 70 (Bestellung einer Regierung, deren Mitglieder nicht dem Nationalrat angehören, durch den Bundespräsidenten) hatte Hans Kelsen abgelehnt, der im Jahre 1930 Wien folglich den Rücken zugekehrt und eine Professur in Köln angenommen hatte.

Die Befugnisse, auf die im Jahre 2019 zur Lösung der Regierungskrise Van der Bellen zugreifen konnte, stammten nicht von Kelsen, sondern von Ludwig Adamovich (senior), dem späteren Verfassungsgerichtshofpräsidenten. Die Bundesverfassung enthielt dadurch Vorsorge- und Vorkehrungsmaßnahmen für die Politik, die den Bundespräsidenten anleiten konnten, einen Ausweg aus der Regierungskrise zu finden, so dass dieser rückblickend anlässlich des 100. Geburtstags der Verfassung am 1. Oktober 2020 feststellen konnte: »Die Verfassung hat sich damit als ziemlich perfekter Wegweiser durch eine in der Zweiten Republik noch nie dagewesene Situation erwiesen – wie im Mai/Juni 2019.«

4. Auswahlbibliographie

Biefang, Andreas/Geppert, Dominik/Recker, Marie-Luise/Wirsching, Andreas (Hrsg.), Parlamentarismus in Deutschland von 1815 bis zur Gegenwart. Historische Perspektiven auf die repräsentative Demokratie, Düsseldorf 2022.

Di Fabio, Udo, Die Weimarer Verfassung. Aufbruch und Scheitern, München 2018.

Dreyer, Michael, Hugo Preuß (1860–1925). Biographie eines Demokraten (Weimarer Schriften zur Republik 4), Stuttgart 2018.

Egyed, Marie-Theres, Erster Stresstest für Österreichs Verfassung, in: Der Standard, 29.5.2019, https://www.derstandard.at/story/2000103985049/es-dauerte-ein-jahrhundert-bis-oesterreichs-verfassung-einem-stresstest-unterzogen (Abruf 15.9.2022).

Gusy, Christoph, Die Weimarer Reichsverfassung, Tübingen 1997.

Helms, Ludger/Wineroither, David M. (Hrsg.), Die österreichische Demokratie im Vergleich (Politik und Demokratie in den kleineren Ländern Europas/Politics and Governance in the Smaller European Democracies 1), Baden-Baden 2. vollständig überarbeitete und aktualisierte Auflage 2017.

Kraus, Hans-Christoph, Parlamentarismuskritik, Antiparlamentarismus und Modelle alternativer Repräsentation, in: Andreas Biefang/Dominik Geppert/Marie-Luise Recker/Andreas Wirsching (Hrsg.), Parlamentarismus in Deutschland von 1815 bis zur Gegenwart. Historische Perspektiven auf die repräsentative Demokratie, Düsseldorf 2022, 147–173.

Kühne, Jörg-Detlef, Die Entstehung der Weimarer Reichsverfassung. Grundlagen und anfängliche Geltung (Schriften des Bundesarchivs 78), Düsseldorf 2018.

Mayer, Heinz/Walter, Robert/Kucsko-Stadlmayer, Gabriele (Hrsg.), Grundriss des österreichischen Bundesverfassungsrechts, 10. Auflage, Wien 2007.

Öhlinger, Theo/Eberhard, Harald, Verfassungsrecht, 10. Auflage, Wien 2014.

Öhlinger, Theo, Die Verfassung der demokratischen Republik: ein europäischer Sonderfall?, in: Ludger Helms/David M. Wineroither (Hrsg.), Die österreichische Demokratie im Vergleich (Politik und Demokratie in den kleineren Ländern Europas/Politics and Governance in the Smaller European Democracies 1), Baden-Baden 2. vollständig überarbeitete und aktualisierte Auflage 2017, 105–127.

Olechowski, Thomas, Hans Kelsen. Biographie eines Rechtswissenschaftlers, Tübingen 2020.

Pernthaler, Peter, Österreichisches Bundesstaatsrecht. Lehr- und Handbuch, Wien 2004.

Pyta, Wolfram, Der Reichstag der parlamentarischen Republik 1919–1933, in: Andreas Biefang/Dominik Geppert/Marie-Luise Recker/Andreas Wirsching (Hrsg.), Parlamentarismus in Deutschland von 1815 bis zur Gegenwart. Historische Perspektiven auf die repräsentative Demokratie, Düsseldorf 2022, 305–326.

Rathkolb, Oliver, Demokratiegeschichte Österreichs im europäischen Kontext, in: Ludger Helms/David M. Wineroither (Hrsg.), Die österreichische Demokratie im Vergleich (Politik und Demokratie in den kleineren Ländern Europas/Politics and Governance in the Smaller European Democracies 1), Baden-Baden 2. vollständig überarbeitete und aktualisierte Auflage 2017, 71–103.

Salzborn, Samuel, Demokratie. Theorien – Formen – Entwicklungen (Studienkurs Politikwissenschaft, Baden-Baden 2. aktualisierte Auflage 2021.

Van der Bellen, Alexander, »Wir dürfen dabei nie das richtige Augenmaß verlieren«, Rede von Alexander Van der Bellen anlässlich des 100-jährigen Jubiläums der Bundesverfassung, 1.10.2020, https://www.bundespraesident.at/aktuelles/detail/teilnahme-am-festakt-anlaesslich-100-jahre-bundesverfassungsgesetz-rede (Abruf 15.9.2022).

Wohnout, Helmut, Regierungsdiktatur oder Ständeparlament? Gesetzgebung im autoritären Österreich (Studien zu Politik und Verwaltung 43), Wien – Köln – Graz 1993.

Ziegerhofer, Anita, Weimar und Europa, in: Rüdiger Voigt (Hrsg.), Aufbruch zur Demokratie. Die Weimarer Reichsverfassung als Bauplan für eine demokratische Republik, Baden-Baden 2020, 983–994.

Stefan Schima

Staat und Religion in Österreich in den 1920er und 1930er Jahren

1. Einleitung

Die Sicht auf die Beziehung zwischen Staat und Religion ab den frühen 1920er Jahren – und dies v. a. unter rechtshistorischem Blickwinkel – wäre stark verkürzt, wenn dabei nicht auch eine kurze Bestandsaufnahme dieser Beziehung für das Ende der Monarchie im Jahr 1918 durchgeführt würde.[1] Vorweg darf angemerkt werden, dass das Jahr 1918 eine institutionelle Trennung von Staat und Religion mit sich brachte. Bis 1918 gab es Mitglieder des Herrenhauses – der zweiten Kammer des Reichsrates – und Mitglieder der Landtage, die kraft ihres Kirchenamtes der jeweiligen gesetzgebenden Körperschaft angehörten.[2] Dies bedeutet allerdings nicht, dass im Jahr 1918 im religionsrechtlichen Sinn ein System der »Trennung von Staat und Kirche« maßgeblich geworden ist. Ein solches wäre dadurch gekennzeichnet, dass Religionsgemeinschaften auf den Weg privaten Wirkens verwiesen sind.[3] Gesetzlich anerkannte

---

1 Im vorliegenden Beitrag werden folgende fachspezifische Abkürzungen verwendet: ABGB: Allgemeines Bürgerliches Gesetzbuch von 1811 (StF: Justizgesetzsammlung 946/1811); BGBl.: Bundesgesetzblatt; -G: -gesetz; B-VG: Bundes-Verfassungsgesetz von 1920 (StF: BGBl. Nr. 1/1920); idF: in der Fassung; öarr: Österreichisches Archiv für Recht und Religion; RGBl.: Reichsgesetzblatt; StGBl.: Staatsgesetzblatt; StF: Stammfassung; StGG: Staatsgrundgesetz über die allgemeinen Rechte der Staatsbürger (RGBl. Nr. 142/1867 idF BGBl. Nr. 684/1988); StVStGerm: Staatsvertrag von Saint Germain 1919 (StGBl. Nr. 303/1920).
2 Siehe ausführlich Markus Vašek, Die Trennung von Staat und Kirche in Österreich, in: Reinhold Esterbauer/Christoph Grabenwarter/Katharina Pabel (Hg.), 100 Jahre Trennung von Staat und Kirche. Seggauer Gespräche zu Staat und Kirche 2018, (Seggauer Gespräche zu Staat und Kirche 1), Wien 2019, 73–96, 75.
3 Siehe Stefan Schima, Staat und Religionsgemeinschaften in Österreich – Wo stehen wir heute? (Ein Versuch eines Vergleichs mit der Zeit Konstantins, genannt »der Große«), in: Christian Wagnsonner/Karl-Reinhart Trauner/Alexander Lapin (Hg.), Kirchen und Staat am Scheideweg? 1700 Jahre Mailänder Vereinbarung, Wien 2015, 111–161, 131, https://www.bundesheer.at/wissen-forschung/publikationen/beitrag.php?id=2617 (abgerufen 5.4.2022). Zur Ergänzung sei noch bemerkt, dass der Begriff der »Religionsgemeinschaft« im vorliegenden Kontext als Überbegriff für »Kirche« und für »Religionsgesellschaft« verwendet wird. Bei einer Kirche handelt es sich um eine Religionsgemeinschaft, die sich als christlich versteht. Bei einer Religionsgesellschaft handelt es sich um eine Religionsgemeinschaft, bei der dies nicht der Fall ist. In den rechtlichen Konsequenzen gibt es allerdings kaum Unterschiede. Zu Ansätzen einer gewissen Bevorzugung des Christentums gegenüber anderen Religionen in der öster-

Religionsgemeinschaften nehmen in Österreich die Stellung von Körperschaften öffentlichen Rechts ein, d.h., dass sie in vielerlei Hinsicht als mehr als bloße Vereine wahrzunehmen sind. Mit Blick auf öffentliches Wirken von gesetzlich anerkannten Religionsgemeinschaften ist v.a. deren Rolle in der Erteilung des schulischen Religionsunterrichts zu nennen (Art. 17 Abs. 4 StGG).[4]

Im Zuge der Behandlung der einzelnen Perioden ist zunächst jeweils auf verfassungsrechtliche und dabei v.a. grundrechtliche Vorgaben einzugehen.[5] Wenn vom Verhältnis zwischen Staat und »Religion« die Rede ist, wird v.a. auf die Stellung einzelner gesetzlich anerkannter Religionsgemeinschaften eingegangen. Es werden jene behandelt, deren Geschicke stark von den politischen Konnotationen der wechselnden Perioden abhängig waren. Demnach ist von der Katholischen Kirche, der Evangelischen Kirche und der Israelitischen Religionsgesellschaft zu sprechen. Aber auch die Stellung der »Konfessionslosen« ist in den Blick zu nehmen, wobei grundsätzlich – aber nicht immer – jene Personen gemeint sind, die keiner gesetzlich anerkannten Religionsgemeinschaft angehörten.

Was die demographischen Daten betrifft, genügt eine kurze Bezugnahme auf die Volkszählung von 1934.[6] Demnach gehörten bei einer Gesamtbevölkerung von nicht ganz 6,8 Millionen Menschen 90,4 % der Katholischen Kirche, 4,3 % der Evangelischen Kirche (4,1 % dem Augsburger Bekenntnis und 0,2 % dem Helvetischen Bekenntnis), 2,8 % der Israelitischen Glaubensgemeinschaft und 0,5 % der Altkatholischen Kirche an. Unter »andere« Religionsgemeinschaften wurden nicht ganz 0,2 % gerechnet, und als »konfessionslos« galten mit etwas über 106.000 Personen etwa 1,6 % der Bevölkerung.

---

reichischen Rechtsordnung siehe ebd. 133–138: Zu denken ist hier v.a. an die christliche Prägung der staatlichen Feiertagsordnung und an Kreuzanbringungsvorschriften für Gerichtssäle, Klassenzimmer, Kindergärten und Horte.

4 Siehe Katharina Pabel, Verfassungsrechtliche Rahmenbedingungen des Religionsunterrichts in Österreich, in: öarr 59 (2012) 1, 64–86.

5 Im Sinne des Begriffs der »Verfasstheit« eines Staates wäre auch auf die politischen Ausgangsbedingungen unter kurzer Behandlung der wichtigsten politischen »Lager« – Christlichsoziale, Sozialdemokraten und Großdeutsche – einzugehen. Einschlägige Grundkenntnisse können bei der Leserschaft schon deswegen vorausgesetzt werden, weil in anderen Beiträgen des vorliegenden Bandes auf diese eingegangen wird.

6 Eine Graphik der »Konfessionsgliederung der Bevölkerung Österreichs 1910, 1923 und 1934 nach Ländern« findet sich bei Bundesamt für Statistik (Hg.), Statistik des Bundesstaates Österreich, Heft 1, Die Ergebnisse der österreichischen Volkszählung vom 22. März 1934, Wien 1935, 45. Zur mangelnden Eignung der anderen in den 1920er und 1930er Jahren durchgeführten Volkszählungen, über das Religionsbekenntnis Aufschluss zu geben, siehe Johannes Ladstätter, Wandel der Erhebungs- und Aufarbeitungsziele der Volkszählungen seit 1869, in: Heimold Helczmanovszki (Hg.), Beiträge zur Bevölkerungs- und Sozialgeschichte Österreichs. Nebst einem Überblick über die Entwicklung der Bevölkerungs- und Sozialstatistik, Wien 1973, 267–294, 275.

2. Umbrüche und Kontinuitäten im Staat-Kirche-Verhältnis: Von der Monarchie zur demokratisch strukturierten Ersten Republik (bis 1933)

2.1 Verfassungsrechtliche Kontinuitäten und Umbrüche im Bereich von Religion und Weltanschauung

Im Zusammenhang mit dem Verhältnis zwischen Staat und Religion in der ausgehenden Monarchie ist vor allem der österreichische Reichsteil (Cisleithanien) in den Blick zu nehmen. Doch muss auch berücksichtigt werden, dass das Burgenland erst im Jahr 1921 ein Bundesland Österreichs wurde und vorher zu Ungarn gehört hatte.

Als Teil der so genannten »Dezemberverfassung 1867« gewährt das StGG Religionsfreiheit sowohl in korporativer als auch in individueller Hinsicht. Bis auf wenige Ausnahmen gilt es auch heute noch, ist aber in wesentlichen Teilen durch nachfolgende grundrechtliche Bestimmungen überlagert worden.[7] Von einem »Grundrecht« ist dann zu sprechen, wenn es um ein durchsetzbares öffentliches Recht geht, das formell im Verfassungsrang steht. Da die im StGG verankerten Rechte allerdings in der Zeit der Monarchie nicht unmittelbar durchsetzbar waren, handelte es sich noch nicht um Grundrechte im eigentlichen Sinn.[8] Eine Änderung dieser Situation trat erst während der Ersten Republik ein. Der Verfassungsgerichtshof löste das Reichsgericht ab und wurde mit der Kompetenz ausgestattet, verfassungswidrige Staatsakte aufzuheben.

In Art. 14 StGG wird die Religionsfreiheit der einzelnen Person – und somit die individuelle Religionsfreiheit – geregelt.[9] Hier ist v.a. von Bedeutung, dass die individuelle Religionsfreiheit in der Zeit der Monarchie als Bürgerrecht – und nicht auch Ausländer umfassendes Menschenrecht – betrachtet wurde. Auch wenn die Freiheit, sich der Teilnahme an religiösen Feierlichkeiten zu enthalten, ausdrücklich geschützt war, war damals kein Schutz der nicht-religiösen Weltanschauungsfreiheit gegeben.[10]

---

7 Siehe Franz Merli, Die Zukunft des Staatsgrundgesetzes, in: Franz Merli/Magdalena Pöschl/Ewald Wiederin (Hg.), 150 Jahre Staatsgrundgesetz über die allgemeinen Rechte der Staatsbürger, Wien 2018, 95–113. Andererseits ist zu beachten, dass viele der im StGG verankerten Berechtigungen schon vor dessen Inkrafttreten gewährt worden waren: Siehe Stefan Schima, Die Entfaltung der Religionsfreiheit in Österreich von der Dezemberverfassung bis heute. Einblicke in die letzten 150 Jahre, in: Stephan Hinghofer-Szalkay/Herbert Kalb (Hg.), Islam, Recht und Diversität. Handbuch, Wien 2018, 3–47, insb. 12–14.

8 Siehe Thomas Olechowski, Grundrechte und ihr Schutz in der Habsburgermonarchie, in: Österreichische Richterzeitung 88 (2010), 30–36.

9 Siehe dazu Schima, Entfaltung, 17f. und 30.

10 Stefan Schima, Wandlungen im Staat-Kirche-Verhältnis vor dem Hintergrund der Umbrüche von 1918, in: Lukáš Fasora/Miroslava Květova/Richard Lein/Ondřej Matějka (Hg.), Demokratische Monarchie, undemokratische Republik? Kontinuitäten und Brüche zwischen Monarchie und Republik in Mit-

Art. 15 StGG – er gilt formell auch heute noch, wurde aber durch nachfolgende Bestimmungen teilweise überlagert – schützt die Religionsfreiheit gesetzlich anerkannter Religionsgemeinschaften. Zunächst wird zum Ausdruck gebracht, dass jede gesetzlich anerkannte Kirche und Religionsgesellschaft das Recht der gemeinsamen öffentlichen Religionsübung genießt. Dies ist als das bedeutendste Recht zu betrachten, das einer gesetzlich ankerkannten Religionsgemeinschaft damals zukam. Unter »öffentlicher« Religionsübung wird eine nach außen hin – d.h. in der Öffentlichkeit sichtbare – Religionsübung verstanden. D.h. etwa, dass der betreffenden Religionsgemeinschaft das Recht zukommt, religiöse Andachtsstätten zu führen, die weithin als solche erkennbar sind. Eine derartige Kenntlichmachung ist etwa durch einen Kirchturm gegeben. Das Recht auf öffentliche Religionsübung ist heute nicht mehr nur auf gesetzlich anerkannte Religionsgemeinschaften beschränkt und Art. 15 in dieser Beziehung überholt. Durch den im Jahr 1920 in Kraft getretenen StVStGerm stellten sich wesentliche Änderungen ein.[11] Art. 63 gewährt allen Einwohnerinnen und Einwohnern Österreichs das Recht auf öffentliche Religionsübung – sofern diese mit der öffentlichen Ordnung und den guten Sitten vereinbar ist.

Die öffentliche Religionsübungsfreiheit wäre von der privaten Religionsübungsfreiheit und der häuslichen Religionsübungsfreiheit zu unterscheiden, wobei die beiden letztgenannten heute von der ohnehin allen Menschen zukommenden öffentlichen Religionsübungsfreiheit überlagert sind. Im Kontext der österreichischen Rechtsgeschichte steht private Religionsübungsfreiheit insbesondere mit der Toleranzgesetzgebung Josephs II. von 1781 in Zusammenhang. Grundsätzlich war diese den Evangelischen und den Orthodoxen unter bestimmten Voraussetzungen eingeräumt worden: Ihnen wurde das Recht zuerkannt, in Gottesdienststätten zusammenzukommen, ohne dass diese nach außen hin als solche erkennbar waren.[12] Häusliche Religionsübungsfreiheit bedeutete theoretisch, dass die Religionsübung im eigenen Haus bzw. im Familienkreis bzw. im gemieteten Fremdenquartier zulässig war.

Art. 15 StGG sichert den gesetzlich anerkannten Religionsgemeinschaften ferner das Recht auf selbständige Ordnung und Verwaltung ihrer inneren Angelegenheiten zu. Unter den »inneren Angelegenheiten« werden v.a. die innerreligionsgemeinschaft-

---

teleuropa (Schriftenreihe der Ständigen Konferenz österreichischer und tschechischer Historiker zum gemeinsamen kulturellen Erbe 5), Wien 2022, 239–255, 241.

11 Zum Folgenden siehe Herbert Kalb, Kommentar zu Art. 62–82 (Minderheitenschutz), in: Herbert Kalb/Thomas Olechowski/Anita Ziegerhofer (Hg.), Der Vertrag von St. Germain. Kommentar, Wien 2021, 237–260, 248–251.

12 Siehe Inge Gampl, Staat-Kirche-Individuum in der Rechtsgeschichte Österreichs zwischen Reformation und Revolution (Wiener Rechtsgeschichtliche Arbeiten 15), Wien 1984, 100. Zu den näheren Hintergründen siehe Karl W. Schwarz, Der österreichische Protestantismus im Spiegel seiner Rechtsgeschichte (Jus Ecclesiasticum 117), Tübingen 2017, 50–57 und 15–156.

liche Rechtsentwicklung (einschließlich die Regelung der Beitrittsvoraussetzungen), die religiöse Gerichtsbarkeit, die innerreligionsgemeinschaftliche Disziplinargewalt und die Gottesdienstverwaltung verstanden.[13]

Die in Art. 15 StGG zum Ausdruck gebrachte Garantie, wonach jede gesetzlich anerkannte Religionsgemeinschaft »im Besitze und Genusse ihrer für Cultus-, Unterrichts- und Wohlthätigkeitszwecke bestimmten Anstalten, Stiftungen und Fonde« bleibt, stellt in gewisser Weise eine Konkretisierung der allgemeinen Eigentumsgarantie des Art. 5 StGG dar.[14]

Art. 15 endet mit den Worten, dass jede gesetzlich anerkannte Religionsgemeinschaft, »wie jede Gesellschaft, den allgemeinen Staatsgesetzen unterworfen« sei. Mit »allgemeinen Staatsgesetzen« sind Prinzipien angesprochen, die mit »Allgemeinverbindlichkeit, Gleichheit und Publizität« in Zusammenhang stehen.[15] Inwieweit aus damaliger Sicht eine Gleichbehandlung gesetzlich anerkannter Religionsgemeinschaften Platz greifen sollte, ist umstritten.[16] Doch auch in Anbetracht anderer gleichheitsrechtlich relevanter Bestimmungen des StGG (Art. 2 und 3) wird man die paritätsrechtliche Tendenz des Art. 15 nicht in Abrede stellen können.[17]

Art. 16 StGG gewährte den Anhängern nicht anerkannter Bekenntnisse das Recht auf häusliche Religionsübungsfreiheit. Allerdings war es zwischen 1867 und 1918 umstritten, wo konkret die Grenzen der häuslichen Religionsübungsfreiheit zu ziehen waren. So kam es im freikirchlichen Bereich zu »Hausgottesdiensten«, zu denen Freunde bzw. Gleichgesinnte eingeladen wurden, und derartige Versammlungen stellten einen Zankapfel dar.[18] Art. 16 verlor in der frühen Ersten Republik in Anbetracht

---

13 Max von Hussarek, Grundriß des Staatskirchenrechts (Grundriß des Österreichischen Rechts in systematischer Bearbeitung III/3), Leipzig 1908, 17–22.

14 Nicht näher einzugehen ist auf Art. 6 Abs. 2 StGG, dem zufolge »die tote Hand« im Liegenschaftserwerb Einschränkungen unterworfen sein konnte. In diesem Kontext hatte man v. a. die Katholische Kirche und die zahlreichen Veräußerungsbeschränkungen innerkirchlichen Rechts im Blick. Vom Gesetzesvorbehalt des Art. 6 Abs. 2 wurde allerdings nie Gebrauch gemacht.

15 Walter Berka, Das allgemeine Gesetz als Schranke der grundrechtlichen Freiheit, in: Heinz Schäffer/Walter Berka/Harald Stolzlechner/Josef Werndl (Hg.) Staat–Verfassung–Verwaltung. Festschrift anläßlich des 65. Geburtstages von Friedrich Koja, Wien 1998, 221–244, 222.

16 Zu den einzelnen Ansichten siehe ausführlich Florian Werni, Religionsgemeinschaften und Gleichheit. Studien zum österreichischen Verfassungsrecht, Diss. iur. Wien 2021.

17 Nach heute herrschender Meinung enthält Art. 15 StGG das Paritätsprinzip, das als »religionsrechtliche Ausformung des Gleichheitssatzes« zu betrachten ist: Herbert Kalb/Richard Potz/Brigitte Schinkele, Religionsrecht, Wien 2003, 63.

18 Siehe Karl W. Schwarz, Historia docet: Freikirchen als Kläger über rechtliche Beschränkungen der Religionsfreiheit, in: Brigitte Schinkele/René Kuppe/Stefan Schima/Eva M. Synek/Jürgen Wallner/Wolfgang Wieshaider (Hg.), Recht–Religion–Kultur. Festschrift für Richard Potz zum 70. Geburtstag, Wien 2014, 817–833, 826f.; Schwarz, Protestantismus, 292f.

des bereits besprochenen Art. 63 StVStGerm an Maßgeblichkeit: Das Recht auf öffentliche Religionsübung wurde allen Einwohnerinnen und Einwohnern Österreichs eingeräumt.

Für die verfassungsrechtlichen Umbrüche im Gefolge der Ereignisse von 1918 ist zunächst auf die ebenfalls bereits erwähnte institutionelle Trennung von Staat und Religion hinzuweisen: Auf keiner Ebene parlamentarischer Körperschaften war mehr die Mitgliedschaft von Geistlichen kraft deren religionsgemeinschaftlicher Funktion vorgesehen.[19]

Mangels Einigung der drei großen politischen Lager auf einen neuen Katalog von Grundrechten wurde das StGG durch das B-VG in seinen meisten Bestimmungen übernommen. Wie bereits erwähnt, ergaben sich aber durch den StVStGerm Änderungen im Verhältnis von Staat und Religion.[20] Dies betrifft zunächst die Ausweitung des Rechts auf öffentliche Religionsübung durch Art. 63. Dazu kamen gleichheitsrechtliche Bestimmungen, die u. a. auf religionsrechtlicher Ebene dem Gleichheitsgrundsatz ein stärkeres Fundament boten (Art. 66 und 67 StVStGerm). Sämtliche dieser Bestimmungen gehören zu jenen, die ebenfalls durch das B-VG übernommen wurden und denen Verfassungsrang zukommt.

2.2 Statusfragen im Bereich von Religions- und Weltanschauungsgemeinschaften

Das StGG fand in mehrfacher Weise Umsetzung. In unserem Kontext sind v. a. das InterkonfG von 1868[21] und das AnerkennungsG von 1874[22] von Bedeutung. Das InterkonfG steht heute noch in seinen meisten Bestimmungen in Geltung, und das formell ebenfalls noch in Geltung stehende AnerkennungsG ist durch Bestimmungen des BekenntnisgemeinschaftenG von 1998[23] teilweise überlagert.

Das InterkonfG ermöglichte erstmals den Austritt aus einer gesetzlich anerkannten Religionsgemeinschaft, ohne diesen Akt an einen nachfolgenden Eintritt in eine gesetzlich anerkannte Religionsgemeinschaft zu binden (vgl. Art. 6). Somit wurde der Status der Konfessionslosigkeit eingeführt.[24] Der Austritt aus einer gesetzlich anerkannten Religionsgemeinschaft kann staatlich wirksam nur durch Erklärung gegen-

---

19 Siehe Schima, Wandlungen, 240f.
20 Zum Folgenden siehe Herbert Kalb, Kommentar zu Art. 62–82 (Minderheitenschutz), 237–260, 248–251.
21 StF: RGBl. Nr. 49/1868.
22 StF: RGBl. Nr. 68/1874.
23 StF: BGBl. I Nr. 19/1998.
24 Zur Stellung der Konfessionslosen siehe ausführlich Stefan Schima, Die Rechtsgeschichte der »Konfessionslosen«: der steinige Weg zur umfassenden Garantie von Religionsfreiheit in Österreich, in: Jos C.

über der zuständigen staatlichen Behörde erfolgen (Art. 6 Abs. 1). Zuvor war die Austrittserklärung gegenüber dem zuständigen Seelsorger jener Religionsgemeinschaft abzugeben, aus der man austreten wollte.

Die Anerkennung von Religionsgemeinschaften bildet den Hauptregelungsgegenstand des AnerkennungsG. Ein derartiges Gesetz erwies sich im späten 19. Jahrhundert insofern als Desiderat, als die Rechtsordnung schon seit Jahrzehnten den Begriff der gesetzlichen Anerkennung im Zusammenhang mit Religionsgemeinschaften gekannt hatte.[25] Vor Inkrafttreten des AnerkennungsG galten folgende vier Bekenntnisse als anerkannt:[26] Die Katholische Kirche, die Evangelische Kirche, die Orthodoxe Kirche und die »Israeliten«. Die Orthodoxe Kirche war damals allerdings nicht als Gesamtheit, sondern nur in Form ihrer Kirchengemeinden anerkannt, die »Israeliten« lediglich in Form ihrer Kultusgemeinden.[27] Die äußeren Rechtsverhältnisse der Katholischen Kirche wurden im Jahr 1874 durch das KatholikenG[28] geregelt. Bereits im Jahr 1861 war für die Evangelischen das Protestantenpatent[29] erlassen worden, und die Israelitische Religionsgesellschaft wurde als solche durch das IsraelitenG von 1890[30] anerkannt.

Im Jahr 1867 war die Rechtsform der gesetzlich anerkannten Religionsgemeinschaft die einzige, die Religionsgemeinschaften zukommen konnte. Die Konstituierung als Verein im Sinne des VereinsG von 1867[31] war nicht möglich (vgl. dessen § 2 lit. a).[32] D.h., dass eine Religionsgemeinschaft als solche nur rechts- bzw. handlungsfähig war, wenn es sich um eine gesetzlich anerkannte Religionsgemeinschaft handelte. Erst im Lauf des 20. Jahrhunderts konnte es sukzessive zur Bildung von Hilfsvereinen kommen, die religiöse Teilzwecke verfolgten.[33]

Das AnerkennungsG enthält im Wesentlichen nur zwei Voraussetzungen der Anerkennung als Religionsgemeinschaft: Eine Anerkennungsverordnung ist dann zu

---

N. Raadschelders, Staat und Kirche in Westeuropa in verwaltungshistorischer Perspektive (19./20. Jh.; Jahrbuch für Europäische Verwaltungsgeschichte 14), Baden-Baden 2002, 97–124.

25 Siehe Inge Gampl, Österreichisches Staatskirchenrecht (Rechts- und Staatswissenschaften 23), Wien 1971, 127.
26 Siehe Schima, Entfaltung, 14.
27 Nicht näher sollen hier jene Bekenntnisse Beachtung finden, die in partieller bzw. örtlicher Hinsicht als anerkannt gelten konnten. Dabei handelte es sich um Anglikaner, Gregorianer und Mennonitische Bekenntnisse (Schima, Entfaltung, 14, Anm. 46).
28 RGBl. Nr. 50/1874.
29 RGBl. Nr. 41/1861.
30 StF: RGBl. Nr. 57/1890.
31 StF: RGBl. Nr. 58/1867.
32 Die Rechtsform der eingetragenen religiösen Bekenntnisgemeinschaft wurde erst durch das erwähnte BekenntnisgemeinschaftenG im Jahr 1998 eingeführt.
33 Schwarz, Protestantismus, 292. Hier ist etwa an Vereine zum Zweck der Trägerschaft von Privatschulen mit entsprechenden religionsgemeinschaftlichen Vorzeichen zu denken.

erlassen, wenn Religionslehre, Gottesdienst, Verfassung und die gewählte Benennung der Religionsgemeinschaft »nichts Gesetzwidriges oder sittlich Anstößiges« enthalten (§ 1 Z 1) und die Errichtung bzw. Bestandsfähigkeit zumindest einer Kultusgemeinde gesichert ist (§ 1 Z 2). Indes erwies sich die Anerkennungspraxis sowohl in der Zeit der Monarchie als auch in der Zeit der demokratisch strukturierten Ersten Republik als zögerlich bzw. rigoros. Oft wurden Anträge gar nicht oder nur formlos behandelt, und in der Folge stand kein Rechtsmittel zur Verfügung. Sowohl in der Zeit der Monarchie als auch in der Zeit danach scheiterten etwa Anerkennungsanträge der Baptisten (1906, 1915, 1919, 1964) und der Adventisten (1908, 1920).[34]

Vor 1918 wurden nur zwei Anerkennungsanträge gemäß dem AnerkennungsG positiv beschieden: Im Jahr 1877 wurde die Altkatholische Kirche durch Verordnung anerkannt,[35] im Jahr 1880 die Herrnhuter Brüderkirche.[36] Erst 1951 kam es zur Erlassung der nächsten Anerkennungsverordnung.

Eine besondere Situation ergab sich in Bezug auf den Islam.[37] Das im Jahr 1878 durch die Donaumonarchie okkupierte Bosnien-Herzegowina wurde im Jahr 1908 annektiert. Da insbesondere zu erwarten war, dass von dort stammende Muslime auf dem Gebiet Cisleithaniens ihren Wehrdienst ableisten würden, war man seitens des Staates gewillt, ihnen das Recht auf öffentliche Religionsübung einzuräumen. In Anbetracht des Mangels einer Kultusgemeinde auf cisleithanischem Gebiet waren die Voraussetzungen für die Anerkennung gemäß dem AnerkennungsG nicht erfüllt. Insbesondere aus diesem Grund war die Erlassung eines eigenen Gesetzes – des IslamG 1912 – notwendig.[38] Es bezog sich in seiner Stammfassung lediglich auf die Anhänger des hanefitischen Islam. Dieser stellt die in Bosnien-Herzegowina maßgebliche Tradition des Islam dar.[39]

---

34 Schwarz, Protestantismus, 296, wo auch darauf hingewiesen wird, dass dabei die Nichtbehandlung von Anträgen eine wichtige Rolle spielte.
35 RGBl. Nr. 99/1877.
36 RGBl. Nr. 40/1880. Für diese stellten die Umbrüche von 1918 insofern eine Änderung dar, als sie auf dem Boden der Republik Österreich keine Kultusgemeinde unterhielt. Man hatte daher für die Zeit nach 1918 von einem »Ruhen« der Anerkennungsverordnung auszugehen: Kalb/Potz/Schinkele, Religionsrecht, 112.
37 Zum Folgenden siehe Richard Potz, 100 Jahre österreichisches Islamgesetz, Wien 1912, 19–29, https://www.bmeia.gv.at/fileadmin/user_upload/Zentrale/Kultur/Publikationen/Islamgesetz_DE.pdf (abgerufen 5.4.2022); Stefan Schima, Das Islamgesetz im Kontext des österreichischen Religionsrechts, in: öarr 59 (2012) 2, 225–250, 229f.
38 StF: RGBl. Nr. 159/1912.
39 Das Gesetz wurde zwar in der jungen Republik auch für das Burgenland übernommen, war aber nach Ende der Monarchie mangels sachlichen Regelungsbereichs Jahrzehnte hindurch nur zum geringen Teil anwendbar: Potz, 100 Jahre, 29.

2.3 Die Stellung der Katholischen Kirche

Kirchenpolitische Konflikte der frühen Ersten Republik – die Schärfe eines Kulturkampfes haben sie nicht angenommen[40] – geben Aufschluss über eine »sensible« Situation. Ein Beispiel dafür bildet die Auseinandersetzung über die Inbetriebnahme des Wiener Krematoriums.[41] Diese Auseinandersetzung wurde gegen die Interessen der Katholischen Kirche entschieden, doch alles in allem sollte sich die Zeit zwischen 1918 und 1933 nicht als allzu turbulent für sie erweisen.[42]

Das bereits erwähnte KatholikenG aus dem Jahr 1874 war im Zeichen der damals maßgeblichen Ansicht von der so genannten »Staatskirchenhoheit« gestanden.[43] Zwar sollte der Staat einen Kern innerer religionsgemeinschaftlicher Angelegenheiten grundsätzlich respektieren, doch wurde die staatliche Kontrolle über kirchliche Ämterbesetzungen ausgeweitet und eine Zensur kirchlicher Erlässe eingeführt. Beibehalten wurde für die Zeit der Monarchie das seit langem maßgebliche Nominationsrecht des Kaisers für erzbischöfliche und bischöfliche Stühle.[44] Dabei hatte der Kaiser das Recht, dem Papst für die meisten Erzbischofs- und Bischofssitze entsprechende Kandidaten namhaft zu machen, und dieser konnte sich grundsätzlich nicht über die Vorschläge hinwegsetzen. Dies sollte sich in der frühen Ersten Republik ändern: Am 3. März 1919 erklärte der österreichische Staatsrat das Nominationsrecht

---

40 Zum Begriff des »Kulturkampfes« siehe Schima, Ambivalenzen, 356f. Ebd. u.a. der Hinweis auf die Monographie von Moritz Csáky, Der Kulturkampf in Ungarn. Die kirchenpolitische Gesetzgebung der Jahre 1894/95, Graz 1967, wo vor einer inflationären Verwendung des Begriffs gewarnt wird. Der Autor setzt sich im Sinne der Verwendung der Bezeichnung »kirchenpolitischer Streit« für einschlägige Auseinandersetzungen ein, die nicht die Intensität des preußischen Kulturkampfs erreichen. Allerdings ist festzuhalten, dass die Koalition zwischen Christlichsozialen und Sozialdemokraten im Jahr 1920 nicht zuletzt an religionsrechtlichen Themen zerbrach: Karl W. Schwarz, Ging 1918 die Ehe von Thron und Altar in Brüche? Religionsrechtliche Überlegungen zum Wechseln von der Monarchie zur Republik, in: öarr 65 (2018) 1, 31–44, 42.

41 Siehe dazu Stefan Schima, Die rechtliche Entwicklung des Bestattungswesens im Spannungsfeld zwischen Kirche und Staat. Das Tauziehen um das Suizidantenbegräbnis und der Konflikt um die Feuerbestattung, in: Wolfgang Hameter/Meta Niederkorn-Bruck/Martin Scheutz (Hg.), Freund Hein? Tod und Ritual (Querschnitte 22), Innsbruck 2007, 135–156 und 313–317, 152–154.

42 Auf zahlreiche »Nebenfronten« kann in der Folge nicht eingegangen werden: Dazu zählt die Bewertung kirchlicher Interessen im Bereich des Denkmalschutzes und die Säkularisierungsschübe der staatlichen Feiertagsordnung: Siehe Schima, Wandlungen, 252.

43 Siehe Kalb/Potz/Schinkele, Religionsrecht 12f. Zum Folgenden siehe Stefan Schima, Ambivalenzen zwischen Thron, Altar und Gesellschaft. Kein Kulturkampf, aber eine Kultur des Konflikts? Römisch-katholische Defensive und Offensive, in: Andreas Gottsmann (Hg.), Die Habsburgermonarchie, Bd. 10, Das kulturelle Leben. Akteure – Tendenzen – Ausprägungen, 1. Tlbd., Staat, Konfession und Identität, Wien 2021, 343–436, 364f.

44 Zum Folgenden siehe Schima, Wandlungen, 247.

für erloschen. Es sei dem Kaiser als Landesherrn zugekommen und nicht kraft seiner verfassungsmäßigen kaiserlichen Stellung.[45] Somit verzichtete die junge Republik im Ergebnis auf die Wahrnehmung dieses Rechts.

Unter denselben Vorzeichen wie das KatholikenG stand das ReligionsfondsG aus demselben Jahr.[46] Dabei handelte es sich um zweckgerichtete Vermögensgesamtheiten, die unter Joseph II. (Alleinherrschaft 1780–1790) eingerichtet worden waren. In diese waren bereits Gelder aus älteren Vermögensmassen eingeflossen, aber auch der Ertrag aus der Aufhebung von rund 700 Klöstern. Die Erträgnisse aus dem Vermögen sollten kirchlichen Zwecken dienen – so hatte Joseph II. viel in die Errichtung neuer Pfarren investiert –, doch stellte die Frage der Verfügungsbefugnis über die Religionsfonds und deren Erträgnisse ein zählebiges Konfliktthema dar. Durch das ReligionsfondsG wurden die Religionsfonds als Teil des Staatsvermögens bzw. des Staatshaushalts behandelt.[47] Eine dauerhafte Konstante bildete die Finanzierung bzw. Ergänzung der Einkommen von katholischen Geistlichen. Der Staat erachtete sich dabei als zuständig für die Bemessung der Kongrua-Ergänzung. Unter *portio congrua* (»passender Teil«) wurde das den Geistlichen, die ein Seelsorgeamt innehatten, zukommende Mindesteinkommen verstanden. Politisch äußerst umstritten war die Kongruagesetznovelle aus dem Jahr 1921.[48] Sie bildete einen heißen Zankapfel zwischen christlichsozialem und sozialdemokratischem Lager. Darin wurde der Kreis anspruchsberechtigter Personen ausgeweitet. Zu den im Gesetz neu genannten Gruppen kongruabezugsfähiger Personen gehörten etwa Priester, die in Diözesanordinariaten – und damit den zentralen Verwaltungseinrichtungen der Diözesen – tätig waren, ohne ein Seelsorgeamt innezuhaben.

War schon in vermögensrechtlichen Angelegenheiten der Katholischen Kirche Geldsegen beschieden, so konnte sie auch ihre wichtige Stellung im staatlichen Eherecht grundsätzlich behaupten. Denn ungeachtet der Forderungen aus dem sozialdemokratischen und dem großdeutschen Lager blieb das konfessionell ausgerichtete Eherecht des ABGB erhalten.[49] Das ABGB-Eherecht war grundsätzlich an das ka-

---

45 Siehe Gampl, Staatskirchenrecht, 368.
46 RGBl. Nr. 51/1874. Siehe dazu Peter Leisching, Die Römisch-Katholische Kirche in Cisleithanien, in: Adam Wandruszka/Peter Urbanitsch (Hg.), Die Habsburgermonarchie, Bd. 4, Die Konfessionen, Wien 1985, 1–247, 59 f. Zu den Religionsfonds siehe Stefan Schima, »Wiederaufbau« auf rechtlicher Ebene, in: Hans Paarhammer/Alfred Rinnerthaler (Hg.), Kirchlicher Wiederaufbau in Österreich (Wissenschaft und Religion 26), Frankfurt a.M. 2016, 271–375, 297–299.
47 Leisching, Römisch-Katholische Kirche, 60.
48 BGBl. Nr. 403/1921. Zum Inhalt des Gesetzes siehe Sebastian Ritter, Die kirchliche Vermögensverwaltung in Österreich. Von Patronat und Kongrua zum Kirchenbeitrag, Salzburg 1954, 97f. Zu den politischen Diskussionen im Vorfeld der Erlassung des Gesetzes siehe Erika Weinzierl-Fischer, Die österreichischen Konkordate von 1855 und 1933, Wien 1960, 145f.
49 Zur StF des ABGB und den einschlägigen Novellen siehe Stefan Schima, Die religionsrechtliche Dimension des ABGB von 1811 bis heute, in: Barbara Dölemeyer/Heinz Mohaupt (Hg.), 200 Jahre

tholische Eherecht angelehnt, enthielt aber Sonderbestimmungen für nichtkatholische Christen (worunter im Wesentlichen Evangelische und Orthodoxe zu verstehen waren) und für die Ehen zwischen Jüdinnen und Juden. Die entsprechenden Bestimmungen waren weitgehend an die jeweiligen Grundsätze der betreffenden Bekenntnisse angepasst, mit diesen aber in vielen Punkten nicht deckungsgleich. Ehen zwischen Christen und Personen, die sich nicht zum Christentum bekannten, konnten nicht gültig eingegangen werden (§ 64).[50] Darüber hinaus wurde für den Fall von Ehen zwischen katholischen und nichtkatholisch-christlichen Eheteilen den eherechtlichen Grundsätzen der Katholischen Kirche der Vorzug gegeben. So war auch bei Ehen, bei denen nur ein Eheteil katholisch war, von der Unauflöslichkeit des Ehebandes unter Lebenden auszugehen (§ 111).[51]

Die Konfessions- bzw. Religionsbezogenheit des ABGB-Eherechts bestand v. a. darin, dass eine Ehe grundsätzlich staatlich gültig nur in der Form des Eheabschlusses vor dem zuständigen Seelsorger eingegangen werden konnte. Dieses Prinzip der Bekenntnisbezogenheit der Eheschließung war allerdings schon in Zeiten der Monarchie in mehrfacher Weise durchbrochen worden. So sah das EheG von 1868[52] die Möglichkeit eines Abschlusses einer Notzivilehe vor, wenn der betreffende Seelsorger die Vornahme einer Trauung aus einem staatlich nicht anerkannten Grund verweigerte (Art. 2). In einem Gesetz aus dem Jahr 1870 wurde die staatliche Eheschließungsform zwingend vorgeschrieben, wenn beide Ehewerber keiner gesetzlich anerkannten Religionsgemeinschaft angehörten.[53] Somit war für den Fall zweier konfessionsloser Ehewerber das System der obligatorischen Ziviltrauung maßgeblich (§ 1). Im Übrigen sah auch das IslamG von 1912 dieses Prinzip als maßgeblich an, wenn beide Eheteile muslimisch waren (§ 7).

Allerdings musste die Katholische Kirche zwischen 1918 und 1933 doch Abstriche machen. Nicht nur, dass auf dem Gebiet des Burgenlandes das ungarische System der obligatorischen Ziviltrauung weiter übernommen wurde:[54] Es war die so genannte »Se-

---

ABGB (1811–2011), 299–352. Zu den bereits ab November 1918 unternommenen konkreten Versuchen der Entkonfessionalisierung des Eherechts siehe Weinzierl-Fischer, Konkordate, 152–155.
50 Allerdings kam es – zumindest in der Zeit der Monarchie (und offensichtlich selten) – zur Dispensation von diesem Ehehindernis: Siehe etwa Arrigo Kraus, Dispensation nach erfolgter Eheschließung vom Ehehindernisse der Religionsverschiedenheit ohne vorhergehenden Religionswechsel, in: Juristische Blätter 35 (1906), 31, 366f.
51 Zu den »Scheinmigrationen« zahlreicher Personen zur Umgehung des § 111 siehe Christian Neschwara, Eherecht und »Scheinmigration« im 19. Jahrhundert: Siebenbürgische und ungarische, deutsche und Coburger Ehen, in: Beiträge zur Rechtsgeschichte Österreichs 2 (2012) 1, 101–116.
52 RGBl. Nr. 47/1868.
53 RGBl. Nr. 51/1878.
54 Verordnung BGBl. Nr. 316/1922.

verehe«, die der Geistlichkeit den Schweiß auf die Stirne trieb: Albert Sever, der von 1919 bis 1921 sozialdemokratischer Landeshauptmann von Niederösterreich war und aufgrund von § 83 ABGB grundsätzlich zur Dispenserteilung von Ehehindernissen zuständig war, schritt zur Praxis, wiederverheiratungswillige Personen vom Ehehindernis des bestehenden Ehebandes (§ 111) zu dispensieren.[55] Diese Praxis sollte dann v. a. in Wien lange anhalten und wurde von Höchstgerichten unterschiedlich bewertet.

Auf dem Gebiet des Schulrechts hatte die Katholische Kirche im Zuge der Umbrüche von 1918 kleine Niederlagen hinzunehmen:[56] In einer Novelle zum ReichsvolksschulG 1869 aus dem Jahr 1883[57] war vorgesehen worden, dass nur jene Lehrkräfte »verantwortliche Schulleiter« sein sollten, die das Befähigungszeugnis hinsichtlich jenes Bekenntnisses vorweisen konnten, dem die Mehrheit der Schülerinnen und Schüler angehörte. Das demographische Übergewicht der Katholischen Kirche war dazu geeignet, dass diese Bestimmung deren Angehörigen zu Gute kam.[58] Doch im Jahr 1925 sprach der Verfassungsgerichtshof mit Blick v. a. auf die Art. 66 und 67 StVStGerm aus, dass die betreffende konfessionelle Ausschlussbestimmung verfassungswidrig und damit nicht mehr als maßgeblich zu betrachten war.[59]

Im Rahmen des Schulwesens bildete auch der Stellenwert religiöser Übungen einen Zankapfel. So war in der Zeit der Monarchie die Durchführung von Schulgebeten auch im Rahmen weltlicher Unterrichtsgegenstände vorgesehen und auch die Pflicht zum Besuch religiöser Übungen geregelt worden.[60] Doch schon am 10. April 1919 hob der sozialdemokratische Unterrichtsminister Otto Glöckel die Verpflichtung von Lehrkräften zur Beaufsichtigung von Schülerinnen und Schülern bei religiösen Übungen im Erlassweg auf. Ferner untersagte er die Berücksichtigung der Nichtteilnahme an religiösen Übungen als Benotungskriterium für den Religionsunterricht.[61] Damals kam es auch zur Entfernung von Schulkreuzen aus zahlreichen Wiener Klassenzimmern.

Der Übergang von der Monarchie zur Republik hatte für die Katholische Kirche kaum Einschränkungen ihrer Rechte mit sich gebracht. Sieht man von der erwähnten

---

55 Zu den »Severehen« siehe Ulrike Harmat, Ehe auf Widerruf? Der Konflikt um das Eherecht in Österreich 1918 – 1938 (Studien zur europäischen Rechtsgeschichte 121), Frankfurt a.M. 1999; Schima, Dimension, 340f.
56 Siehe Schima, Wandlungen, 250f.
57 RGBl. Nr. 53/1883.
58 Zu Ausnahmebestimmungen für Galizien einschließlich Krakaus und Dalmatien ist hier nicht einzugehen. Siehe Schima, Wandlungen, 250.
59 Siehe Kalb, Kommentar, 250f.
60 Siehe Herbert Kalb/Richard Potz/Brigitte Schinkele, Das Kreuz in Klassenzimmer und Gerichtssaal (Religionsrechtliche Studien 1), Freistadt 1996, 25.
61 Hierzu und zum Folgenden Kalb/Potz/Schinkele, Kreuz, 25f.

institutionellen Trennung von Staat und Kirche, von der Unterminierung des konfessionell geprägten Eherechts durch die so genannten »Severehen« und von den eher kleinen Niederlagen auf dem Gebiet des Schulwesens ab, so war sie in der Behauptung ihrer Bastionen erstaunlich erfolgreich. Der Umstand, dass das kaiserliche Nominationsrechts für Erzbischofs- und Bischofsstühle nicht durch die Republik beansprucht wurde, bedeutete ein Plus kirchlicher Freiheit.

2.4 Die Stellung der »Anderen«

Für die Evangelische Kirche blieb das Protestantenpatent von 1861 weiter in Geltung. Nachdem dem Kaiser als Landesherrn im Sinne des landesfürstlichen Summepiskopats die Leitung über das evangelische Kirchenwesen zugekommen war, bekannte sich die junge Republik weiterhin zur Ausübung der entsprechenden Rechte.[62] In Summe konnte der Staat in die Belange der Evangelischen mehr »hineinregieren« als dies für die Katholische Kirche der Fall war. Die Aufrechterhaltung des konfessionell bezogenen ABGB-Eherechts war grundsätzlich weiterhin mit Benachteiligungen für evangelische Ehegatten verbunden. Für das Bildungswesen ist allerdings die Inkorporation der Evangelisch-Theologischen Fakultät in den Verband der Wiener Universität zu nennen. Dafür hatte sich das Großdeutsche Lager im Nationalrat stark gemacht. Von diesem war nun zu erwarten, dass es sich nicht der sozialdemokratischen Kritik am Bestand katholisch-theologischer Fakultäten anschließen würde. Hinter diesem Zweckbündnis stand v. a. der katholische Theologe und Obmann der Christlichsozialen Partei, Ignaz Seipel,[63] der mehrere Jahre hindurch auch das Amt des Bundeskanzlers bekleidete.

Die Rechtslage der Israelitischen Religionsgesellschaft und ihrer Angehörigen war im Gefolge der Umbrüche von 1918 keinen wesentlichen Änderungen unterworfen. § 64 ABGB blieb weiter in Geltung, und somit konnte eine Ehe zwischen einem Christen und einer Person, die sich nicht zum Christentum bekannte, nach wie vor grundsätzlich nicht eingegangen werden. Was die Lage derjenigen Personen betrifft, die unabhängig von ihrer Religionszugehörigkeit in der öffentlichen Wahrnehmung als »Juden« betrachtet wurden, kann nur auf die wichtigsten Entwicklungen eingegangen werden.[64] Vor allem die Diskussionen über jüdische Einwanderer aus östlichen

---

62 Hierzu und zum Folgenden Inge Gampl, Staat und evangelische Kirche in Österreich von der Reformation bis zur Gegenwart, in: Zeitschrift für Rechtsgeschichte. Kanonistische Abteilung 83 (1966), 299–331, 323f.; Schwarz, 1918, passim.
63 Schwarz, 1918, 41.
64 Stellvertretend für zahlreiche Werke sei hier genannt: Gertrude Enderle-Burcel/Ilse Reiter-Zatloukal (Hg.), Antisemitismus in Österreich 1933–1938, Wien 2018. Siehe etwa die Beiträge von Thomas Albrich,

Gebieten der früheren Donaumonarchie gaben dem Antisemitismus Auftrieb.[65] Dieser machte sich v.a. im Bildungswesen breit. Von 1920 bis 1938 wurde das Unterrichtsministerium – es war auch für Universitätsangelegenheiten zuständig – von Ministern geleitet, die als klerikal-konservativ, deutsch-national oder pro-nazistisch einzustufen sind.[66] Wenn auch Plänen, den Universitätszugang von Jüdinnen und Juden zu regulieren, kein umfassender Erfolg beschieden war,[67] so sind Netzwerke wahrzunehmen, die sie an der Beschreitung eines universitären Karriereweges hindern sollten. An der Wiener Universität war das wichtigste Netzwerk die so genannte »Bärenhöhle«, die im Jahr 1922 ihre Tätigkeit aufnahm.[68] Darüber hinaus wurden jüdische Studierende oft gewaltsam am Betreten der Universitäten gehindert.

Wie bereits erwähnt trug der StVStGerm v.a. infolge der Gewährung öffentlicher Religionsübungsfreiheit zur Verbesserung der Rechtslage derer bei, die keinem gesetzlich anerkannten Bekenntnis angehörten. Mit Blick auf den StVStGerm ging der Verwaltungsgerichtshof davon aus, dass nicht nur die Religion, sondern auch die nichtreligiöse Weltanschauung grundrechtlich geschützt war.[69] Folglich konnte für konfessionslose Schülerinnen und Schüler auch keine Pflicht zur Teilnahme am Religionsunterricht bestehen. Wenn in den 20er Jahren freidenkerische Vereinigungen Hochkonjunktur feiern konnten, so sind freilich nicht alle »Freidenker« unter den Begriff der »Konfessionslosen« zu subsumieren. Etwa 300.000 Personen dürften derartigen Organisationen angehört haben.[70]

Vom Antijudaismus zum Antisemitismus in Österreich. Von den Anfängen bis Ende der 1920er Jahre, 37–60; Ewald Wiederin, Jüdische Bevölkerung und verfassungsrechtliche Lage 1918 bis 1938, 97–109.

65 Dieses Thema stand mit der Auslegung des Art. 80 StVStGerm in Zusammenhang: Siehe Kalb, Kommentar, 255f.

66 Friedrich Stadler, Antisemitismus an der Philosophischen Fakultät der Universität Wien – Am Beispiel von Moritz Schlick und seines Wiener Kreises, in: Oliver Rathkolb, Der lange Schatten des Antisemitismus. Kritische Auseinandersetzungen mit der Geschichte der Universität Wien im 19. und 20. Jahrhundert (Zeitgeschichte im Kontext 8), Wien 2013, 207–235, 221.

67 Siehe etwa Linda Erker, Die Universität Wien im Austrofaschismus (Schriften des Archivs der Universität Wien 29), Göttingen 2021, 53–55.

68 Siehe Klaus Taschwer, Die Hochburg des Antisemitismus. Der Niedergang der Wiener Universität im 20. Jahrhundert, Wien 2015, 103–125.

69 Siehe Schima, Rechtsgeschichte, 114 f.; Kalb, Kommentar, 248, Anm. 746.

70 Franz Sertl, Die Freidenkerbewegung in Österreich im zwanzigsten Jahrhundert, Wien 1995, 42.

3. Staat und Religion in der Zeit der »Diktatur der vielen Namen« (1933–1938)

3.1 Verfassungsrechtliche Kontinuitäten und Umbrüche im Bereich von Religion und Weltanschauung

Die Zeit zwischen 1933 und 1938 ist sowohl im Kontext wissenschaftlicher Diskurse als auch im Rahmen politischer Diskussionen Gegenstand eines Benennungsstreits.[71] Hier darf die Bezeichnung »Diktatur der vielen Namen« gewählt werden: Sie war der Titel einer Ausstellungsinstallation im »Haus der Geschichte Österreich« im Jahr 2018.[72] Die Periode war von einem Naheverhältnis zwischen Katholischer Kirche und Regime geprägt. Der »Politische Katholizismus« sollte nun in vielerlei Hinsicht zur Blüte gelangen.[73] Was die Benachteiligung anderer Bekenntnisse angeht, sind allerdings Differenzierungen angebracht.

Bereits im Jahr 1933 kam es zu noch zu besprechenden unterverfassungsrechtlichen Änderungen. Dabei ist vorweg zu bemerken, dass das Konkordat 1933/34[74] gleichzeitig mit der neuen Verfassung am 30. April 1934 durch den Rumpf-Nationalrat genehmigt und einen Tag später kundgemacht wurde.[75] Die Verfassung von 1934 lässt erkennen, dass der Staat nicht gewillt war, die nichtreligiöse Weltanschauungsfreiheit weiterhin zu schützen. Sie wurde »im Namen Gottes« erlassen und Österreich als christlicher deutscher Bundesstaat auf ständischer Grundlage benannt. Dass hier das Christentum in seiner katholischen Version gemeint war, steht außer Frage.

Die Verfassung orientierte sich mit der Vorstellung des ständestaatlichen Aufbaus in gewissem Maß an der Enzyklika »Quadragesimo anno« Pius' XI. vom Jahr 1931, was durch Bundeskanzler Dollfuß im September 1933 feierlich angekündigt worden war.[76] Die Tatsache, dass die Organisation in Ständen seitens des Papstes lediglich als Empfehlung gemeint war, die österreichische Diktatur dies aber einseitig vorschrieb,

---

71 Im Sinne differenzierter wissenschaftlicher Begriffsannäherungen ist folgender Sammelband hervorzuheben: Carlo Moos (Hg.), (K)ein Austrofaschismus? Studien zum Herrschaftssystem 1933–1938 (Austria: Forschung und Wissenschaft Geschichte 17), Wien 2021.
72 Siehe Erker, Universität, 25.
73 Siehe ausführlicher als im vorliegenden Beitrag Helmut Wohnout, Staat und katholische Kirche im autoritären Österreich. Eine enge und doch komplexe Wechselbeziehung, in: Thomas Walter Köhler/Christian Mertens/Anton Pelinka (Hg.), Ein Hauch von Welt. Österreich vor und nach Saint Germain, Wien 2020, 289–317.
74 BGBl. I Nr. 2/1934.
75 BGBl. II Nr. 1/1934. Zur wiederholten Kundmachung und zum Folgenden siehe Schima, Entfaltung, 31–34.
76 Hierzu und zum Folgenden Wohnout, Staat, 295–298.

dürfte im Kreis der Katholischen Kirche Österreichs auf keine Empörung gestoßen sein.

Die Verfassung trug Elemente im Sinne einer Rückgängigmachung der institutionellen Trennung von Staat und Religionsgemeinschaften, wie sie im Jahr 1918 erfolgt war, in sich. So hatte der als Beratungsorgan in Gesetzgebungsangelegenheiten vorgesehene Bundeskulturrat aus »Vertretern von gesetzlich anerkannten Religionsgemeinschaften« zu bestehen (Art. 47 Abs. 1). Ein Teil der Abgeordneten des Bundeskulturrats war in den von der Verfassung als beschließendes Gesetzgebungsorgan vorgesehenen Bundestag zu berufen (Art. 50 Abs. 1).[77]

Zwar unterschieden sich die neuen religionsrechtlich relevanten Grundrechtsbestimmungen auf den ersten Blick nicht erheblich von denen des außer Geltung gesetzten StGG, doch in Bezug auf die Unterschiede sind zunächst die Suspensionsvorschriften zu beachten (Art. 147). Obgleich sie sich nicht ausdrücklich auf religionsfreiheitliche Rechte bezogen, konnten diese doch betroffen sein. Hinsichtlich der garantierten umfassenden Religionsfreiheit – sie war auch mit gleichheitsrechtlichen Auspizien versehen – wurde etwa eine Ausnahme darin gemacht, dass für Angehörige des öffentlichen Dienstes die Pflicht zur Teilnahme an kirchlichen Veranstaltungen vorgesehen werden durfte (Art. 27 Abs. 3). Ferner ist zu bemerken, dass weder die In-Aussichtstellung eines die Voraussetzungen der Anerkennung von Religionsgemeinschaften regelnden Gesetzes (Art. 28 Abs. 3) noch die Ankündigung der Erlassung besonderer Gesetze, die die Rechtsstellung bestimmter anerkannter Religionsgemeinschaften »nach gepflogenem Einvernehmen« regeln sollten (Art. 30 Abs. 5), in der Folge umgesetzt worden ist. Wenn gemäß der bisherigen Rechtslage ausgesprochen wurde, dass die gesetzlich anerkannten Religionsgemeinschaften öffentlich-rechtliche Stellung innehatten, so wurde dabei die Katholische Kirche als einzige ausdrücklich erwähnt (Art. 29 Abs. 1). Das besondere Naheverhältnis zur Katholischen Kirche äußerte sich auch darin, dass einige Bestimmungen des Konkordats 1933/34 mit Verfassungsrang ausgestattet wurden (Art. 30 Abs. 4). Der Verfassung fehlte eine Ausnahmebestimmung im Hinblick auf die Eigentumserwerbsfreiheit, die zu Lasten der »toten Hand« wirken konnte. Dies war als Besserstellung der Katholischen Kirche in Bezug auf die vorangehende Verfassungsrechtslage aufzufassen. Der Staat hatte darüber zu wachen, dass Kinder »sittlich-religiös« erzogen wurden (Art. 31 Abs. 6). Obgleich sich insgesamt deutliche Verengungen gegenüber der vorangehen-

---

77 Zur tatsächlichen Zusammensetzung des Bundeskulturrats siehe Gertrude Enderle-Burcel (unter Mitarbeit von Johannes Kraus), Christlich–ständisch–autoritär. Mandatare im Ständestaat 1934–1938, Wien 1991, 299f. Die Katholische Kirche verfügte über acht Vertreter, die Evangelische Kirche und die Israelitische Religionsgesellschaft über je einen. Zwei der katholischen Vertreter wurden in den Bundestag entsandt.

den Grundrechtslage bemerkbar machten, wurden die Grundrechtsbestimmungen des StVStGerm weiterhin übernommen (Art. 181).

3.2 Die Stellung der Katholischen Kirche

Bereits der Blick auf die verfassungsrechtliche Lage lässt eine zentrale Stellung der Katholischen Kirche erkennen. Wenn einige Bestimmungen des Konkordats 1933/34 ausdrücklich in Verfassungsrang gehoben wurden, so lässt das nicht zwingend den Schluss zu, als ob aus damaliger Sicht alle anderen damals in Geltung getretenen Konkordatsbestimmungen bloß einfachgesetzlichen Rang aufwiesen, doch ist dies heute die »offizielle« Sichtweise.[78]

Indes wurden schon vor dem Konkordat rechtliche Schritte gesetzt, die die Katholische Kirche zumindest im Ergebnis stärken sollten.[79] Die erwähnten Verfügungen Otto Glöckels wurden im Wesentlichen wieder aufgehoben, der Freidenkerbund wurde aufgehoben und schließlich die Voraussetzungen eines Austritts aus einer gesetzlich anerkannten Religionsgemeinschaft beträchtlich verschärft.

Die Bedeutung des in weiten Teilen noch heute geltenden Konkordats wurde sowohl von Seiten der diktatorischen Staatsführung als auch von den prononcierten Gegnern übertrieben.[80] Es stellte tendenziell eine Besserstellung für die Katholische Kirche dar, dass nun eine formelle Aufhebung des KatholikenG von 1874 und des ReligionsfondsG von 1874 erfolgte (Zusatzprotokoll zu Art. XXII, Abs. 3), und damit war eine Abschwächung der staatlichen Kontroll- und Aufsichtsmechanismen festgeschrieben. Auch die Ablösung des dem Kaiser zugestandenen bischöflichen Nominationsrechts wurde nun festgeschrieben: Die entsprechenden Ernennungen haben – mit gewissen Einschränkungen – frei durch den Papst zu erfolgen (Art. IV).[81] Das konfessionell bezogene ABGB-Eherecht blieb grundsätzlich aufrecht, und für das Burgenland sollte in der Folge das System der fakultativen Ziviltrauung das der obligatorischen ablösen (vgl. Art. 7 § 1). Ein Heranrücken des staatlichen Eherechts an Erfordernisse des kirchlichen brachte allerdings eine gewisse Bevorzugung von Katholiken vor nichtkatholischen Christen mit sich. Nicht zu unterschätzen ist die Bedeutung jener Regelungen, bei denen der Staat auf das von ihm beanspruchte Monopol der Organisation und Betreuung der Jugend zugunsten der Katholischen

---

78 Siehe Schima, Wiederaufbau, 324–329.
79 Zum Folgenden Stefan Schima, Überschätzt von Freund und Feind? Das österreichische Konkordat 1933/34, in: Ilse Reiter-Zatloukal/Christiane Rothländer/Pia Schölnberger (Hg.), Österreich 1933–1938. Interdisziplinäre Annäherungen an das Dollfuß-/Schuschnigg-Regime, Wien 2012, 42–57, 44f.
80 Siehe Schima, Freund, 42–57.
81 Zu diesen Einschränkungen siehe ausführlich Kalb/Potz/Schinkele, Religionsrecht, 462–464.

Aktion verzichtete (Zusatzprotokoll zu Art. 14).[82] Ähnliche Trends lassen sich allerdings auch für das Evangelische Jugendwerk und jüdische Jugendorganisationen festmachen.[83]

3.3 Die Stellung der »Anderen«

Für den Bereich der Evangelischen Kirche lässt sich ein hohes Ausmaß an Anschluss-Sympathien feststellen.[84] Dabei ist offenkundig, dass man die Worte katholischer Kirchenvertreter, wonach in Österreich nun eine zweite Gegenreformation stattfinden würde, nicht als erbaulich empfand. Keine Umsetzung erfuhren – seitens des Regimes wohl ernst gemeinte – Bemühungen, das Protestantenpatent durch ein Gesetz abzulösen, das von höheren religionsfreiheitlichen Standards bestimmt war. Insgesamt herrschte ein von Misstrauen geprägtes Verhältnis zwischen Regime und Kirche. Ob die im Jahr 1933 vorgeschriebene Erschwerung des Austritts aus einer gesetzlich anerkannten Religionsgemeinschaft der Evangelischen Kirche schaden sollte oder nicht, muss offenbleiben. Jedenfalls gab es zahlreiche Eintritte in die Evangelische Kirche.

Das Regime nahm eine ambivalente Haltung zu Jüdinnen und Juden ein. Einerseits gab es eine Aufnahmebereitschaft für rassisch verfolgte Personen, die aus Deutschland ins österreichische Exil kamen, andererseits standen Diskriminierungen in vielen Bereichen an der Tagesordnung.[85]

Die Benachteiligungen von Konfessionslosen zeigten sich nicht nur anhand der Erschwerung von Austritten aus gesetzlich anerkannten Religionsgemeinschaften, sondern etwa auch daran, dass sie nicht dem öffentlichen Dienst angehören durften.[86] Die auf die Frage religiöser Erziehung von Kindern Konfessionsloser bezogene Rechtsprechung des im Jahr 1934 eingerichteten Bundesgerichtshofs folgte im Wesentlichen wieder der höchstgerichtlichen Judikatur aus der Zeit der Monarchie und dies trotz formaler Weitergeltung des StVStGerm.

---

82 Siehe dazu Wohnout, Staat, 309f.
83 Emmerich Tálos (unter Mitarbeit von Florian Wenninger), Das austrofaschistische Österreich 1933–1938, Wien 2017, 68.
84 Zur Stellung der Evangelischen Kirche in der Diktatur der vielen Namen siehe Gerhard Peter Schwarz, Ständestaat und Evangelische Kirche von 1933 bis 1938. Evangelische Geistlichkeit und Nationalsozialismus aus der Sicht der Behörden von 1933 bis 1938 (Dissertationen der Karl-Franzens-Universität Graz 76), Graz 1987; Schwarz, Protestantismus, 238–268; Tálos, Österreich, 85.
85 Siehe Enderle-Burcel/Reiter-Zatloukal, Antisemitismus, passim.
86 Hierzu und zum Folgenden Schima, Rechtsgeschichte, 117–120.

4. Staat und Religion in der Anfangszeit des Nationalsozialismus

Für die Zeit der nationalsozialistischen Herrschaft ist der Vorgang der »Entkonfessionalisierung«[87] wahrzunehmen, wobei diese Periode in vielerlei Hinsicht im Zeichen der Trennung von Staat und Kirche stand. So kam es zu einer beträchtlichen Zurückdrängung – und teils Beseitigung – des schulischen Religionsunterrichts. Die Trennung wurde allerdings nicht in jeglicher Hinsicht durchgeführt; in gewisser Weise blieb eine Sphäre des öffentlichen Wirkens gesetzlich anerkannter Religionsgemeinschaften gewahrt. Bereits im Jahr 1938 wurde jedoch das Konkordat für erloschen erklärt. Mit Blick auf die bevorstehende Aufhebung der Religionsfonds im Jahr 1940 wurde das KirchenbeitragsG 1939[88] erlassen: Es gilt für die Katholische, die Evangelische und die Altkatholische Kirche und verfolgte den Zweck der Erhöhung der Kirchenaustrittszahlen. Dabei ist zu beachten, dass die vom vorangehenden Regime vorgesehenen Erschwernisse des Kirchenaustritts in der Zeit des Nationalsozialismus wieder zurückgenommen wurden. Die gegen Personen, die als Jüdinnen und Juden galten, ergriffenen Schritte, die bis zur Vernichtung reichten, waren zwar primär rassistisch motiviert, doch spielten religiöse Zuordnungskriterien eine maßgebliche Rolle. Die Schaffung von Anreizen für Kirchenaustritte führt zu dem berechtigten Schluss, dass das Regime Konfessionslosigkeit förderte.[89] Dabei ist allerdings zu beachten, dass mit Vorliebe der Begriff »gottgläubig« für ausgetretene Personen verwendet wurde und mit anderen Worten die Stellung nichtreligiöser Weltanschauung in der Zeit des Nationalsozialismus differenziert betrachtet werden muss.

---

87 Kalb/Potz/Schinkele, Religionsrecht, 14. Zum Folgenden siehe v. a. Richard Potz, Nationalsozialismus und Staatskirchenrecht, in: Ulrike Davy/Herbert Hofmeister/Judith Marte/Ilse Reiter (Hg.), Nationalsozialismus und Recht. Rechtssetzung und Rechtswissenschaft in Österreich unter der Herrschaft des Nationalsozialismus, Wien 1990, 266–284; Wohnout, Staat, 290f.
88 StF: Gesetzblatt für das Land Österreich Nr. 718/1939.
89 Siehe Schima, Rechtsgeschichte, 120–122.

Helmut Wohnout

Demokratiekritik im Politischen Katholizismus und bei der Christlichsozialen Partei

1. Skepsis von Anfang an: der schwierige Übergang 1918/19

Innerhalb des Politischen Katholizismus in Österreich konnte sich nach 1918 kein nachhaltiges und verbindliches demokratisch-republikanisches Bewusstsein herausbilden. Zum einem lag dies in der Art und Weise, wie sich der Übergang von der Monarchie zur Republik vollzog. Spätestens seit der Gegenreformation und dem Josephinismus war der österreichische Katholizismus eng mit dem Staat verknüpft gewesen. Diese »Einheit von Thron und Altar« als Konstituante des Staatswesens machte ein Ende der Monarchie für viele Katholiken eigentlich nicht vorstellbar. Zum anderen war der politische Katholizismus in Österreich neben dem Phänomen des im Vergleich zu Westeuropa verspäteten Parlamentarismus geprägt von dem tiefsitzenden Reflex einer in der Romantik wurzelnden integralistischen katholischen Denkschule (Adam Müller, Friedrich Schlegel u.a.), die dem liberalen Gedankengut der Aufklärung und damit auch der Idee der Volkssouveränität ablehnend gegenüberstand. Sie wurde als im Zusammenhang mit der Französischen Revolution stehend negativ konnotiert.[1] Diese Ablehnung galt über weite Strecken für die Moderne insgesamt, wobei hier der päpstlichen Modernismuskritik des 19. Jahrhunderts eine wesentliche Rolle zukam. Das alles bildete den Hintergrund dafür, dass die Christlichsozialen in den Umbruchstagen des Jahres 1918 lange am Erhalt der alten Ordnung festgehalten haben.[2]

---

[1] Wie sehr dieser Reflex in der Zwischenkriegszeit eine Rolle spielte, wird an zahlreichen Beispielen anschaulich illustriert in: Erika Kustatscher, »Berufsstand« oder »Stand«? Ein politischer Schlüsselbegriff im Österreich der Zwischenkriegszeit (Veröffentlichungen der Kommission für Neuere Geschichte Österreichs 113), Wien/Köln/Weimar 2016, 182–210.

[2] Vgl. dazu u.a.: Erika Weinzierl, Kirche und Politik, in: Erika Weinzierl/Kurt Skalnik (Hg.), Österreich 1918–1938. Geschichte der Ersten Republik, Bd. 1, Wien/Graz/Köln 1983, 437–496, 456f.; Alfred Diamant, Die österreichischen Katholiken und die Erste Republik. Demokratie, Kapitalismus und soziale Ordnung 1918–1934, Wien 1960, 9–66. Clemens Martin Auer, Die Modernismuskrise des Katholizismus. Menschenrechte, Demokratie, die Revolution von 1848 und die katholische Kirche, in: Demokratie und Geschichte. Jahrbuch des Karl von Vogelsang-Instituts zur Erforschung der Geschichte der christlichen Demokratie in Österreich 2 (1998), 118–142.

Am 10. November 1918 zeichnete sich unter den christlichsozialen Abgeordneten der Provisorischen Nationalversammlung eine überwiegende Mehrheit für die republikanische Staatsform ab.³ Dabei ist Folgendes zu berücksichtigen: Die Zusammensetzung der Provisorischen Nationalversammlung basierte auf den letzten stattgefundenen Reichsratswahlen 1911. Und bei diesen hatten die in ihrer großen Mehrheit gegenüber dem Kaiserhaus loyalen Wiener Christlichsozialen verheerend abgeschnitten. Die überwiegende Mehrheit der Abgeordneten kam aus den ländlichen Wahlkreisen. Und gerade bei der katholischen Landbevölkerung war die Stimmung im Herbst 1918 zu Ungunsten der Monarchie gekippt. Es war dies ein Resultat der jahrelangen ineffizienten Zwangsbewirtschaftung und der oft willkürlich agierenden kaiserlichen Militärverwaltung, für die nunmehr angesichts der militärischen Niederlage der Kaiser verantwortlich gemacht wurde. Die christlichsozialen »Bauerngeneräle« in den Ländern verabschiedeten sich im Gegensatz zur Kerntruppe in Wien vergleichsweise leichten Herzens von der Monarchie.⁴

Es war Ignaz Seipel, der der Christlichsozialen Partei, der kirchlichen Hierarchie und der katholischen Bevölkerung einen Weg wies, über das Dilemma des Unvermeidlichen hinwegzukommen und die demokratische Republik mitzutragen. Seipel war zu diesem Zeitpunkt zwar Sozialminister der letzten kaiserlichen Regierung, bekleidete aber kein parteipolitisches Amt innerhalb der Christlichsozialen Partei. Doch zeigte sich in diesem Moment erstmals sein politischer Weitblick, erkannte er doch die Wichtigkeit, einer drohenden Spaltung des katholischen Lagers in einen monarchistischen und einen republikanischen Flügel entgegenzuwirken, und fungierte als Verbindungsglied zwischen der Regierung und den Christlichsozialen.⁵ Seipel gelang es, jenen Teilen der Katholiken, die nach wie vor zur Monarchie standen, die Akzeptanz der Republik zu erleichtern, allerdings ohne sie von den Werten der demokratischen Republik auch innerlich zu überzeugen. Dies geschah vorerst, indem Seipel maßgeblichen Einfluss auf die Art und Weise des Rückzugs Kaiser Karls am 11. No-

---

3 Österreichisches Staatsarchiv (ÖStA), Haus- Hof- und Staatsarchiv (HHStA), Nachlass Friedrich von Wieser, fol. 1918/1154.
4 Lothar Höbelt, Die Erste Republik Österreich (1918–1938) (Schriftenreihe des Forschungsinstitutes für politisch-historische Studien der Dr.-Wilfried-Haslauer-Bibliothek 64) Wien/Köln/Weimar 2018, 114; Lothar Höbelt, Einleitung: Die »verkehrten Fronten« des Jahres 1919, in: Lothar Höbelt/Johannes Kalwoda/Johannes Schönner (Hg.), Klubprotokolle der Christlichsozialen und der Großdeutschen 1918/19 (Schriftenreihe des Forschungsinstitutes für politisch-historische Studien der Dr.-Wilfried-Haslauer-Bibliothek 80) Wien/Köln 2022, 23–56, 25–29.
5 ÖStA, HHStA, Nachlass Friedrich von Wieser, fol. 1918/1154. Vgl. dazu insgesamt: Helmut Wohnout, Ignaz Seipel, die Christlichsozialen und ihre Rolle beim Thronverzicht Kaiser Karls im November 1918, in: Thomas Walter Köhler/Christian Mertens/Anton Pelinka (Hg.), Ultimo. Österreichs letzter Kaiser im Übergang von der Monarchie zur Republik, Wien 2022, 298–321.

vember 1918 nahm. Seipel sprach sich vehement gegen die von sozialdemokratischer Seite verlangte Abdankung oder förmliche Thronentsagung aus. Die von Ministerpräsident Heinrich Lammasch dem Monarchen nach Gesprächen mit Karl Renner und Karl Seitz in der Nacht vom 10. auf den 11. November 1918 vorgelegte Erklärung war von Seipel mitformuliert worden, die entscheidenden Passagen gingen auf ihn zurück. Das betrifft vor allem jene Formulierung, wonach Karl bloß auf jeden weiteren Anteil an den Staatsgeschäften verzichtete und erklärte, im Voraus die Entscheidung anzuerkennen, die Deutschösterreich über seine künftige Staatsform treffen werde.[6]

Doch war auch nach dem 12. November 1918 unter vielen Katholiken ein Gefühl der Unsicherheit, ja Orientierungslosigkeit dem neuen revolutionär entstandenen Staatswesen gegenüber vorhanden. In dieser Situation veröffentlichte Seipel über Bitte Friedrich Funders vier programmatische Artikel in der Reichspost.[7] Der Chefredakteur des führenden katholischen Blattes hatte ihn um eine solche Wegweisung ersucht. Seipel tat dies ohne formelle Legitimation durch Kirche oder Politik. Er nahm vielmehr die Dinge in die Hand und füllte damit ein Vakuum im katholischen Lager aus. Wiederum galt es aus seiner Sicht, eine Spaltung unter den Katholiken zu verhindern. In seinem letzten und wichtigsten Artikel vom 23. November 1918 formulierte er, dass es nicht darum gehen könne, eine Restauration der Monarchie, so wie sie bis zum 12. November 1918 bestanden hatte, herbeizuführen. Wenn, dann müsse nunmehr eine demokratische Monarchie an ihre Stelle treten. Der Unterschied zwischen einer demokratischen Republik und einer demokratischen Monarchie wiederum sei nicht allzu groß. Welcher Staatsform der endgültige Vorzug zu geben sei, sollte das Wahlvolk entsprechend der kaiserlichen Verzichtserklärung nach Abschluss eines inneren Konsolidierungsprozesses und des Friedensvertrages bestimmen.[8] Auch wenn es bekanntlich zu einer solchen Volksabstimmung nie kam, hatte Seipel den Übergang zur Republik argumentativ so begründet, dass weite Kreise der bisher kaisertreuen Bevölkerung diesen, wenn auch nicht gerade freudig, akzeptierten.

Ernst Hanisch mutmaßt, dass 1918 die Mehrzahl der Katholiken für den Weiterbestand der Monarchie eingetreten wäre.[9] Seine Vermutung findet eine Bestätigung in einer Bemerkung des zu diesem Zeitpunkt neuen Parteiobmanns der Christlichsozialen, des oberösterreichischen Prälaten Johann Nepomuk Hauser, vom Jänner 1919. In einem Gespräch mit Kardinal Gustav Piffl meinte Hauser, dass die Christlichsozialen für

---

6 Vgl. dazu im Detail: Wohnout, Seipel, 311–316.
7 Die vier Artikel Seipels finden sich wiederabgedruckt in einer von ihm 1930 edierten Sammlung von Reden und Aufsätzen: Ignaz Seipel, Der Kampf um die österreichische Verfassung, Wien/Leipzig 1930, 49–66.
8 Ebd., 63–66.
9 Ernst Hanisch, Die Ideologie des politischen Katholizismus in Österreich, Salzburg 1977, 6.

die Monarchie eintreten würden, ihnen aber im Moment die Hände gebunden seien.[10] Die Katholiken waren in der Ersten Republik, um nochmals Ernst Hanisch zu zitieren, »Vernunftrepublikaner«, keine »Herzensrepublikaner« geworden.[11] Genauso wenig hatten sie sich zu überzeugten Demokraten gewandelt.

Wie schwer gerade den katholischen Eliten der Abschied von der alten Ordnung gefallen war, sei am Beispiel des Rückzugs des Grandseigneurs und langjährigen Obmanns der Partei, Prinz Aloys Liechtenstein, illustriert. Liechtenstein war neben seiner Mitgliedschaft im Herrenhaus Landmarschall und damit Vorsitzender des Landtags von Niederösterreich. Am 5. November 1918 hatte sich die Provisorische Niederösterreichische Landesversammlung konstituiert. Analog der Vorgehensweise in anderen Landtagen waren die Vertreter der Parteien übereingekommen, dass sich diese aus den Abgeordneten des letzten, 1908 gewählten Landtags sowie den bei den letzten Reichsratswahlen 1907 gewählten niederösterreichischen Abgeordneten zusammensetzen sollte. Die Vertreter des Großgrundbesitzes sowie der Handelskammern und die Virilisten fanden keine Berücksichtigung mehr bei der Zusammensetzung der Provisorischen Landesversammlung. Wie bei den Beschlüssen der Provisorischen Nationalversammlung vom 30. Oktober 1918 handelte es sich auch bei der Parteienvereinbarung über die Zusammensetzung der Provisorischen Landesversammlung um einen revolutionären Akt, stellte diese doch einen Bruch mit der geltenden Landesordnung dar.[12] Für Prinz Aloys Liechtenstein war dieser von den bäuerlichen Vertretern der Christlichsozialen in Niederösterreich rund um Josef Stöckler mitgetragene Schritt so schwerwiegend gewesen, dass er nicht nur den Vorsitz im Landtag und sein Mandat zurücklegte, sondern auch als Obmann der Christlichsozialen Partei demissionierte.[13] Liechtenstein war bei weitem nicht allein. Gerade unter den Wiener Christlichsozialen und innerhalb des Katholischen Volksbundes gab es nach wie vor eine starke monarchistische Strömung. Der demokratischen Republik haftete in den

---

10 Martin Krexner, Kardinal Friedrich Gustav Piffl. Biographie eines Volksbischofs und seiner Zeit. Das kirchliche Leben in der Erzdiözese Wien 1913–1932, phil. Diss., Universität Wien 1987, 213.
11 Ernst Hanisch, Die »große Angst« der Katholischen Kirche und die Akkomodation an die Republik 1918–1920, in: Robert Kriechbaumer/Michaela Maier/Maria Mesner/Helmut Wohnout (Hg.), Die junge Republik. Österreich 1918/19, Wien/Köln/Weimar 2018, 187–195, 190.
12 Helmut Wohnout, Die Sitzung vom 5. November 1918. Historischer Kontext und Verlauf, in: NÖ Landtagsdirektion (Hg.), 1918/2018. 100 Jahre Provisorische Landesversammlung. Das Protokoll und seine historischen Hintergründe, St. Pölten 2018, 26–31, 27–28; Georg Schmitz, Demokratisierung und Landesverfassung in Niederösterreich 1918–1922, in: Österreichische Forschungsgemeinschaft (Hg.), Demokratisierung und Verfassung in den Ländern 1918–1920 (Studien zur Zeitgeschichte der Österreichischen Länder 1), St. Pölten/Wien 1983, 162–177, 163–164.
13 Markus Benesch, Die Wiener Christlichsoziale Partei 1910–1914. Eine Geschichte der Zerrissenheit in Zeiten des Umbruchs, Wien/Köln/Weimar 2014, 50.

Augen dieser Gruppe von Anfang an das Odium an, Ergebnis eines revolutionären Umbruchs zu sein.

2. Infragestellung der demokratischen Republik in den 1920er Jahren

Dem großen Bruch des Jahres 1918 war eine Tendenz in der Weiterentwicklung der Christlichsozialen vorausgegangen, die anfangs noch unter der Oberfläche der Partei erfolgte. War der politische Ansatz Luegers kein im engeren Sinn klerikaler gewesen, so griff mit der sich einzementierenden Frontstellung zur Sozialdemokratie mehr und mehr eine ideologische Engführung in der Politik der Christlichsozialen Platz. Insbesondere nach dem Tod Luegers 1910 begann eine neue Generation junger, ideologisch geschulter Intellektueller, die aus dem Vereinskatholizismus kam, mit Rückendeckung eines im Vergleich zur Jahrhundertwende kämpferischer gewordenen Episkopats den Parteiapparat zu infiltrieren. Neben das eher vage formulierte soziale Programm im Sinne des realistischen Ansatzes der Sozialpolitik Franz Martin Schindlers trat ein rigider politischer Katholizismus.[14] Es waren Männer wie Richard Schmitz, Friedrich Funder, Viktor Kienböck oder Heinrich Mataja, bei denen es nicht mehr wie unter Lueger um eine pragmatisch austarierte Interessen- und Klientelpolitik ging, sondern um einen exklusiven kulturpolitischen Hegemonialanspruch. In der Person des 1917 als Nachfolger Schindlers zum Ordinarius für Moraltheologie an die Universität Wien berufenen Ignaz Seipel fanden sie einen intellektuellen Kristallisationspunkt.[15] Dieser Prozess führte zu einer Dogmatisierung der Partei, ähnlich wie dies zur selben Zeit auf Seiten der Sozialdemokratie durch die Gruppe der Austromarxisten geschah.

Doch sollte es bis zum Beginn der Kanzlerschaft Seipels dauern, bis sich dieser Flügel innerhalb der Partei durchsetzte. In der ersten Phase der Republik entwickelten die Christlichsozialen ein bemerkenswert weitgehendes sozialpolitisches Profil

---

14 John W. Boyer, Culture and Political Crisis in Vienna. Christian Socialism in Power, 1897–1918, Chicago University Press, Chicago/London 1995, 298–321; Dieter A. Binder, Fresko in Schwarz? Das christlichsoziale Lager, in: Helmut Konrad/Wolfgang Maderthaner (Hg.), ... der Rest ist Österreich. Das Werden der Ersten Republik, Wien 2008, 241–260, 242.

15 Zur Biographie Seipels: Klemens von Klemperer, Ignaz Seipel. Staatsmann einer Krisenzeit, Graz/Wien/Köln 1976; Friedrich Rennhofer, Ignaz Seipel. Mensch und Staatsmann, Wien/Köln/Graz 1978; in jüngerer Zeit: John W. Boyer, Wiener Konservativismus vom Reich zur Republik – Ignaz Seipel und die österreichische Politik, in: Ulrich E. Zellenberg (Hg.), Konservative Profile. Ideen & Praxis in der Politik zwischen FM Radetzky, Karl Kraus und Alois Mock, Graz/Stuttgart 2003, 341–361; John Boyer, Karl Lueger (1844–1910). Christlichsoziale Politik als Beruf, Wien/Köln/Weimar 2010, 413–456; Maximilian Liebmann, Bundeskanzler Prälat Ignaz Seipel, in: Jan Mikrut (Hg.), Faszinierende Gestalten der Kirche Österreichs, Wien 2001, 325–344.

und trugen zahlreiche von der Regierung Renner/Fink beschlossene Meilensteine auf dem Weg zum modernen Sozialstaat mit. Die letzte gemeinsame Errungenschaft bildete der von Seipel mit seinem großen intellektuellen Gegenspieler Otto Bauer paktierte Verfassungskompromiss vom Oktober 1920, zu einem Zeitpunkt, als die Koalition zwischen den beiden Parteien schon nicht mehr bestand. Auf der anderen Seite hatten die Sozialdemokraten und die deutschnationalen Parteien schon im ersten Wahlkampf zu den Februarwahlen 1919 weitgehende Forderungen im Hinblick auf eine strikte Trennung von Staat und Kirche erhoben. Ignaz Seipel, der erstmals für eine gesetzgebende Körperschaft kandidierte, wurde von beiden Parteien als Feindbild auserkoren und scharf angegriffen. Schon im Frühjahr 1919 folgte der sogenannte »Glöckel-Erlass«, mit dem der obligatorische Religionsunterricht aufgehoben und die erste der sich in Wellen wiederholenden Kirchenaustrittskampagnen ausgerollt wurde. Gerade der Kulturkampf der Ersten Republik ließ mehr und mehr Katholiken am Nutzen der Demokratie zweifeln, war ihnen doch bewusst, dass es eine strukturelle antiklerikale Mehrheit im Nationalrat gab, die lediglich durch den Umstand nicht wirksam wurde, dass ihr Seipel durch die von ihm geschmiedete bürgerliche Koalition mit den Großdeutschen einen vorläufigen Riegel vorgeschoben hatte.

Diese Skepsis wurde durch die ökonomischen und politischen Belastungen in der Folge des Vertrags von St. Germain verstärkt: den Wegfall gemeinsamer Wirtschaftsräume und Märkte und die damit verbundenen negativen Auswirkungen auf die Volkswirtschaft sowie die Ansehens- und Vermögensverluste gerade bei Vertretern der Bürokratie und des Militärs. Hatte die Inflation einen Großteil des angesparten Kapitalvermögens vernichtet, kamen empfindliche Gehaltskürzungen bzw. Pensionierungen bei Beamten- und Offiziersstellen hinzu. Die Folgen der Weltwirtschaftskrise und das damit einhergehende sprunghafte Ansteigen der Arbeitslosigkeit ab der Wende von den 1920er zu den 1930er Jahren sollten dann ihr Übriges tun, um das Vertrauen in den demokratischen Parlamentarismus und seine Kapazitäten zur Krisenbewältigung zu erschüttern.[16]

Vielfach wurde in bürgerlichen Kreisen die Republik als ein notwendiges Übel angesehen, mit dem man sich innerlich nicht anfreunden und schon gar nicht iden-

---

16 Dabei handelte es sich um Phänomene, die in den meisten ostmitteleuropäischen Nachfolgestaaten der Doppelmonarchie, von der Tschechoslowakei abgesehen, zu einer raschen Ernüchterung bürgerlicher Schichten der parlamentarischen Demokratie gegenüber führten. Vgl. dazu: Thomas Simon, Einleitung: Aufstieg und Krise der parlamentarischen Demokratie im Europa der Zwischenkriegszeit, in: Parliaments, Estates & Representation, International Commission for the History of Representative and Parliamentary Institutions (ICHRPI), 40 (2020) 2, URL https://www.tandfonline.com/doi/full/10.1080/02606755.2020.1770954 (abgerufen 23.1.2022).

tifizieren wollte.¹⁷ Erstmals breit artikuliert wurden diese Strömungen in der vom einflussreichen katholischen Publizisten Josef Eberle herausgegebenen Wochenzeitschrift »Das neue Reich«.¹⁸ Das Blatt lehnte die demokratische Verfassung des Jahres 1920 mit ihrer starken Stellung der Gesetzgebung innerhalb der Staatsgewalten von Beginn an ab und griff den republikanischen Flügel der Christlichsozialen wiederholt scharf an. 1925 rief Eberle eine neue Wochenzeitung, die »Schönere Zukunft«, ins Leben, die noch radikalere Positionen vertrat. Als regelmäßiger Autor in den Zeitschriften Eberles fungierte der angesehene katholisch-konservative Schriftsteller und Kulturphilosoph Richard Kralik. Sein publizistisches Wirken »amply demonstrated the interaction between anti-Semitism and antidemocracy during the First Republic.«¹⁹

Dass Verfassung und Demokratie gerade bei den katholischen Eliten kontrovers blieben, hing zu einem beträchtlichen Teil mit der Stimmung an den Universitäten zusammen. Die Professoren waren zwar nunmehr Beamte auf der Grundlage der demokratisch-republikanischen Verfassung, doch lehnten sie diese mehrheitlich ab, woraus viele von ihnen unter Berufung auf die Freiheit der Lehre in ihren Vorlesungen kein Hehl machten.²⁰ Das wohl prominenteste Beispiel an der Universität Wien war der 1919 als Professor für Nationalökonomie und Gesellschaftslehre berufene Othmar Spann. Der Hörsaal wurde für ihn zur Bühne, von der aus er sein von Verachtung geprägtes Urteil über die Demokratie fällte und ihr ein hierarchisch-ständisches Lehrgebäude gegenüberstellte. Der Spannsche Staat sollte in den hoheitsrechtlichen Angelegenheiten im engeren Sinn, wie Außenpolitik und Militär, nach strikt autoritären

---

17 Janek Wassermann prägte als Überbegriff für diese teils sehr unterschiedlichen publizistischen und intellektuellen Strömungen als Antithese zum »Roten Wien« den etwas missverständlichen Begriff »Black Vienna«. Janek Wassermann, Black Vienna. The Radical Right in the Red City, 1918–1938, Cornell University Press, Ithaca/London 2014.
18 Friedrich Funder bezeichnete Josef Eberle zutreffender Weise als »eigenwilligsten und auf weite Sicht wohl einflussreichsten katholischen Publizisten der Ersten Republik«. Eberle war bis 1918 Redakteur bei der Reichspost, leitete zwischen 1918 und 1925 »Das neue Reich« und fungierte danach als Herausgeber der »Schöneren Zukunft«. Peter Eppel, Zwischen Kreuz und Hakenkreuz. Die Haltung der Zeitschrift »Schönere Zukunft« zum Nationalsozialismus in Deutschland 1934–1938, Wien/Köln/Graz 1980, 33–44; Anita Ziegerhofer-Prettenthaler, Schönere Zukunft. Die führende Wochenschrift der (österreichischen) Ersten Republik (1925–1938), in: Michel Grunewald/Uwe Puschner/Hans M. Bock (Hg.), Le milieu intellectuel catholique en Allemagne, sa presse et ses réseaux (1871–1963)/Das Katholische Intellektuellenmilieu in Deutschland, seine Presse und seine Netzwerke (1871–1963), Bern 2006, 395–414.
19 Richard S. Geehr, The Aesthetics of Horror: The Life and Thought of Richard von Kralik (Studies in Central European histories 29), Brill Academic Publishers, Boston/Leiden 2003, 103.
20 Mitchell G. Ash, Die Universität Wien in den politischen Umbrüchen des 19. und 20. Jahrhunderts, in: Mitchell G. Ash/Josef Ehmer (Hg.), Universität – Politik – Gesellschaft (650 Jahre Universität Wien – Aufbruch ins neue Jahrhundert 2), Wien 2015, 29–172, 64.

und in den wirtschaftlichen Belangen nach ständischen Grundsätzen geführt werden, dies bei unbedingter Suprematie des Hoheitsbereiches. Spann verwarf jede Form der naturrechtlich begründeten Volkssouveränität. Eine Abhängigkeit der Staatsführung gegenüber irgendeiner parlamentarischen Körperschaft gab es für ihn nicht.[21] Er war ein zündender Redner, vermochte seine Hörerschaft mitzureißen, seine Vorlesungen galten als Ereignis. Obwohl Spanns Ständekonzeption mit der kirchlichen Soziallehre kaum etwas gemein hatte, bestärkte er den politischen Katholizismus, und hier vor allem die Jüngeren, in einer latenten Geringschätzung gegenüber demokratischen Institutionen.[22] Er war der möglicherweise wirkmächtigste Protagonist einer intellektuellen Strömung innerhalb des bürgerlich-konservativen Milieus, die zwischen dem christlichsozialen und dem nationalen Lager oszillierte, keinem zuzuordnen war, aber doch beide in ihrer zunehmenden Kritik am demokratischen Parlamentarismus beeinflusste.[23] Noch mehr als die Wiener Universität galten die Technische Hochschule und die Hochschule für Bodenkultur als Hochburgen von völkisch-nationalem, antidemokratischem Gedankengut und Antisemitismus, verbunden mit einer offen zur Schau gestellten Distanzierung gegenüber dem neuen Staat.[24]

Für den Umstand, dass Ende der 1920er/Anfang der 1930er Jahre viele der bis dahin der Demokratie noch aufgeschlossen oder zumindest indifferent gegenüberstehenden Teile der Christlichsozialen begannen, von den demokratischen Grundprinzipien abzurücken, war die zunehmende Radikalität in den Auseinandersetzungen zwischen den beiden weltanschaulichen Lagern – die Ereignisse vom 15. Juli 1927 stellten eine Zäsur dar – genauso maßgeblich wie die damit einhergehende Haltungsänderung Ignaz Seipels. Seine Einstellung wandelte sich von einem pragmatischen Zugang, wie er ihn 1918 und in den ersten Jahren seiner Kanzlerschaft an den Tag gelegt hatte, in eine politisch anders denkende, abweisende dogmatische Verschlossenheit.[25] Beson-

---

21 Helmut Wohnout, Verfassungstheorie und Herrschaftspraxis im autoritären Österreich. Zur Entstehung und Rolle der legislativen Organe 1933/34–1938, phil. Diss., Universität Wien 1990, 12–16.
22 So hatten zahlreiche spätere christlichsoziale Politiker, unter ihnen auch Engelbert Dollfuß, als Studenten die Vorlesungen Spanns besucht. Gerhard Jagschitz, Die Jugend des Bundeskanzlers Dr. Engelbert Dollfuß. Ein Beitrag zur geistig-politischen Situation der sogenannten »Kriegsgeneration des 1. Weltkrieges«, phil. Diss., Universität Wien 1967, 186–189.
23 Zum Einfluss von Spann und seinem Kreis: Wassermann, Black Vienna, 69–105; Kustatscher, »Berufsstand« oder »Stand«, 84–87, 303–306.
24 Vgl. dazu: Juliane Mikoletzky/Paulus Ebner, Geschichte der Technischen Hochschule in Wien 1914–1955. Teil I: Verdeckter Aufschwung zwischen Krieg und Krise (1914–1937), Wien/Köln/Weimar 2016; Paulus Ebner, Krise in Permanenz (1918–1945), in: Manfried Welan (Hg.), Die Universität für Bodenkultur. Von der Gründung in die Zukunft 1872–1997, Wien/Köln/Weimar 1997, 65–139; Paulus Ebner, Politik und Hochschule. Die Hochschule für Bodenkultur 1914–1955, Wien 2002.
25 Die Wesensveränderung Seipels hatte wohl auch mit der Heftigkeit der gegen ihn geführten publizistischen Angriffe zu tun, die nicht spurlos an ihm vorübergingen. Aus dem »Prälaten ohne Milde« war

ders nach dem 15. Juli 1927 begann er die von ihm so bezeichnete *Formaldemokratie* der Verfassung 1920 mit dem diffus gehaltenen Begriff einer auf einer starken exekutiven Gewalt basierenden *wahren Demokratie* zu kontrastieren. Zugleich nahm seine Bereitschaft, außerparlamentarische Faktoren in seine politischen Kalkulationen miteinzubeziehen, kontinuierlich zu. Dies galt namentlich für die Heimwehrbewegung. Öffentlich sympathisierte er mit ihr erstmals in seiner »Tübinger Ansprache« im Juli 1929. Anfang 1930 trat er bei einer Heimwehrversammlung auf.[26]

Einen Versuch, das in bürgerlichen Kreisen vielfach bereits als diskreditiert angesehene demokratische System zu konsolidieren, stellte die Novelle der Bundesverfassung vom Herbst 1929 dar. Insbesondere durch die mit der Verfassungsänderung herbeigeführte Stärkung des Bundespräsidenten hoffte man, antidemokratischen und autoritären Strömungen den Wind aus den Segeln zu nehmen. Doch gingen die Erwartungen, wonach die Verfassungsreform einen Stimmungsumschwung herbeiführen sollte, nicht in Erfüllung. Die Novelle trug die Handschrift des Kompromisses zwischen Christlichsozialen und Sozialdemokraten und führte bei denjenigen, die sich mehr erhofft hatten, zu einer weiteren Radikalisierung. Der bereits erwähnte Publizist Josef Eberle warf der Regierung vor, die Gelegenheit versäumt zu haben, »eine entsprechende Verfassung zu oktroyieren«.[27] Dass die tendenzielle Ablehnung demokratischer Institutionen in bürgerlichen Kreisen weiter zunahm, mag auch daran sichtbar werden, dass der »Korneuburger Eid« der Heimwehr vom Mai 1930 bei den Christlichsozialen nur eine sehr gewundene Erklärung, aber kein klares Dementi hervorrief. Lediglich vereinzelt äußerten sich christlichsoziale Politiker eindeutig ablehnend.[28]

---

in der Diktion der Arbeiter-Zeitung 1929 der »Giftgasprälat« geworden. Angesichts der verheerenden Wirkung des erstmals im erst ein Jahrzehnt zurückliegenden Weltkrieg zum Einsatz gekommenen neuen Kampfstoffes ist der pejorative Wert dieser publizistischen Herabwürdigung hoch zu veranschlagen. Seipel registrierte dies genauso wie er die neuerlichen Kirchenaustrittskampagnen der sozialdemokratischen Opposition auf sich bezog. Rennhofer, Seipel, 631–632; Klemens von Klemperer, Ignaz Seipel. Staatsmann einer Krisenzeit, Graz/Wien/Köln 1976, 195.

26 Publiziert ist der Wortlaut seiner Rede in: Seipel, Kampf, 177–188. Vgl. dazu auch: Rennhofer, Seipel, 628–658.

27 Zit. nach: Anton Staudinger, Bemühungen Carl Vaugoins um die Suprematie der christlichsozialen Partei in Österreich (1930–1933), phil. Diss., Universität Wien 1969, 15.

28 Lothar Höbelt, Die Heimwehren und die österreichische Politik 1927–1936. Vom politischen »Kettenhund« zum »Austro-Fascismus«?, Graz 2016, 119–120; Walter Wiltschegg, Zum »Korneuburger Gelöbnis« der Heimwehr. Die wunderlichen Wege eines politischen Dokuments, in: Geschichte und Gegenwart. Vierteljahresschrift für Zeitgeschichte, Gesellschaftsanalyse und politische Bildung 5 (1986) 2, 139–158, 141.

3. Die Interpretation der Enzyklika »Quadragesimo anno« in Österreich

Am 15. Mai 1931 promulgierte Papst Pius XI. seine Sozialenzyklika »Quadragesimo anno«. Insgesamt nahm das Thema der berufsständischen Ordnung im Rahmen der Enzyklika nur einen relativ geringen Raum ein. In sieben von 148 Abschnitten nahm der Papst darin zu Fragen der berufsständischen Ordnung Stellung. Er regte – sehr allgemein gehalten – an, »aus der Auseinandersetzung zwischen den Klassen zur einträchtigen Zusammenarbeit der Stände« zu gelangen.[29] Pius XI. führte aus, dass sich an Stelle der Klassen die Menschen auf Grund der Zugehörigkeit zum gleichen Beruf zu Berufsständen bzw. zu berufsständischen Körperschaften zusammenschließen sollten. Dabei schwebte ihm die Bildung freier Vereinigungen vor, orientiert an den Grundsätzen des Gemeinwohls im Sinne der scholastischen Naturrechtslehre und der Subsidiarität. Eine Anweisung, ob und wenn ja, wie die ständische Sozialorganisation in den verfassungsrechtlichen Rahmen des Staates einzubauen sei, enthielt die Enzyklika nicht. Wie sein Vorgänger Leo XIII. vertrat Pius XI. die Ansicht, dass es den Menschen frei stehen sollte, ihre jeweiligen politischen und wirtschaftlichen Organisationsformen selbst zu bestimmen, solange »der Gerechtigkeit und den Erfordernissen des Gemeinwohls Genüge geschieht«.[30] Diesen Grundsatz bezog er auch auf den berufsständischen Gedanken und kritisierte subtil – ohne es beim Namen zu nennen – das italienische Korporationsmodell Mussolinis. Die Enzyklika beanstandete sowohl die gegen das Subsidiaritätsprinzip verstoßende Dominanz des Staates über die Berufsstände als auch die Gleichsetzung der öffentlich-rechtlichen Berufskörperschaften mit den Gewerkschaften.[31] Zutreffender Weise wies Pius XI. darauf hin, dass im faschistischen Italien die Trennung von Arbeitgeber- und Arbeitnehmerorganisationen durch das Kooperationensystem eine Verfestigung erfahre.[32] Zusammengefasst lässt sich sagen: Eine berufsständische Ordnung nach Quadragesimo anno beruht schon auf Grund des von Pius XI. formulierten Subsidiaritätsprinzips »nicht auf staatlicher Verfügung, sondern auf naturrechtlich fundierten Grundrechten und Grundgesetzen, weshalb auch die autoritären Formen ständischer Ordnung nicht dem Leitbild der Katholischen Soziallehre entsprechen.«[33]

---

29 Päpstliches Rundschreiben »Quadragesimo anno« (Pius XI.), Abschnitt 81, URL: https://www.iupax.at/dl/MKNkJmoJOLmJqx4KJKJmMJmNMn/1931-pius-xi-quadragesimo-anno.pdf (abgerufen am 29.11.2021).
30 Ebd., Abschnitt 86.
31 Ebd., Abschnitt 92.
32 Ebd., Abschnitte 93 und 95.
33 Reinhard Neck, Was ist aus der Berufsständischen Ordnung geworden? in: Wolfgang Buchholz (Hg.), Wirtschaftsethische Perspektiven IX: Wirtschaftsethik in einer globalisierten Welt (Schriften des Vereins für Socialpolitik 228/IX), Berlin 2012, 89–124, 98.

Paradoxerweise und im Gegensatz zu anderen Ländern sollte die Veröffentlichung der Enzyklika in Österreich eine Stärkung jener Kreise bewirken, die autoritären Reformvorschlägen das Wort redeten. An ihrer Spitze stand Ignaz Seipel. Er verstand es, bei seiner Interpretation des Rundschreibens an die latente Unzufriedenheit breiter Kreise mit dem Parlamentarismus und die vermeintlich überbordende Rolle der Parteien anzuknüpfen. Er berief sich auf den Umstand, dass der Papst zur Überwindung der Klassengesellschaft aufrief und an ihrer Stelle die Zugehörigkeit zur jeweiligen Berufsgruppe betonte. Darüber hinaus hielt Seipel es für bedeutsam, dass die Enzyklika politische Parteien expressis verbis nicht erwähnte. Er zog daraus weitgehende Konsequenzen. Die Enzyklika hätte diese deshalb nicht erwähnt, weil politische Parteien »keine organischen Glieder der Gesellschaft« seien. Notwendig seien sie nur solange, als »wir die atomisierte Gesellschaft haben, solange also zwischen dem einzelnen Menschen und dem Staate keine Zwischenglieder im Gesellschaftskörper bestehen«, stellte Seipel in den Raum.³⁴ Der »Parteienstaat« neige sich daher seinem Niedergang zu, so Seipel in einer hochrangig besetzten Tagung des von Richard Schmitz geleiteten Volksbundes der Katholiken Österreichs im Herbst 1931. Ob es in der von ihm so apostrophierten »neuen Ordnung« neben den Ständen auch noch Parteien geben würde, hielt er zwar für wahrscheinlich, sie würden allerdings massiv an Bedeutung verlieren. Nicht ohne Sarkasmus hielt er fest: »Die Parteimenschen werden sich natürlich nicht leichttun, zuzugestehen, dass der Parteienstaat nicht für immerwährende Zeiten Bestand haben kann, sondern sich zum Niedergang neigt. Man hätte dies auch ohne Enzyklika wissen können, aber man hat es nicht geglaubt.«³⁵

Die berufsständische Reform und die Überwindung des bisherigen demokratisch-repräsentativen parlamentarischen Systems wuchsen bei Seipel zu einer Synthese zusammen. Von seinem Leiden schon gezeichnet, widmete sich der Altkanzler in seinen letzten Lebensmonaten nur mehr dieser, seiner Interpretation der Enzyklika, die in Wahrheit eine weit reichende Verengung des Rundschreibens darstellte. Doch hatte sein Wort innerhalb des politischen Katholizismus zu Beginn der 1930er Jahre nach wie vor ein solches Gewicht, dass die Fiktion einer von höchster Stelle legitimierten programmatischen Grundlage für einen Gesellschaftsumbau auf berufsständischer Grundlage entstehen konnte. Für seinen engeren Umkreis wurde die Seipelsche Interpretation von Quadragesimo anno zum Vermächtnis des politischen »Übervaters« der Christlichsozialen. Richard Schmitz ging so weit, die Behauptung in den Raum zu stellen, Seipel wäre bei der Vorbereitung der Enzyklika durch Pius XI. eingebunden

---

34 Ignaz Seipel, Die neue Gesellschaftsordnung nach der Enzyklika »Quadragesimo anno«, in: Volksbund der Katholiken Österreichs (Hg.), Die soziale Botschaft des Papstes. Vorträge über »Quadragesimo anno ...«, Wien 1931, 81–90, 89.
35 Ebd.

gewesen.³⁶ Hinweise, wonach Seipel in irgendeiner Form Anteil an der Entstehung der Enzyklika gehabt hätte, gibt es jedoch nicht. Gesichert hingegen ist, dass ein Zirkel der sogenannten solidaristischen Schule in Deutschland rund um die beiden deutschen Jesuiten Gustav Gundlach und Oswald Nell-Breuning als Vorbereitungsgremium (»Königswinterer Kreis«) für die einschlägigen berufsständischen Passagen der Enzyklika fungierte. Die Solidaristen betonten, ganz anders als Seipel, den freiwilligen und gleichberechtigten Charakter berufsständischer Selbstverwaltungskörper abseits jeder staatlichen Einflussnahme.³⁷ Gundlach und Nell-Breuning kritisierten die politische Instrumentalisierung der Enzyklika. Beide verneinten ausdrücklich, dass ständische Konzeptionen notwendigerweise außerparlamentarischer Natur sein müssten, und bezeichneten es als irreführend, die ständische Ordnung als Antithese zur parlamentarischen Demokratie zu sehen.³⁸ Doch fanden die deutschen Stimmen in Österreich kaum Resonanz. Vielmehr wurde hier Seipels eigenwillige Interpretation zur Leitschnur.

4. Liebäugeln mit dem »Autoritätsstaat«

Der Paradigmenwechsel im politischen Denken zahlreicher führender Christlichsozialer zu Beginn der 1930er Jahre lässt sich an zwei Reden von Richard Schmitz anschaulich illustrieren. Die erste hielt Schmitz als politisches Grundsatzreferat am christlichsozialen Bundesparteitag in Klagenfurt im April 1931, also noch kurz vor dem Erscheinen der Enzyklika. Darin definierte er das Streben nach Gemeinwohl als oberste Aufgabe einer politischen Partei. Die Existenzberechtigung politischer Parteien hänge von ihrer Funktion, ein »Organ des Staatslebens« zu sein, ab. Eine Partei, die sich wie die Sozialdemokratie nur einer Klasse verpflichtet fühle, werde diesem Imperativ allerdings nicht gerecht. Deshalb sei es erforderlich gewesen, im Zuge der Verfassungsreform 1929 die staatliche Autorität neu zu befestigen. Offenbar anspielend auf den Umstand, dass bei weitem nicht alle Forderungen der Christlichsozialen bei der Verfassungsnovelle realisiert werden konnten, ergänzte er, man könne nur hoffen, dass die Reform ausreiche, und ergänzte kryptisch: »Auch der Staat ist ja etwas Lebendiges, auch seine Lebensformen müssen den Bedürfnissen der Zeit angepasst werden.«³⁹ In

---

36 Richard Schmitz, Der Weg zur berufsständischen Ordnung in Österreich, Wien 1934, 14–15.
37 Elke Seefried, Reich und Stände. Ideen und Wirken des deutschen politischen Exils in Österreich 1933–1938, Düsseldorf 2006, 121–123.
38 Kustatscher, »Berufsstand« oder »Stand«, 99.
39 ÖStA, AVA, Nachlass (NL) Schmitz, E 1786:39, Rede auf dem Bundesparteitag in Klagenfurt, 24.–26.4.1931. Die Rede ist auszugsweise in der von Robert Kriechbaumer herausgegebenen Edition der christlichsozialen Parteitagsprotokolle publiziert, die hier zitierte Passage ist allerdings nicht korrekt

seiner Parteienkritik, die er allerdings ausschließlich auf den politischen Gegner bezog, orientierte sich Schmitz an Seipel. An ständischem oder gar berufsständischem Gedankengut enthielt die Rede von Schmitz am Parteitag 1931 aber noch nichts. Ein Jahr später hatte sich dies bereits völlig geändert. Bei der Hauptversammlung des Volksbundes der Katholiken Österreichs im Juni 1932 führte er aus: »Zwischen dem Linksradikalismus der älteren Sozialisten und dem Rechtsradikalismus der jüngeren Nationalsozialisten müssen die Katholiken selbstständig und unabhängig ihren eigenen Weg gehen. Nicht Rassenstaat, nicht sozialistische Zukunftsgesellschaft, sondern der von der Kirche geforderte Staat ist unser Ideal. Nicht Rechtsungleichheit eines scheinbaren ›Ständestaates‹ oder eine ›proletarische Diktatur‹, sondern die ständische Neuordnung der in Verwirrung und Zerrüttung geratenen menschlichen Gesellschaft im Sinne der Enzyklika ›Quadragesimo anno‹ ist unser Programm.«[40] Interessant an dieser Passage ist nicht nur die Hinwendung von Schmitz zum berufsständischen Gedanken an sich, sondern die zugleich erfolgte Abgrenzung von Ständeentwürfen katholisch-konservativer Provenienz zu solchen, die nationalsozialistisch aufgeladen waren. Diese spielten zwar weniger in Österreich eine Rolle in der politischen Diskussion, sehr wohl aber in Deutschland.[41] Dies war Richard Schmitz als einem Politiker, der die politische Entwicklung im Deutschen Reich nicht nur genau verfolgte, sondern auch über gute persönliche Verbindungen ins nördliche Nachbarland verfügte, offensichtlich nicht entgangen.

Im Spätherbst 1932 erschien ein von Schmitz verfasster Kommentar zum christlichsozialen Parteiprogramm aus dem Jahre 1926. Dieser war über Ersuchen des christlichsozialen Parteiobmannes Carl Vaugoin entstanden.[42] Von der Presse wurde seine Programmstudie als »eine Art Katechismus der christlichsozialen Idee« bezeichnet.[43] Inhaltlich folgte er darin seinem kurz zuvor verstorbenen Mentor Seipel. Das im Parteiprogramm von 1926 enthaltene uneingeschränkte Bekenntnis zur Demokratie wurde insoweit relativiert, als Richard Schmitz dem abzulehnenden Modell der »Formaldemokratie« das »Ideal einer organischen Demokratie« mit berufsständischer Selbstverwaltung gegenüberstellte. Die Verfassung 1920 hätte unter dem Druck der Verhältnisse eine »Parteienherrschaft« bzw. eine »Parlamentsherrschaft« begründet, es

---

wiedergegeben. Vgl. dazu: Robert Kriechbaumer, »Dieses Österreich zu retten ...«. Die Protokolle der Parteitage der Christlichsozialen Partei in der Ersten Republik (Schriftenreihe des Forschungsinstitutes für politisch-historische Studien der Dr.-Wilfried-Haslauer-Bibliothek 27), Wien/Köln/Weimar 2006, 383.
40 ÖStA, AVA, NL Schmitz, E 1786:37, Christlichsoziale Nachrichtenzentrale, 12.6.1932.
41 Zu den unterschiedlichen Spielarten ständischer Entwürfe bzw. deren Kategorisierung: Seefried, Reich und Stände, 114–142.
42 ÖStA, AVA, NL Schmitz, E 1786:40, Schreiben Carl Vaugoin an Richard Schmitz, 12.3.1931.
43 ÖStA, AVA, NL Schmitz, E 1786:40, Neues Wiener Extrablatt, 12.11.1932.

handle sich bloß um eine »›Formaldemokratie‹, die alle Macht im Staate an wenigen Stellen bei einem nicht zu großen Kreis von Gewählten« ansiedle. Dazu im Gegensatz plädierte er für den von ihm so bezeichneten »Autoritätsstaat«.[44] Die Verfassungsreform 1929 habe dem Gedanken der Teilung der Macht zwischen Parlament, Bundesregierung und Bundespräsidenten »einigermaßen, wenn auch ungenügend« Rechnung getragen. Um den »Parteienstaat« nicht überborden zu lassen, bedürfe es einer »berufsständischen Neuordnung der Gesellschaft«.[45]

Die Ausführungen von Richard Schmitz zeigen zwar keine radikale Ablehnung der Verfassung und der durch sie geschaffenen demokratischen Institutionen, wie sie für die Heimwehren oder die Nationalsozialisten galt. Sie illustrieren aber eine gewisse Distanzierung. Die pluralistische Parteiendemokratie wurde als ein notwendiger Status quo angesehen, aber nicht als ein erstrebenswertes Ideal. Wie ein solches aussehen sollte, dafür gab es keine Blaupause, sondern nur nebulose und nicht zu Ende gedachte politische Vorstellungen, wie den berufsständischen Gedanken. Dieses bei Schmitz deutlich werdende Kokettieren mit Lösungen jenseits des demokratischen Mehrparteienstaates der Verfassung traf ab 1932/33 für eine Mehrheit der Christlichsozialen, wenn auch nicht auf die Partei in ihrer Gesamtheit, zu. Einzelne Landes- bzw. Interessensgruppen hielten mit größerer Überzeugung am demokratischen Gedankengut fest, als dies bei Schmitz der Fall war. Zu ihnen zählten die oberösterreichische Landesgruppe rund um Landeshauptmann Josef Schlegel und den einflussreichen Obmann des katholischen Volksvereins, Josef Aigner, die Vorarlberger Christlichsozialen, die in der Tradition von Jodok Fink standen, oder die Salzburger Christlichsozialen um Franz Rehrl und Rudolf Ramek. Auch die Christliche Arbeitnehmerbewegung um Leopold Kunschak war dem demokratischen Flügel zuzurechnen. Doch bildeten diese Gruppierungen zu Beginn der 1930er Jahre nicht mehr den Mainstream in der Partei ab. Dies sollte sich spätestens zeigen, als die Zahl christlichsozialer Spitzenfunktionäre, die 1933 nicht bereit war, widerspruchslos dem autoritären Schwenk von Bundeskanzler Dollfuß zu folgen, überschaubar blieb. Es fehlte zu diesem Zeitpunkt allerdings auch an Korrektiven von außen. Das galt sowohl für Deutschland, auf das damals »häufiger und mit einem qualitativ ganz anderen Interesse als heute« der Blick gerichtet wurde, als auch für den Heiligen Stuhl als die für den politischen Katholizismus höchste lehramtliche Autorität.[46] Die auf der Basis von Notverordnungen regierenden Präsidialkabinette unter dem Zentrumspolitiker Heinrich Brüning

---

44 Das christlich-soziale Programm. Mit Erläuterungen von Richard Schmitz, Wien 1932, 25–28.
45 Ebd., 44.
46 Barbara Haider, »Die Diktatur der Vernunft«. Die Präsidialkabinette Brüning und das christlichsoziale Lager in Österreich, in: Demokratie und Geschichte. Jahrbuch des Karl von Vogelsang-Instituts zur Erforschung der Geschichte der christlichen Demokratie in Österreich 2 (1998), 194–227, 194.

wurden vom christlichsozialen Lager in Wien durchgehend positiv beurteilt. Selbst Franz von Papen fand bei seinem Regierungsantritt eine positive Beurteilung in der »Reichspost«, auch wenn kein Zweifel darüber bestehen konnte, dass mit der von der rechtsnationalen Machtclique um Reichspräsident Paul von Hindenburg betriebenen Ausbootung Brünings die Reichsregierung noch stärker in Richtung einer partiellen Diktatur abdriftete.[47] Auf der anderen Seite gab es von Seiten der vatikanischen Diplomatie gegenüber dem politischen Katholizismus in Österreich keine Korrektur im Hinblick auf die verkürzende Interpretation der Enzyklika Quadragesimo anno im Sinne einer reinen Demokratiekritik, eher im Gegenteil: Der Heilige Stuhl, insbesondere der seit den 1920er Jahren in Wien amtierende päpstliche Nuntius Enrico Sibilia, war von der kirchenfeindlichen Politik und Rhetorik der Sozialdemokratie derart perhorresziert, dass er die Christlichsozialen auf dem von Dollfuß 1933 eingeschlagenen antidemokratischen Kurs nicht mäßigte, sondern bestärkte.[48]

---

47 Ebd., 220–221.
48 Andreas Gottsmann, Ludwig von Pastor und Enrico Sibilia – Diplomatie im Dienste des katholischen Österreich, in: Maddalena Guiotto/Helmut Wohnout (Hg.), Italien und Österreich im Mitteleuropa der Zwischenkriegszeit (Schriftenreihe des Österreichischen Historischen Instituts in Rom 2), Wien/Köln/Weimar 2018, 281–306; Walter M. Iber, Im Bann des Priesterpolitikers. Die Christlichsoziale Partei in der Ersten Republik Österreich, in: Hubert Wolf (Hg.), Eugenio Pacelli als Nuntius in Deutschland. Forschungsperspektiven und Ansätze zu einem internationalen Vergleich, Paderborn/München/Wien/Zürich 2012, 257–267; Andreas Gottsmann, Archivbericht: »Finis Austriae« im Archiv der Kongregation für außerordentliche kirchliche Angelegenheiten (Affari Ecclesiastici Straordinari), in: Römische Historische Mitteilungen 50 (2008), 545–565; Rupert Klieber, Die moralische und politische Schützenhilfe des Hl. Stuhles für den ›Staatsumbau‹ Österreichs 1933/34 im Lichte vatikanischer Quellenbestände, in: Römische Historische Mitteilungen 54 (2012), 529–581.

Wolfgang Maderthaner

Legitimationsmuster des Austrofaschismus

1. Die große, gestaltende Idee

Im September 1933 fanden in Wien Gedenkfeiern der besonderen Art statt. Ein in Konstituierung befindliches klerikal-autoritäres Regime, das sich in dem Staatsstreich vom 7. März 1933 absolutistische Regierungsgewalt angeeignet hatte, gedachte in öffentlichen Großkundgebungen der 250-jährigen Wiederkehr der Befreiung Wiens von der türkischen Belagerung. Der 12. September wurde zum Amtsfeiertag erklärt, der Allgemeine Deutsche Katholikentag in die Feierlichkeiten integriert. Bewusst chauvinistisch und nationalistisch inszeniert, erwies sich die Berufung auf die Geschichte als Legitimation politischer Gegenwartsziele: in ihrer Konstruktion einer spezifisch katholischen österreichischen Identität, im mystifizierenden Entwurf einer kulturellen Sendung als »Ostmarkwächter und Pioniere des deutschen Volkstums, damit des christlichen Abendlandes«.[1] In der Vereinnahmung der Türkenbefreiung durch das Regime, seine Inszenatoren und Propagandisten, in der Beschwörung von Österreichs »Heldenzeitalter« lag konkreter politischer Sinn: Einerseits sollte so auf die Schaffung eines neu-österreichischen, gegen Hitler-Deutschland gerichteten Bewusstseins abgezielt werden, auf die Stärkung des Selbstbewusstseins des österreichischen Volkes und seiner Willenskraft; andererseits galt es, die Ausschaltung des »inneren Feindes«, der »marxistischen« Sozialdemokratie, propagandistisch und atmosphärisch vorzubereiten.

Dies vor allem ist das wesentlichste Legitimationsmuster des Austrofaschismus: die Zerstörung der autonomen, selbständig organisierten Arbeiterbewegung, deren Unterdrückung und Illegalisierung ebenso wie jene des deutsch-nationalistischen Faschismus. Wie er sich in seinem Antisozialismus und Antiliberalismus gegen die von ihm als »bolschewistisch« denunzierte Sozialdemokratie wandte, so setzte sich der altösterreichisch, klerikal und habsburgisch gesinnte Separatismus gegen seine Aufsaugung durch das Dritte Reich zur Wehr.

Bereits in seiner Etablierungsphase akzentuierte der Austrofaschismus verstärkt eine staatliche Souveränität Österreichs und forcierte die Herausbildung eines historisch fundierten, auf seine konkreten politischen Bedürfnisse abgestimmten »Öster-

---

1 Kurt Schuschnigg, »Die Sendung des deutschen Volkes im christlichen Abendland«, Allgemeiner deutscher Katholikentag, Wien 1933, 55ff.

reichbewusstseins«. Unzweifelhaft galt den Eliten des autoritären Regimes ein Österreich in den Grenzen von 1918 als ein bloß transitorisches Gebilde, das es aber aus den gegebenen internationalen Machtkonstellationen heraus vorläufig zu akzeptieren und jedenfalls gegenüber nationalsozialistischen Expansionsgelüsten zu erhalten galt. Die ideologische Fundierung einer Integration eines autonomen oder souveränen Österreich in eine deutsche Nation im Sinne einer kulturell formulierten »österreichischen Sendung« lieferten Großdeutsche an der Wiener Universität: der Volkswirt Othmar Spann, der Philosoph Hans Eibl, der Rechtshistoriker Karl Gottfried Hugelmann, die Historiker Hans Hirsch und Heinrich Srbik, der Germanist Josef Nadler u. a. Sie verknüpften den Volkstumsgedanken der Herderschen Romantik, Elemente moderner Nationsbildung des 19. Jahrhunderts und den Kampf für das »Auslands- und Grenzdeutschtum« mit dem Universalismus der alten Reichsidee und dem Ziel einer übernationalen Ordnung in Mitteleuropa.[2] In der Diktion des damaligen Unterrichtsministers und späteren Bundeskanzlers Kurt Schuschnigg wird so der Reichsgedanke zur »Quelle der Kulturkraft« des deutschen Volkstums. Nicht die »Körperlichkeit des jeweiligen Staates«, sondern die »große gestaltende Seele des abendländischen Gedankens vom Heiligen Reich« verleihe der »österreichischen Heimat« auch heute noch ihren »lebendigen, unvergänglichen Sinn«.[3] Und eine Schrift der ersten Propagandaorganisation der Vaterländischen Front, des *Österreichischen Heimatdienstes*, aus dem Jahr 1933 präzisiert: Österreich könne seine »Erfüllung nicht in der nationalistischen Verengung, sondern nur in der universellen Weite, nicht in der Verstaatlichung des Deutschtums, sondern nur in seiner vielgestaltigen, durch keine Zentralbehörden gehemmten geistigen und politischen Wirksamkeit finden.« Aus diesem Grund könne es eine staatliche Gemeinsamkeit mit dem nationalsozialistischen Deutschland, das sich in die Idee einer nationalen Selbstgenügsamkeit und Isolierung verliere, nicht geben. Das österreichische Volk müsse zur »Treuhänderin der universalen, völkerbefriedenden, abendländischen Aufgabe des Deutschtums« werden.[4]

Somit zielte die Österreichideologie des Austrofaschismus in defensiver Funktion auf die Errichtung eines universellen, gesamtdeutschen Reiches von »abendländischer«, oder doch mitteleuropäischer Bedeutung, und auf dessen Gestaltung gemäß »österreichischen Maximen«, d.h. nach christlich-katholischen Prinzipien und mit Wien als Reichsmittelpunkt. Der Anziehungskraft des deutschen Nationalfaschismus sollte ein österreichischer Patriotismus entgegengesetzt werden, die Seele des »Österreichertums« wurde im Katholizismus identifiziert. Gerichtet gegen den »heid-

---

2 Vgl. Anton Staudinger, Zur »Österreich«-Ideologie des Ständestaates, in: Das Juliabkommen von 1936. Vorgeschichte, Hintergründe und Folgen, Wien 1977, 201.
3 Allgemeiner deutscher Katholikentag, 59ff.
4 Zit. nach Staudinger, Österreich-Ideologie, 213.

nischen« Nationalsozialismus und, dies vor allem, gegen den protestantischen preußischen Zentralismus wurde die romantisierende Lösung eines Heiligen Reiches in Form einer Konföderation propagiert. Dessen intendierter formaler Aufbau sollte mit einer inhaltlichen Dimension korrelieren: der innerdeutschen Missionierung durch die »besseren«, also »österreichischen Deutschen« – letztlich also die Führung des Gesamtdeutschtums durch ein katholisches Österreich. Abgehoben von den realpolitischen Verhältnissen und angesichts der ökonomischen, politischen und militärischen Ohnmacht des Kleinstaates musste diese aus einer größeren Vergangenheit hergeleitete, auf die Traditionen Habsburgs und des Heiligen Römischen Reiches deutscher Nation rekurrierende, mit einer offensichtlich sentimentalen Komponente versehene Abstraktion reine Fiktion bleiben. Sie konnte die ihr zugedachte integrative Funktion nie ausfüllen. Nicht nur, weil der Nationalsozialismus, in dessen Konkurrenz sie treten sollte, idente Ziele – die Organisierung eines Großreiches, die Führung des Deutschtums, die Pflege deutscher Volkskultur etc. – besser und effizienter in die Praxis umzusetzen vermochte. Ihr eigentliches Scheitern ist zum größten Teil darin begründet, dass ihr vor allem Legitimationsfunktion für die innenpolitische Machtausübung der Staatspartei der Vaterländischen Front zukam und dass die in Opposition gegen das autoritäre Regime stehenden, aber auch gegen den Nationalsozialismus zunächst weitgehend immun gebliebenen Bevölkerungsschichten in keiner Weise erfasst werden konnten.[5]

In seinen verschiedenen Ansprachen im Rahmen des Katholikentages jedenfalls hat Bundeskanzler Dollfuß die Grundzüge eines christlichen Ständestaates skizziert, in seiner berühmten Trabrennplatzrede am 11. September 1933 klar ausformuliert als einen aus der Geschichte abgeleiteten und in die Zukunft weisenden göttlichen Auftrag. Er begrüßte den Nachfahren des Wiener Stadtkommandanten zur Zeit der Türkenbelagerung, den Führer der faschistischen Heimwehrverbände, Rüdiger Starhemberg, als »Erneuerer Österreichs«; an das Ende seiner Rede stellte er ein Diktum Marco d'Avianos, des allmächtigen Kapuzinermönchs und Beraters am kaiserlichen Hofe Leopolds I.: »Gott will es!« Nicht zufällig hat Dollfuß die Türkenbefreiungsfeier für die Ankündigung seiner autoritären Intentionen benützt. Der Ankündigung folgten Taten. Mitte Februar 1934 wurde ein sozialdemokratischer Generalstreikversuch und die militärische Erhebung der kampfbereiten Reste der sozialdemokratischen Parteiarmee, des Republikanischen Schutzbundes, blutig unterdrückt.[6] Am 1. Mai

---

5 Emmerich Tálos, Das austrofaschistische Herrschaftssystem. Österreich 1933–1938, Wien/Berlin 2013, 326ff.
6 Zu den Februarereignissen liegt eine umfangreiche Fachliteratur vor. Einen umfassenden Überblick gibt Günther Schefbeck (Hg.), Österreich 1934. Vorgeschichte – Ereignisse – Wirkungen, Wien/München 2004; eine Einführung bietet Wolfgang Maderthaner, Der 12. Februar 1934. Sozialdemokratie und

1934 wurde eine autoritäre Verfassung in Kraft gesetzt, die eine Neustrukturierung des gesellschaftlichen Aufbaus nach berufsständischen Prinzipien und den Ausschluss der wichtigsten Freiheitsrechte vorsah.[7] Im Juli desselben Jahres scheiterte ein Naziputsch, in dessen Verlauf Dollfuß ermordet wurde.[8] In gewisser Hinsicht eine Ironie der Geschichte, war es doch gerade Dollfuß gewesen, dessen unermüdliches Bemühen um einen Ausgleich eine beinahe familiäre Affinität der christlichsozialen Rechten zu den Nationalsozialisten zum Ausdruck gebracht hatte – in markantem Gegensatz zu der gegenüber den Sozialdemokraten verfolgten Politik.

2. Soziale Gegenrevolution

Nach dem Zerfall der Habsburgermonarchie waren Industrie und Gewerbe des neu entstandenen Kleinstaates von sechs Siebentel ihrer alten, zollgeschützten Absatzgebiete abgeschnitten. Das Ende des historisch gewachsenen Wirtschaftsgebietes der Donaumonarchie mit seinem hohen Grad an regionaler Arbeitsteilung bedeutete die Trennung der Rohstoffvorkommen von den Verarbeitungsbetrieben und die Auflösung der Zusammenhänge zwischen den verschiedenen Stufen des Produktionsprozesses. Sobald die Exportprämie der Inflation der unmittelbaren Nachkriegszeit mit der Stabilisierung des Geldwertes beseitigt war, setzte ein enormer Schrumpfungsprozess des städtischen und industriellen Sektors der Volkswirtschaft ein.[9] Dieser Vorgang wurde durch die Auswirkungen der Weltwirtschaftskrise nach 1929 mit ihrem Gefolge von Einfuhrverboten, Schutzzöllen, Kontingentverträgen, Zahlungsbeschränkungen etc. noch dramatisch verschärft. Die Krise traf die Volkswirtschaft mitten in einem Prozess der Umstrukturierung und Neuadjustierung und führte zu einem retrogressiven Strukturwandel. Die industrielle Produktion fiel von 1929 bis zum Tiefpunkt

---

Bürgerkrieg, in: Rolf Steininger/Michael Gehler (Hg.), Österreich im 20. Jahrhundert, Bd. 1: Von der Monarchie bis zum Zweiten Weltkrieg, Wien/Köln/Weimar 1997, 153–202.

7 Am 30. April 1934 wurde ein Gesetz über »außerordentliche Maßnahmen im Bereich der Verfassung« verabschiedet, womit sich die Regierung vorbehielt, welche Teile der Verfassung wann formell in Kraft gesetzt wurden und eine an und für sich notwendige Volksabstimmung umgangen wurde. Am 1. Mai trat außer dem Konkordat keine Bestimmung der neuen Verfassung formell in Kraft, vielmehr sicherte das am 19. Juli verkündete Verfassungsübergangsgesetz der Regierung ihre weitreichenden diktatorischen Vollmachten. Vgl. Hans Mommsen, Theorie und Praxis des Österreichischen Ständestaates 1934 bis 1938, in: Das geistige Leben Wiens in der Zwischenkriegszeit, Wien 1981, 185.

8 Vgl. Gerhard Jagschitz, 25. Juli 1934: Die Nationalsozialisten in Österreich, in: Steininger/Gehler, Österreich im 20. Jahrhundert, 257–308.

9 Vgl. Hans Kernbauer/Fritz Weber, Von der Inflation zur Depression. Österreichs Wirtschaft 1918–1934, in: Emmerich Talos/ Wolfgang Neugebauer (Hg.): »Austrofaschismus«. Beiträge über Politik, Ökonomie und Kultur 1934–1938, Wien 1984, 1–30.

1933 um beinahe 40 Prozent, in der Eisenindustrie, einem zentralen wirtschaftlichen Leitsektor, war der Auftragsbestand bis November 1932 auf ganze acht Prozent der Normalbeschäftigung zurückgegangen. War die Arbeitslosigkeit in den relativ guten Konjunkturjahren 1927–1929 bei durchschnittlich neun Prozent gelegen, so betraf sie am konjunkturellen Tiefpunkt über 700.000 Menschen (das sind über 38 Prozent), von denen Ende 1934 nur noch 40 Prozent eine reguläre oder eine Notstandsunterstützung bezogen. Somit war ein Drittel der Gesamtarbeiterschaft ständig aus dem Produktionsprozess ausgeschlossen. Noch dramatischer stellt sich die Situation bei der Industriearbeiterschaft, einer traditionellen Kernschicht der sozialdemokratischen Arbeiterbewegung dar. Anfang 1934 waren hier 44,5 Prozent arbeitslos, ein beträchtlicher Teil der noch in Arbeit Stehenden (1933: 28 Prozent) war gezwungen, Kurzarbeit zu verrichten.[10] Der massenhaften Arbeitslosigkeit und den Reallohnverlusten entsprach ein dramatischer Rückgang der Konsumnachfrage; von 1929 bis 1934 sank die monatliche Lohn- und Gehaltsumme in Wien um 44 Prozent von 158 auf 89 Millionen Schilling, die Zahl der Beschäftigten von 636.000 auf 439.000.[11]

Die Bevölkerung ganzer ehemals blühender Industrieregionen verarmte, strukturelle Dauerarbeitslosigkeit wurde zur Massenerscheinung, das soziale Gewicht der organisierten Arbeiterschaft innerhalb der österreichischen Gesellschaft wurde zunehmend geringer.[12] Zermürbt durch jahrelange Arbeitslosigkeit, perspektivlos und zunehmend resigniert, erlahmte ihre Widerstandskraft gegenüber autoritären Experimenten der Rechten. Zweifellos hat auch die entscheidungsschwache Hinhaltetaktik der sozialdemokratischen Parteiführung und deren beinahe völliger Mangel an konkreten politischen und ökonomischen Alternativen das Ihre zur Demoralisierung der Arbeiterschaft beigetragen. Gefangen in ihrer doppelten Strategie eines antizipatorischen Sozialismus und der defensiven Gewalt versuchte die Sozialdemokratie, ihren permanenten Machtverlust durch das inszenierte Ritual zu kompensieren und setzte schließlich scheinrevolutionäres Pathos an die Stelle konkreter Aktion.[13] Ein immer krasserer Widerspruch entstand zwischen dem zähen Festhalten der Arbei-

---

10 Daten nach Fritz Weber, Die Weltwirtschaftskrise und das Ende der Demokratie in Österreich, in: Erich Fröschl/Helge Zoitl (Hg.), Der 4. März 1933. Vom Verfassungsbruch zur Diktatur, Wien 1984, 38f.
11 Otto Bauer, Wirtschaftsentwicklung und Klassenkämpfe im faschistischen Österreich, in: Der Kampf. Internationale Revue, Jg. 2, Nr. 6/1935, 519.
12 Vgl. Siegfried Mattl, Stagnation und gesellschaftliche Krise. Das österreichische Beispiel, in: Wolfgang Maderthaner/ Helmut Gruber (Hg.), Chance und Illusion/Labor in Retreat. Studien zur Krise der westeuropäischen Gesellschaft in den dreißiger Jahren/Studies on the Social Crisis in Interwar Western Europe, Wien/Zürich 1988, 29–67.
13 Vgl. Anson Rabinbach, Vom Roten Wien zum Bürgerkrieg, Wien 1989 [in der Originalausgabe: The Crisis of Austrian Socialism. From Red Vienna to Civil War, Chicago 1983].

terbewegung an den sozialen Errungenschaften der Revolution der Jahre 1918/20 und ihrer ständig kleiner werdenden politischen und gesellschaftlichen Machtstellung. Die totale Entmachtung der Arbeiterbewegung, die Gleichschaltung der Gewerkschaften, der weitgehende Abbau von sozialen Rechten wurde so zu einer immer deutlicheren, erfolgversprechenden Krisenlösungsstrategie der konservativ-klerikalen Rechten. Lohndruck und Beseitigung des Sozialsystems sollten ohne den Störfaktor einer immer noch mächtigen parlamentarischen Opposition die wirtschaftliche Konkurrenzfähigkeit wiederherstellen. Unter Ausnützung der reaktionären Konjunktur dieser Jahre durchbrach die Regierung die parlamentarisch-demokratischen Formen ihrer Herrschaft in dem Moment, als Hitler die Macht in Deutschland erobert hatte.

Unter dem Druck der ökonomischen Krise hatten sich bedeutende Differenzierungsprozesse innerhalb der bürgerlichen und der bäuerlichen Schichten vollzogen. Seit dem Weltkrieg waren große Kapitalien entwertet und zerstört worden, so in der Inflationsperiode die Rentnerkapitalien; mit der Geldwertstabilisierung begannen sich die Schieber- und Spekulationsgewinne zu zersetzen. Die Industrie steckte in einer Art Dauerkrise: Die Vernichtung des Sparkapitals und der de facto Wegfall ihrer Betriebskapitalien in der Phase der Hyperinflation haben eine von vornherein problematische Konstellation nachhaltig verschärft; die Kreditzinsen hielten sich nach der Stabilisierung auf einem exorbitant hohen Niveau. Unter den Industrienationen war Österreich das einzige Land mit schrumpfendem industriellen Output: Bis 1933 war der Export auf 57 Prozent seines Volumens aus dem Jahr 1920 gesunken.[14] Die fehlende Selbstfinanzierungskraft der Industrie, ihre dauerhafte Schwäche hat wesentlich zur Destruktion der Gesellschaft beigetragen. Der Industriekrise folgte die Krise des in der Inflationszeit gewaltig aufgeblähten österreichischen Bankwesens. War das Verhältnis von Banken und Industrie schon vor dem Weltkrieg von einer besonders ausgeprägten einseitigen Abhängigkeit gekennzeichnet gewesen, wurde dies nunmehr weiter akzentuiert. Die Banken waren somit häufig, wenn auch meist unfreiwillig, zu Haupteigentümern der schwer verschuldeten Industrie geworden. Die mit der Währungsstabilisierung virulent werdende Bankenkrise konnte zunächst durch eine Konzentration der Defizite bei einer immer kleiner werdenden Zahl von Großbanken zwar verschleiert werden, der Zusammenbruch der Creditanstalt (CA) 1931 allerdings gab den Anstoß für den Ausbruch einer weltweiten Kreditkrise. Die CA war die größte mitteleuropäische Bank, seit der Übernahme der Bodenkredit kontrollierte sie 70 Prozent der österreichischen Industrie- und Großhandelsunternehmungen. Ihre Sanierung machte die Beteiligung von Staat und Nationalbank erforderlich, die Regierung übernahm die Haftung für alle in- und ausländischen Einlagen, die Verlustsumme belief sich auf mehr als 10 Prozent des Bruttonationalprodukts von

---

14 Weber, Weltwirtschaftskrise, 53.

1931.[15] Die Folgen der CA-Krise auf dem Währungssektor, am Kreditmarkt, in der Produktionssphäre und für die Staatsfinanzen waren fatal. Sie führten zu wirtschaftspolitischen Maßnahmen, die ihrerseits krisenverschärfend wirkten und eine »noch schnellere Drehung der Deflationsspirale« auslösten.[16]

Die Reorganisation des österreichischen Bankwesens unter der Führung der Nationalbank kam 1934 zum Abschluss, womit (mit Ausnahme der Länderbank) sämtliche Wiener Großbanken unmittelbar der Kontrolle der Nationalbank, und damit des Staates, unterstanden. Die vordem so mächtigen Repräsentanten des Finanzkapitals wurden dadurch, wie Otto Bauer dies pointiert ausdrückte, von »Herren des Staates« zu dessen »Stipendiaten«.[17] Die Abhängigkeit der Großindustrie von den nunmehr vom Staat (zu einem geringeren Teil auch von Auslandskapital) beherrschten Banken hat ihre Machtstellung schwer erschüttert. Natürlich vermochte sie weiter Einfluss auf die Regierungsmaßnahmen auszuüben, ausgedrückt etwa im Inhalt der Notverordnungen in Angelegenheiten des Arbeitnehmerschutzes oder der Sozialversicherungen. Aber der einseitig agrarische Kurs in der Wirtschaftspolitik oder auch zünftlerische Vorstöße gegen die Warenhäuser oder die Brotfabriken deuteten an, dass das Bank- und Industriekapital seine führende Rolle im bürgerlichen Lager zu verlieren begann.[18]

Zugleich hat die Krise breite bürgerliche und bäuerliche Bevölkerungssegmente verelendet. Der drastische Einbruch in der Konsumnachfrage ließ die Anzahl von gerichtlichen Ausgleichen und Konkursen bei Gewerbe- und Handelsbetrieben 1932 auf mehr als das Doppelte gegenüber 1929 steigen. Preis- und Absatzkrise hatten die Verschuldung bäuerlicher Betriebe, obwohl 1924 durch inflationäre Aufzehrung praktisch getilgt, sprunghaft ansteigen lassen; bis 1933 betrug sie mehr als die Hälfte der jährlichen Marktproduktion. In diesem Jahr waren etwa im Bundesland Salzburg an die 80 Prozent der Betriebe von zwangsweiser Eintreibung ihrer Verpflichtungen in der einen oder der anderen Form bedroht.[19] Nun vollzog sich seit 1929 ein Reagrarisierungsprozess, die Förderungspolitik der Regierung zielte aber vornehmlich auf die getreideproduzierende Bauernschaft des Flachlandes. Anders stellte sich die Lage im Westen des Bundesgebietes dar. Hier dominierte der klein- und mittelbäuerliche Betrieb auf einem eher niedrigen technischen Niveau, mit geringer Produktspezialisierung. Verelendungsprozesse kamen hier infolge der Krise auf den Märkten für Zucht- und Nutzvieh, Milchprodukte und Holz schneller und drastischer zum Tragen.

---

15 Kernbauer/Weber, Österreichs Wirtschaft, 16ff.
16 Ebd., 23.
17 Otto Bauer, Die Kanonen des Februar, in: Der Kampf. Internationale Revue, Jg. 2/1935, 483.
18 Gerhard Senft, Im Vorfeld der Katastrophe. Die Wirtschaftspolitik des Ständestaates, Wien 2002.
19 Mattl, Stagnation, 41, 45.

Die verarmenden Schichten des Mittelstandes und der Bauern in den Alpenländern, abhängig vom deutschen Fremdenverkehr und dem kaufkräftigen deutschen Agrarmarkt, suchten ebenso wie die schutzzollbedürftigen Industrien den Anschluss an Deutschland. Nach dem Scheitern des deutsch-österreichischen Zollunionsplans von 1931 stellten sie zunehmend die Basis des österreichischen Nationalsozialismus. Dessen soziale Grundlage ist die erbitterte und rebellische Stimmung der verarmenden Massen des Kleinbürgertums, der Bauernschaft und großer Teile der traditionell deutschnationalen, antiklerikalen und antihabsburgischen Intelligenz.[20] Damit aber war die bürgerliche Rechte in zwei einander bekämpfende Fraktionen zerfallen. Sobald die Großdeutschen die Regierung verließen und sich von den Christlichsozialen trennten, brachen jene nationalen Trennlinien innerhalb des österreichischen Bürgertums auf, wurde jener Gegensatz erneut relevant, der seine Entwicklung seit einem Jahrhundert bestimmt hatte: der Gegensatz zwischen Deutschnationalen und habsburgischen Legitimisten.

Im Augenblick der »nationalen Revolution« in Deutschland lag die Staatsmacht in Österreich in den Händen der schwarz-gelben, klerikalen und anschlussfeindlichen Fraktion. Sie hätte, um den Nationalsozialismus wirksam mit parlamentarisch-demokratischen Mitteln bekämpfen zu können, die Koalition mit der Sozialdemokratie eingehen müssen, von der sie aber ein jahrzehntelanger, erbittert geführter Kulturkampf trennte. Bereits die Landtags- und Gemeinderatswahlen im April 1932 hatten alarmierende Stimmenverluste zugunsten der Nazis gebracht. Im Parlament wurde die Koalition mit der Heimwehr eingegangen, was die denkbar knappste Mehrheit von nur einer Stimme ergab und zu einem krisenanfälligen, von Zufällen jeglicher Art abhängigen parlamentarischen Regieren zwang. So griff die klerikale Rechte zu den Mitteln der Diktatur.

Von März 1933 an wurden unter permanentem und bewusstem Bruch der Verfassung rund 300 Verordnungen aufgrund des kriegswirtschaftlichen Ermächtigungsgesetzes aus dem Jahr 1917 erlassen, die auf eine Demontage der allgemeinen Frei-

---

20 Im Mai 1933 war die Großdeutsche Volkspartei praktisch in der NSDAP aufgegangen. Die jüngere Generation des Mittelstandes und der Bauernschaft ist es, die sich zunehmend dem Nationalsozialismus zuwendet; wobei jenen Elementen des »neuen Mittelstandes«, die in ihrem sozialen Status nachhaltig gefährdet waren (wie Angestellte und öffentlich Bedienstete, neben Freiberuflern und Studenten) eine führende Rolle zukam. Vgl. Jürgen Falter/Dirk Hänisch, Wahlerfolge und Wählerschaft der NSDAP in Österreich von 1927 bis 1932: Soziale Basis und parteipolitische Herkunft, in: Zeitgeschichte, Jg. 15, Heft 6/1988, 223f. Zum Problem der sozialen Basis des Nationalsozialismus in Österreich siehe: Ernst Hanisch, Bäuerliches Milieu und Arbeitermilieu in den Alpengauen. Ein historischer Vergleich, in: Rudolf G. Ardelt/Hans Hautmann (Hg.), Arbeiterschaft und Nationalsozialismus in Österreich, Wien/Zürich 1990, 583–598; John T. Lauridsen, Nazism und the Radical Right in Austria 1918–1934, Copenhagen 2007.

heitsrechte und der Sozialgesetzgebung hinausliefen, ihrem Charakter nach aber auch entwicklungsfähige Ansätze berufsständischer Selbstverwaltung von vornherein zerstörten: die Entrechtung der Berufsvertretung der Eisenbahner, die Aufhebung der frei gewählten Personalvertretung bei Post und Fondskrankenkassen sowie in den Bundesbetrieben, die Unterstellung der Arbeiterkammern unter Staatskontrolle, Unterhöhlung der Autonomie der Sozialversicherung, zentralbehördliche Kontrolle der paritätisch besetzten Industriellen Bezirkskommissionen etc. In der raschen, seriellen Form der Notverordnungen, in ihrer Kumulierung, in der Kombination von integrierenden und regressiven Maßnahmen entwarf Dollfuß von sich das Bild eines kompromisslosen, resoluten Krisenmanagers, geleitet vom »sicheren Instinkt [...] für die Bedeutung symbolischer Formen der Politik in Krisenzeiten.«[21]

3. Der katholische Traum von der Vormoderne

Vor dem Hintergrund von Deindustrialisierungs- und Reagrarisierungsprozessen, einer empfindlichen Schwächung sowohl der organisierten Arbeiterschaft als auch der Industrie, waren die bürgerlichen und bäuerlichen Massen gespalten und herrschaftsunfähig geworden. In das dieserart entstehende Machtvakuum drangen »neue« Schichten vor: Die zentrale Bürokratie, die, der parlamentarischen Kontrolle entledigt, eine enorme Machtausweitung erfuhr,[22] der vorwiegend aristokratische Großgrundbesitz via Führungspositionen in den paramilitärischen Heimwehren, schließlich die klerikale Hierarchie.[23] Die ökonomische und psychologische Destabilisierung und Destruktion des Landes in der Großen Depression hat die Demokratie funktionsunfähig gemacht und im Prinzip prämodernen sozialen Schichten den Zugang zur Errichtung einer »ständischen« Diktatur eröffnet. Sie konnten ein aufbrechendes Machtvakuum um so eher auffüllen, als das politische System Österreichs in seiner Gesamtheit stark von vormodernen Strukturen durchsetzt war. Ein System, das auf Honoratiorentum, Intervention und Intrige basierte, in dem Parteien, Verbände und Genossenschaften die gesellschaftliche Integration ihrer Klientel sicherstellten, dem allgegenwärtige Korruption nicht nur sozial verträglich, sondern geradezu selbstverständlich schien.

Der Adel hatte 1918 eine historische Niederlage hinnehmen müssen, für die die Abschaffung der Adelstitel das augenfälligste Symbol darstellte und die in Wiederansied-

---

21 Mattl, Stagnation, 57.
22 Beispielhaft Peter Humer, Sektionschef Robert Hecht und die Zerstörung der Demokratie in Österreich, München 1975.
23 Vgl. Otto Bauer, Klassenkampf und »Ständeverfassung«. Wirtschaftliche Basis und politischer Überbau, in: Der Kampf. Sozialdemokratische Monatsschrift, Jg. 27, Nr.1/1934, 1–12.

lungsgesetz, Pächterschutzverordnung, Landarbeiterschutz und Landarbeiterversicherung ihren konkreten, wenn auch eher halbherzigen Niederschlag fand. Nunmehr trat er an die Spitze der Heimwehren, einer militärisch organisierten, sozialen Protestbewegung, deren Mannschaften sich aus depravierten und deklassierten gesellschaftlichen Gruppierungen rekrutierten. Zunächst von der deutschnationalen Schwerindustrie finanziert, vor allem von der von reichsdeutschem Kapital beherrschten Alpine-Montangesellschaft, zog sich diese nach dem Scheitern des Pfriemer-Putsches 1931 aus den Heimwehren zurück, um den Aufbau der Naziorganisationen voranzutreiben.[24] In den Kommandostellen der Heimwehr verblieb der adelige Großgrundbesitz.

Sobald Dollfuß mit den parlamentarisch-demokratischen Formen gebrochen hatte, geriet er unter den bestimmenden Einfluss der Heimwehren und des politischen Katholizismus, der mit seinem Organisations- und Vereinsgeflecht allein dem Regime eine gewisse Massenbasis zu stellen imstande war. Unter diesem Druck verstärkte sich die autoritäre Dynamik; sie wurde durch den italienischen Einfluss, dem sich Dollfuß unterworfen hatte, um die Unterstützung gegen das Dritte Reich zu erkaufen, weiter intensiviert – war es doch der italienische *Fascismus*, der vor allem die Heimwehren subventionierte und förderte.[25]

Das auf diese Weise entstandene Herrschaftssystem stellt in vielerlei Hinsicht eine historische Anomalie dar. Es ahmte äußerlich Formen des Faschismus nach, entlehnte sie dem italienischen und deutschen Vorbild und versuchte wesentliche Elemente faschistischer Ideologie mit katholischem Klerikalismus zu verknüpfen. Sein sozialer Inhalt aber ist ein gänzlich anderer. Es stützte sich auf soziale Trägerschichten und Eliten, die vorkapitalistischen Zeiten und der Vormoderne zuzuordnen sind. Zudem blieb das Regime nicht stabil und veränderte ständig sein labiles Gleichgewicht, so etwa, als es sich 1936 mit der Ausschaltung der Heimwehr seines spezifisch am italienischen Fascismus orientierten Bündnispartners entledigte und sein bürokratischer Charakter stärker in den Vordergrund trat. Innere Gegensätze und Auseinandersetzungen wurden als Streit um den Aufbau des Ständestaates, als Streit um die Auslegung einer päpstlichen Enzyklika geführt. Unfähig, sich eine breitere Massenbasis zu schaffen, schwankte die autoritäre Diktatur zwischen Brutalität und Zugeständnissen ständig hin und her, ohne Selbstsicherheit und ohne innere Autorität.[26] Die ideolo-

---

24 Jill Lewis, Fascism and the Working Class in Austria, 1918-1934. The Failure of Labour in the First Republic, New York/Oxford 1991.
25 Martin Prieschl, Die Heimwehr, in: Truppendienst. Zeitschrift für Ausbildung, Führung und Einsatz, H.313/2010, 43ff. Nach wie vor grundlegend: Earl C. Edmondson, The Heimwehr and Austrian Politics 1918–1936, Athens 1978; Lajos Kerekes, Abenddämmerung einer Demokratie. Mussolini, Gömbös und die Heimwehr, Wien/Frankfurt/Zürich 1966.
26 Emmerich Tálos/Walter Manoschek, Politische Struktur des Austrofaschismus (1934-1938), in: Talos/Neugebauer, Austrofaschismus, 75–119.

gischen Versatzstücke für die autoritär-ständische Neukonstruktion des gesellschaftlichen Aufbaus lieferte – neben neokonservativen Strömungen, der antisolidarischen Richtung der katholischen Soziallehre, etatistischen Restbeständen der josephinischen Bürokratietradition und der nachwirkenden katholischen Reichsromantik[27] – vor allem die teleologische Ganzheitsmetaphysik Othmar Spanns. Der Einfluss seiner antiparlamentarischen, romantisch-universalistischen Gesellschaftsphilosophie und Volkswirtschaftslehre auf die Entwicklung faschistischer Ideologien insgesamt kann gar nicht überschätzt werden.[28]

Die dramatischen Umwälzungen in der Großen Depression haben Politik wie Kultur grundlegend verändert. Die strukturelle ökonomische Krise steht damit gleichermaßen für eine Krise des Sozialen wie eine Krise der Kultur einer gesamten Epoche. Dies artikulierte sich zunächst und am augenscheinlichsten als eine Krise des Prinzips der parlamentarischen Demokratie. Einmal etabliert und stabilisiert, hatte die parlamentarische Demokratie keine gesellschaftlichen Ideale mehr zu verwirklichen, jedes Interesse, jedes Prinzip war im Rahmen ihres Institutionengefüges nur auf dem Wege des Kompromisses mit jeweils gegensätzlichen Interessen und Prinzipien durchzusetzen. Wenn aber jedes Prinzip die relative Berechtigung eines jeden anderen anzuerkennen hatte, büßte es an eigener Legitimation ein. So entwickelte sich eine Atmosphäre einerseits des Skeptizismus und der deterministischen Zweckrationalität, andererseits war sie durchdrungen von einer aggressiven Relativierung aller Prinzipien, Ideale und Ideologien, die ihre Entsprechung nicht zuletzt im geistigen Leben dieser Zeit fand.

Binnen weniger Jahrzehnte war durch die epochemachenden Entdeckungen der modernen Naturwissenschaften das Weltbild der klassischen Physik revidiert und suspendiert worden. Aber im Gegensatz zur traditionellen Philosophie der Aufklärung, die auf Basis der klassischen Physik entstanden war, verzichtete ein betont nüchtern gehaltener positivistischer Empirismus nunmehr weitgehend und mit nur wenigen Ausnahmen auf eine offensive, gegen tradierte, überkommene Vorstellungen und Denkweisen gerichtete gesellschaftliche Umsetzung seiner bahnbrechenden Erkenntnisse. Er beschränkte sich vielmehr darauf, in seinen Entdeckungen die Systeme von logischen Gleichungen zu sehen, die jene Wahrscheinlichkeit aufzeigen, mit der aus einer Beobachtung eine andere folgen würde. Der skeptische Empirismus hat damit unwillkürlich das von ihm im Sinne einer *Spätaufklärung* geschaffene Weltbild dem Spiel metaphysischer Spekulation und Emphase ausgeliefert.[29]

---

27 Mommsen, Theorie und Praxis, 176.
28 Staudinger, Österreich-Ideologie, 202.
29 Otto Bauer, Zwischen zwei Weltkriegen? Die Krise der Wirtschaft, der Demokratie und des Sozialismus, Bratislava 1936, 174f.

Am präzisesten ist dieser Sachverhalt wohl in dem im Ersten Weltkrieg entstandenen *Tractatus logico-philosophicus* des eigenwillig-exzentrischen Ludwig Wittgenstein artikuliert worden. So sehr der Tractatus als Manifest einer Destruktion der überkommenen Metaphysik verstanden werden kann, so sehr geht es ihm zugleich um die Festlegung von Grenzen, nämlich der Trennung von Sagbarem und Unsagbarem. In diesem logischen System gibt es »allerdings Unaussprechliches«, das sich lediglich der Erfahrung erschließt, das nicht gesagt werden kann, das sich vielmehr »zeigt«: »Es ist das Mystische«.[30]

Im Kontext der umfassenden Krise dieser Zeit vollzog sich eine bis dahin ungekannte, durch die Technologieschübe und den Medienwandel während des Ersten Weltkrieges wesentlich beschleunigte technische Entwicklung, kam es zur Rationalisierung und Reorganisation des Produktionsapparates. »Das technische Ideal war an die Stelle der verlorenen gesellschaftlichen Ideale getreten.«[31] In der dabei immer krasser zu Tage tretenden Diskrepanz zwischen »funktioneller« und »substantieller Rationalität« sieht denn auch der Soziologe Karl Mannheim einen der zentralen Gründe für den Legitimitätsverlust und schließlichen Zerfall des liberal-demokratischen Systems. Während das technische Ideal, die funktionelle Rationalität, das Denken und Handeln der Menschen immer mehr auf Effizienz und ideallosen Utilitarismus verpflichtet habe, wurde die substantielle Rationalität, also die Einsicht in Ablauf, Sinn und Bedeutung des Gesamtgeschehens, sukzessive minimiert. Die Folge sei das vermehrte Auftreten eines diffusen Krisenbewusstseins, sozialer Ängste und Ressentiments, das Wirksamwerden neuer Irrationalismen.[32] Diese waren nicht zuletzt das Symptom einer doppelten Spaltung: eine Entkopplung der wissenschaftlichen Rationalität vom emanzipatorischen Erbe der Aufklärung sowie eine Entkopplung der Politik von deren utopischem Ideal.

Vor dem Hintergrund von Deindustrialisierungs- und Reagrarisierungsprozessen, wie sie mit der Weltwirtschaftskrise schlagartig einsetzten, vor dem Hintergrund einer fortgesetzten Schwächung moderner Gesellschaftssegmente wie Industrie, Finanzkapital und Arbeiterschaft, wurden diese Ressentiments und Irrationalismen massenhaft mobilisiert. Das gesellschaftliche Krisenszenario hat die parlamentarische Demokratie, die (industrielle) Moderne insgesamt ihrer Legitimierung beraubt und durchge-

---

30 Wolfgang Maderthaner, Wovon man nicht sprechen kann ..., in: Ders., Österreich. 99 Dokumente, Briefe, Urkunden, Wien 2018, 340ff.; Thomas Macho, Trauma und Kriegserfahrung in Wittgensteins Philosophie, in: Inka Mülder-Bach (Hg.), Modernität und Trauma. Beiträge zum Zeitenbruch des Ersten Weltkriegs, Wien 2000, 47, 53; Dominick La Capra, Reading Exemplars: Wittgenstein's Vienna and Wittgenstein's Tractatus, in: Ders., Rethinking Intellectual History. Texts, Contexts, Language, Ithaca/London 1983, 84–117.
31 Bauer, Zwischen zwei Weltkriegen, 176.
32 Karl Mannheim, Mensch und Gesellschaft im Zeitalter des Umbruchs, Darmstadt 1958, 68ff.

hend präsente, vordem jedoch in den Hintergrund getretene, rückwärts gewandte, vormoderne Utopien erneut aktualisiert: Vorstellungen einer an einem idealisierten Mittelalterbild orientierten gesellschaftlichen Harmonie, einer berufsständischen sozialen Organisation, die in einem die liberal-kapitalistische Modernisierung des Daseins, den Zersetzungsdrang und die Tyrannei des entwurzelten Intellekts sowie die Vorherrschaft des mechanistischen und materialistischen Denkens außer Kraft setzten sollte. Die neoromantische Kritik an der Moderne, und damit vor allem die Kritik an der modernen bürgerlichen Kultur, wurde im Namen eines als ideal imaginierten Vergangenen geführt und richtete sich gegen einen individualistischen, liberalen Kapitalismus ebenso wie gegen den egalitären Sozialismus. Diese Kritik, begründet etwa in der ständischen Staatsphilosophie eines Adam Müller, führte ihre Anklage gegen die Anarchie der kapitalistischen Produktionsweise, gegen Verelendung und Entwurzelung des industriellen Proletariats im Sinne der gesellschaftlichen Organisation der Vormoderne. Es waren nicht zuletzt die befreienden, die emanzipierenden Potenziale und Konsequenzen des bürgerlichen Liberalismus und der parlamentarischen Demokratie, die zur Zielscheibe dieser Kritik wurden – hatte die Durchsetzung des demokratischen Prinzips doch unweigerlich die Emanzipation und Selbstorganisation der Massen befördert. Dem politischen Ideal der bürgerlichen Freiheiten wurde so das soziale Ideal eines autoritären, streng hierarchisch gegliederten, vormodernen Ständestaates gegenübergestellt.[33]

Breite Resonanz und soziale Verankerung fand diese Form von Gesellschaftskritik zunächst in der Umbruchsphase nach dem Ersten Weltkrieg. Der Zerfall des übernationalen Wirtschaftsraums der Habsburgermonarchie und die bald nach Kriegsende einsetzende massive Geldentwertung, die in eine Hyperinflation umschlagen sollte, hatten zur materiellen Verelendung und kulturellen Desintegration des alteingesessenen Wiener Bürgertums geführt, während die industrielle Arbeiterschaft zur politischen und die aus der Inflationskonjunktur entstandene neue Bourgeoisie zur ökonomischen Macht aufgestiegen war. Ihre rasche Verelendung im Gefolge der Inflation ließ die Angehörigen des traditionellen, gehobenen Mittelstandes eine tief empfundene Gegnerschaft gegenüber demokratischer Republik, egalitärem Sozialismus wie auch »raffendem« Finanzkapital entwickeln.

Diese ambivalenten Stimmungslagen fanden ihren präzisen Ausdruck und Niederschlag in der zeitgenössischen literarischen ebenso wie in der wissenschaftlichen Produktion. Auf der einen, der dem Individualismus zugeneigten Seite theoretisierte Ludwig von Mises die liberale Wirtschaftswissenschaft,[34] die Rückkehr zu einem ra-

---

33 Wolfgang Maderthaner, Von der Zeit um 1860 bis zum Jahr 1945, in: Peter Czendes/Ferdinand Opll, Wien. Geschichte einer Stadt, Bd. 3: Von 1790 bis zur Gegenwart, Wien 2006, 175–544, 187.
34 Ludwig von Mises, Gemeinwirtschaft. Untersuchungen über den Sozialismus, Jena 1922.

dikal marktwirtschaftlichen Ansatz und formulierte damit die Interessenlagen einer ebenso geschäftstüchtigen wie skrupellosen neuen Bourgeoisie, die die Befreiung ihrer Tätigkeit von allen den Markt hemmenden staatlichen und gewerkschaftlichen Fesseln einforderte.

Auf der anderen, der metaphysisch beschworenen Gemeinschaft zugeneigten Seite artikulierte Othmar Spann seinen Gegenentwurf des »Wahren Staates«. Der 1878 in Wien geborene Spann hatte sich 1908 in Brünn habilitiert und wurde 1919 an die Universität Wien als Professor für Nationalökonomie und Gesellschaftslehre berufen. 1921 erscheint sein Hauptwerk[35] – ein Werk, das geradezu paradigmatisch die Flucht der durch die Inflation verelendeten bürgerlichen Intelligenz in das romantisch-autoritäre Ideal einer ständischen Staatsordnung repräsentiert. Spann hatte seine teleologische Ganzheitsmetaphysik in Reaktion auf die Bedingungen und Konsequenzen der modernen Industriegesellschaft entwickelt. Beeinflusst von den Nachkriegsereignissen entwarf er im »Wahren Staat« die Konzeption einer berufsständischen Gliederung des gesellschaftlichen Aufbaus, die auf den Erhalt bestehender Eigentumsverhältnisse vor den sozialen Ansprüchen einer offensiv agierenden Arbeiterbewegung abzielte. Kartelle und Gewerkschaften sollten zu beruflichen, sich selbst verwaltenden Zwangsverbänden zusammengeschlossen, der sozialdemokratische Machtzuwachs in der Republik durch eine dezentralisierte Ständeordnung und die Übertragung staatlicher Hoheitsrechte auf eben diese Zwangsverbände neutralisiert werden. Die geänderte politische Lage veranlasste Spann und seinen Kreis gegen Ende der zwanziger Jahre zu einer entscheidenden Änderung dieser Konzeption und zu einer Modifizierung entsprechend der sozialen Struktur der Heimwehrbewegung, mit der enge politische und personelle Verflechtungen bestanden: die Wiedereinführung einer staatlichen, autoritären Instanz, den Wirtschaftsständen übergeordnet, zur Überwindung ökonomischer Widersprüche in der ständischen Gesellschaft.[36] Die übergeordnete Führungsrolle war der Heimwehr zugedacht, die sich als »Staatsstand« konstituieren sollte.

Spanns *Universalismus* ist ein einziges Manifest des Antimodernismus, das, weitgehend abstrahiert von der sozialen Realität industrieller Gesellschaften, »in dem Mutterboden der Scholastik« wurzelt.[37] Er definiert ihn im Wesentlichen mit den Begriffen »objektiv statt subjektiv«, »apriorisch statt relativistisch«, »deduktiv statt induktiv«, »intuitiv statt empirisch«, »Zweckwissenschaft statt Kausalwissenschaft«, »inneres Wissen statt der Aufklärung«, »durchsetzt mit Irrationalität statt reiner Herrschaft des

---

35 Othmar Spann, Der wahre Staat. Vorlesungen über Abbruch und Neubau der Gesellschaft, Leipzig 1923.
36 Othmar Spann, Hauptpunkte der universalistischen Staatsauffassung, in: Nationalwirtschaft, Jg. 5, 1929/30, 1ff.
37 Werner Sombart, Die drei Nationalökonomien, München/Leipzig 1930, 36.

Rationalen«, »metaphysisch statt ametaphysisch«, »ständisch statt kapitalistisch«.³⁸ Spann greift somit auf den deterministischen Realismus der älteren Scholastik zurück, in dem sich der Idealismus und Universalismus der feudalistischen Weltauffassung am präzisesten ausdrücken. Die mittelalterliche Welt hatte sich ihr praktisch-theoretisches Weltbild in Analogie ihres gesellschaftlichen Seins, in der Einbindung des Individuums in durch das Herkommen geheiligte herrschaftliche und genossenschaftliche Verbände geformt. Sie betrachtete alles Weltgeschehen als Verwirklichung eines göttlichen Arbeitsplanes, die Dinge als Abbilder der Ideen. Der Einzelne ist ein Geschöpf der Gemeinschaft, in die er hinein geboren wurde, die einzelnen Dinge denkt er als Erzeugnis der allgemeinen Begriffe, unter die sie subsumiert werden. Alles Weltgeschehen wird durch einen planmäßig wirkenden Willen gelenkt, ebenso wird alles Wirtschaftsleben planmäßig, zweckbewusst geleitet. Die Welt wird als ein Produkt eines über ihr stehenden, intentional tätigen Willens verstanden.

Die Entwicklung der kapitalistischen Produktion hat die Gesellschaft aufgelöst in eine Masse unorganisierter, selbstherrlicher Individuen, hat den gesellschaftlichen Zusammenhang zergliedert in Kooperation der Individuen miteinander und Wettbewerb der Individuen gegeneinander. Die Menschen begannen, die Welt als die Resultierende konkurrierender individueller Kräfte zu denken, an die Stelle des teleologischen tritt das kausale Weltbild, die mechanistisch-atomistische Weltauffassung. Die berufsständische Ideologie entstand in Reaktion auf den liberalen, individualistischen Kapitalismus, auf die »Atomisierung« der Gesellschaft, auf die Auflösung herkömmlicher gesellschaftlicher Organisationen, auf deren Zerlegung in Atome, in unorganisierte Individuen, die dieser dem Staat entgegengestellt hat.

Ganz in dieser Tradition stehend und unter bewusstem Rückgriff auf Adam Müller, den romantischen Reaktionär im Solde Metternichs, propagierten Spann und seine Schule den Übergang zum »universalistischen«, »organischen« Systemgedanken, zur »gliedhaften« Auffassung von Wirtschaft und Gesellschaft.³⁹ Freilich adaptiert und in einem geänderten gesellschaftlichen Zusammenhang. Berufsständische Ideen – zunächst von der aristokratischen Romantik gegen den Liberalismus entwickelt, von Spann et al. aus den Schriften Platos und Thomas von Aquins destilliert – werden in Zeiten der fortschreitenden Durchorganisierung aller gesellschaftlicher Bereiche und einer tiefgreifenden staatlichen Reglementierung der Wirtschaft zu leitenden Ideen

---

38 Spann, Der wahre Staat, 89ff.
39 Klaus-Jörg Siegfried, Universalismus und Faschismus. Das Gesellschaftsbild Othmar Spanns, Wien 1974; Jonas Hagedorn, Kapitalismuskritische Richtungen im deutschen Katholizismus der Zwischenkriegszeit, in: Matthias Caspar/Karl Gabriel/Hans-Richard Reuter (Hg.), Kapitalismuskritik im Christentum. Positionen und Diskurse in der Weimarer Republik und der frühen Bundesrepublik, Frankfurt a. M. 2016, 111–141.

im Kampf gegen die politische Demokratie; in Gestalt des faschistischen Korporationensystems schließlich zu einem Instrument zur vollständigen Beherrschung des kapitalistischen Wirtschaftslebens durch den totalitären Staat.[40]

Aus der »Dienstbarkeit der Wirtschaft« leitet Spann die Dienstbarkeit jeder Güter schaffenden Arbeit ab, die zu einem »bedingt passiven« und »passiven Gut« wird, gleichgesetzt allen anderen »leistenden« Gütern. Aus der in diesem Sinn getroffenen Hierarchisierung der Arbeit erwächst in logischer Konsequenz eine hierarchisch aufgebaute Gesellschaft, in der die sich »selbst genügende« Arbeit, die Arbeit »edleren Stammes« eine natürliche Spitze bildet. Es ging somit um den Nachweis, dass der »wahre Staat« ausschließlich in der »Unterordnung des geistig Niederen unter das geistig Höhere« zu begründen sei. Die Handarbeiter (»Handwerker« und »Kunstwerker«) müssten von den »Wirtschaftsführern«, diese von den »Staatsführern« und diese wiederum von den »Weisen« (also dem »höheren Lehrstand«) geführt werden. Prinzipien, die der italienische Fascismus – natürlich unter Außerachtlassung der zuletzt angeführten Kategorie der Weisen – mit brutalem Terror in gesellschaftliche Realität umgesetzt hat. Nun stand Mussolini nicht in der Tradition eines Othmar Spann – der seinerseits im italienischen Korporationismus die Bestätigung und politische Umsetzung seines theoretischen Werkes erblickte – sondern vielmehr in jener des proletarisch-revolutionären Syndikalismus beispielsweise eines Georges Sorél.[41] Der Fascist Mussolini allerdings hat es verstanden, die Entwürfe einer berufsgenossenschaftlichen Organisation und die syndikalistische Konzeption des berufsständischen Aufbaus des Staates in ein Mittel zur Niederwerfung von Demokratie und organisierter Arbeiterbewegung zu transformieren: Zwangskorporationen wurden installiert, Gewerkschaften und Unternehmerverbände Herrschaftsmittel des despotischen Staates.[42]

Zwischen den Spitzen der Heimwehrbewegung in Österreich und dem Kreis um Othmar Spann bestanden jedenfalls enge Verschränkungen. Nun ist die innere Konsistenz des Spannschen Gedankengebäudes schon von zeitgenössischen Kritikern massiv in Frage gestellt worden,[43] und dessen metaphysische Konstruiertheit, vage

---

40 Walter Euchner et al., Geschichte der sozialen Ideen in Deutschland. Sozialismus – Katholische Soziallehre – Protestantische Sozialethik, Wiesbaden 2005, 713ff.
41 Georg Scheuer, Genosse Mussolini. Wurzeln und Wege des Ur-Fascismus, Wien 1985.
42 Spann distanzierte sich unter dem Eindruck des bald offenkundig werdenden Scheiterns des österreichischen Experiments von diesem und begann mit dem italienischen Modell zu sympathisieren. Zur Analyse von tagespolitischen Interessenskoalitionen unfähig, hoffte er damit, seine Ständestaatskonzeption unter der Kanzlerschaft Hitlers tatsächlich verwirklichen zu können, was ihn alsbald in Konflikt mit dem Nationalsozialismus brachte. (Vgl. Siegfried, Universalismus und Faschismus, 196ff.).
43 Zur zeitgenössischen Kritik von sozialdemokratischer und liberaler Seite siehe u. a. Helene Bauer, Herrn Othmar Spanns Tischlein-deck'-dich, in: Der Kampf, Jg. 15/1922, 178–182; Max Adler, Zur Kritik der Soziologie Othmar Spanns, in: Der Kampf, Jg. 20/1927, 265–270.

Begriffsbildung sowie die ständige Bezugnahme auf die antike und deutsche klassische Philosophie stellten kaum konkrete gesellschaftspolitische Handlungsanleitungen vor. Wir dürfen daher, in Anlehnung an Francis L. Carsten, davon ausgehen, dass sich die Komplexität seiner Argumentation und die Nebulosität seiner Sprache im Bewusstsein der Heimwehrführer in ihrer krudesten und vulgärsten Form niederschlug und zu einem vordergründigen Feindbild verdichtete; mit der Linken als bevorzugtem Feindbild und durchsetzt mit ausgeprägten antisemitischen Zügen.[44]

4. Fronleichnam in Permanenz

Wenn die Ständeideologie in den Rang einer gleichsam offiziellen Staatstheorie erhoben wurde, so nicht zuletzt auch deshalb, weil die katholische Kirche dieses Gedankengut der aristokratischen Romantik – als deren Verbündete sie im Kampf gegen die bürgerliche Revolution aufgetreten war – entnommen und zu dem ihren gemacht hatte. In bewusstem Gegensatz zur formalen, parlamentarischen Demokratie stehend stellte das autoritäre Regime dieser die Idee einer berufsständischen Verfassung, also die allen antidemokratischen bürgerlichen Strömungen gemeinsame Verfassungsidee entgegen. Nun stützte sich der Austrofaschismus auf jene sozialen Schichten, die als »Erbe der altösterreichischen Überlieferung« (Otto Bauer) gelten konnten, und stand daher in Konkurrenz zum Nationalsozialismus und dessen Annexionsintentionen. Seine Verfassungskonzeption konnte und durfte somit nicht jene des Nationalfaschismus sein; sein Ziel war die Verwirklichung einer katholischen berufsständischen Verfassung, konkretisiert nach den Soziallehren der Kirche. Wenngleich die päpstliche Enzyklika – deren überaus scharfe und pointierte Kapitalismuskritik in der Tradition des älteren christlichen Sozialismus steht – dem faschistischen Korporationssystem zubilligt, zur »friedlichen Zusammenarbeit der Klassen«, zur »Zurückdrängung der sozialistischen Organisationen und Bestrebungen« und zum »regelnden Einfluß eines eigenen Behördenapparates« geführt zu haben, wird doch der totalitäre Herrschaftsanspruch des faschistischen Staates mit Bestimmtheit zurückgewiesen. Vielmehr führt sie das Subsidiaritätsprinzip ein, fordert die freie Selbstverwaltung der Berufsverbände und nähert sich so dem Prinzip der industriellen Demokratie, der »Wirtschaftsdemokratie«.[45] Die Erörterung von Fragen technischer Art allerdings lehnt sie ebenso ab wie sie keinerlei konkrete Anleitung für den Aufbau einer ständischen Ordnung gibt. Sie behandelt die Wirtschaftsverfassung der Gesellschaft, von

---

44 Francis L. Carsten, Faschismus in Österreich. Von Schönerer zu Hitler, München 1977, 158f.
45 Zum gesamten Problemkreis siehe Alois Riedelsperger/Emmerich Tálos (Hg.), Zeit-Gerecht. 100 Jahre katholische Soziallehre in Österreich, Steyr 1991.

der Staatsform, von Begründung und Aufbau von Staatsgewalt sieht sie gänzlich ab. Als Kompilation berufsständischer Ideologien verschiedensten Ursprungs und sozialen Gehalts war sie demnach offen für die unterschiedlichsten Interpretationszugänge.

Die Ständeverfassung war im Kreis um Othmar Spann, bei katholischen Sozialreformern, in christlichsozialen Publikationsorganen wie *Das Neue Reich* oder *Die schönere Zukunft* oder in der von Ernst Karl Winter gegründeten und von der Action Française inspirierten *Österreichischen Aktion* breit diskutiert wurden.[46] Sobald allerdings die Konkretisierung der ständischen Ordnung in Angriff genommen wurde, brachen interne Widersprüche und unterschiedliche Intentionen in voller Schärfe auf; Interessensdivergenzen und Machtkämpfe zwischen jenen höchst unterschiedlichen sozialen Elementen, auf die das Regime sich stützte, nahmen die Form von Auseinandersetzungen um die Exegese der kirchlichen Gesellschaftslehre an. Jedenfalls sollte der Klerikalismus als unmittelbares Staats- und Gesellschaftsprogramm durchgesetzt werden, das allein selig machende, weil gottgewollte Modell eines Ständestaates den gesellschaftlichen Neuaufbau begründen.[47] Eine Faschisierung der Politik der Kirche, die auf eine Niederwerfung der Sozialdemokratie und des Nationalsozialismus zugleich abzielte, die die Herrschaft der katholischen Kirche institutionalisieren, von Wahlen und Volksentscheidungen unabhängig machen sollte und die Österreich als Ausgangspunkt und Zentrum einer katholischen Restauration in Mitteleuropa sah.[48] Und wenn in diesem Sinn für die *Österreichische Arbeiterzeitung* bereits im Oktober 1934 die »Totalität des Christentums« verwirklicht war, so blieb die Realisierung der angestrebten Ständeverfassung, immer wieder verzögert und hinausgeschoben, doch nur ein irrealer, kurzer katholischer Traum.

Entwürfe zur gesellschaftlichen Neuordnung und zu Legitimationsstrategien des Austrofaschismus entsprachen der Ideologie und dem Bewusstseinsstand seiner sozialen Basis und intellektuellen Eliten: restaurativ, autoritär, antidemokratisch, legitimistisch, österreichisch-national, prämodern – verstanden als genuin rückwärtsgewandter Gegenentwurf zu den Konsequenzen der Moderne, der modernen Industriegesellschaft. Hatte nicht die Moderne einen radikalen Bruch mit historischen Formationen und Traditionen gebracht, und waren es nicht die Erfahrungen des Fragmentarischen, Transitorischen, Ephemeren, einer inneren Dichotomie, charakterisiert durch einen permanenten Prozess von Widersprüchen und Brüchen gewesen, die die Formierung modernen Denkens und Handelns bestimmt hatten? Dem wurden rückwärtsgewandte Utopien einer Harmonie der Interessen von Arbeit und Kapital gegenübergestellt, orientiert am verklärten Bild einer einfach strukturierten, mittelalterlichen Agrargesell-

---

46 Mommsen, Theorie und Praxis, 177.
47 Dazu allgemein: Janek Wassermann, Black Vienna. The Radical Right in the Red City 1918–1938, Ithaca 2014.
48 Hanisch, Der Politische Katholizismus, 60f.

schaft, angeleitet von einer spezifisch katholischen Sehnsucht nach Klassenharmonie und Konfliktfreiheit. Verwachsen mit althergebrachten Vorstellungen eines gottverordneten Oben und Unten, aber auch, und dies sollte nicht übersehen werden, mit vagem antikapitalistischen Sentiment, einer Idee von »sozialer Gerechtigkeit« und »Zufriedenheit« unter Ausschluss von Gleichmacherei, Klassenkämpfen, Enteignungen und eigentlicher ökonomischer Vergesellschaftung. Getragen von feudalen Reminiszenzen und antimodernistischen Affekten jener Schichten, die seit jeher in der parlamentarischen Republik eine heimtückische Erfindung der Arbeiterbewegung erblickt hatten. Es ist die archaische Sehnsucht nach der Wiederherstellung der unmittelbaren Lebensgemeinschaft von »Höheren und Niederen«, es ist die Sehnsucht nach der organischen, nach der naturrechtlichen Gesellschaft mit ihrer unhinterfragten und unhinterfragbaren sozialen Hierarchisierung. Nicht umsonst hat Dollfuß immer wieder das »Mittelalter« als Zeit der »Hochblüte der deutschen Kultur« angesprochen, nicht umsonst hat er in seinen Reden immer wieder das Bild gemeinsamen Zusammenlebens und Zusammenarbeitens von Bauer und Knecht bemüht.[49] In der Trabrennplatzrede sprach er davon, dass man die Aufgabe habe, »die letzten einhundertfünfzig Jahre unserer Geistesgeschichte gut zu machen« – ganz im Sinn einer Äußerung des Heimwehrführers Steidle, dem es darum zu tun war, das »Ende der französischen Revolution auf deutschem Boden, wenn es sein muß durch eine deutsche Revolution, eine Diktatur des Aufbaus« herbeizuführen.[50] Parlamentarische Demokratie, autonome Arbeiterorganisationen und konkurrierende Massenparteien haben in diesem Weltbild keinen Platz. Freiheit und Demokratie erscheinen als Atomisierung des Einzelnen, »der Gesellschaftsvertrag im Sinn der Aufklärung erhält das Stigma der Blasphemie«.[51]

Dies umso mehr, als Österreich einem Rekatholisierungsprozess unterworfen wurde, der dem politischen Katholizismus die Schule, das Eherecht und das gesamte geistige Leben des Landes auslieferte und der im Sinne der Gegenreformation die pluralistischen Strukturen in der Gesellschaft zerschlug. Gegenreformation hieß Rückeroberung und barocker kirchlicher Triumphalismus, hieß, einen neuen Kreuzzug zu beginnen. Im Lande wurde ein »symbolisches Fronleichnamsfest in Permanenz«[52] abgehalten, das Symbol der Kreuzfahrer, das Kruckenkreuz, wurde zum Zeichen der Vaterländischen Front.[53] In diesem Sinne waren es »die Kultur« und »die

---

49 Ebd., 67.
50 Edmund Weber, (Hg.): Dollfuß an Österreich. Eines Mannes Wort und Ziel, Wien 1935, 44; sowie Mommsen, Theorie und Praxis, 176, 184.
51 Alfred Pfoser/Gerhard Renner, »Ein Toter führt uns an!« Anmerkungen zur kulturellen Situation im Austrofaschismus, in: Tálos/Neugebauer, Austrofaschismus, 240.
52 Hanisch, Der politische Katholizismus, 63.
53 Konrad J. Heilig, Österreichs neues Symbol. Geschichte, Entwicklung und Bedeutung des Kruckenkreuzes, 2. Aufl., Wien 1936.

Geschichte«, die vor allem das Regime in seinem Ringen um geistige Suprematie und Hegemonie zu besetzen versuchte. In ihrer Kombination ergaben sie die Ideologie eines *universalistischen Österreich*, und in beinahe absurd zu nennender Weise hielt das Regime an diesem Konstrukt in seiner evidenten Abstraktion umso hartnäckiger fest, je mehr sich seine reale Machtbasis verschmälerte. Den Herausforderungen, die die demokratische Republik, die entwickelte Industriegesellschaft, die Moderne insgesamt aufgeworfen hatten, wurde mit Kulturpessimismus, Großstadtfeindlichkeit, Agrarromantik, den regressiven Utopien eines christlich-ländlichen Mystizismus und, seit der tendenziellen Erosion des Bündnisses mit Finanz- und Industriekapital, mit einem zunehmend reaktivierten Antisemitismus begegnet.[54]

Im Speziellen äußerte sich dies in der Propagierung einer Theorie einer spezifisch österreichischen Menschengattung, in den Popularmythologien eines »ewigen Österreich«. Ihren idealtypischen materiellen Ausdruck fand diese Ideologie in der Bilderwelt der offiziösen Illustrierten *Österreichische Woche*. Arrangiert entlang den Fixpunkten der Feierlichkeiten des Kirchenjahres, allgegenwärtigen Kapellen, Marterln und Kreuzen an die Seite gestellt, gekleidet in ihre traditionelle regionale Tracht, vermitteln kernige Alpensöhne, Sennerinnen und Weinbauern, Sensenschmiede und Steinmetze zugleich in bescheidener Demut als auch in satter Selbstzufriedenheit das Bild vorindustrieller Harmonie. Hinein gepasst ist der österreichische Mensch in die »Baulichkeit« einer wildromantischen Bergwelt, dem Fetisch der austrofaschistischen Österreichideologie schlechthin, gleichsam ihrer »Repräsentationsbauten«, die Drohung und Schönheit, Unantastbarkeit und die Erhabenheit des göttlichen Schöpfungsplanes symbolisieren.[55] In logischer Entsprechung dazu steht die Präsentation mächtiger Klöster wie Melk, Admont, St. Florian und Seckau, jener Stein gewordenen Zeugen des Triumphes der Gegenreformation, von Hermann Bahr sinnfälligerweise als Renovationszentren gegen Materialismus und Bolschewismus gefeiert. Gewalt und Herrschaft bleiben ausgeblendet, verwiesen wurde vielmehr auf das von Anton Wildgans beschworene Bild vom »Volk der Tänzer und der Geiger«, das im Burgtheater und in den Salzburger Festspielen, im Wiener Film und in der Wiener Operette konkrete Gestalt annahm. Oben und Unten, die Rollen von Herr und Knecht, sind, ganz wie in Hofmannsthals *Großem Salzburger Welttheater*, gottgewollt und unverrückbar.[56]

---

54 Tálos, Herrschaftssystem, 470ff.
55 Zur Umdeutung der Natur in eine »österreichische Landschaft« und zur Ausbildung der österreichischen Idee im Spiegel dieser Landschaften siehe Georg Riegele, Die Wiener Höhenstraße. Autos, Landschaft, Politik in den dreißiger Jahren, Wien 1993, insbes. 29ff.
56 Pfoser/Renner, Anmerkungen zur kulturellen Situation, 241f.; Michael Steinberg, Ursprung und Ideologie der Salzburger Festspiele 1890–1938, Salzburg 2000.

Eben weil der dieserart propagierte Mythos von der historisch definierten universalen Potenz des Österreichertums eine von jeglichen Realitäten abgehobene Konstruktion bleiben musste, eben weil Dollfuß und Schuschnigg zur Umsetzung und Legitimierung ihres autoritären Experiments nichts anzubieten hatten als dessen vorgebliche Gottgewolltheit, eben darum wagte der politische Katholizismus den Sprung in die moderne Massenästhetik. Dies sollte der Hierarchie und den politischen Eliten einer massenhaft legitimierten Gewissheit von Macht versichern. Der »Ständestaat« wurde so Realität nur im ästhetisch überhöhten Massenspiel, das er zudem noch von der Sozialdemokratie kopiert hatte. Zu seiner Existenzbezeugung war er letztlich auf das äußerliche Zeremoniell verwiesen. Standardisiert am 1. Mai 1934, wurden alljährlich Ständehuldigungen abgehalten, in Versammlungen und öffentlichen Choreographien wurden unentwegt Versuche zur Massenmobilisierung unternommen. Nach der Ermordung von Dollfuß kam ein geradezu grotesker Totenkult hinzu. Die offizielle Hymne der Vaterländischen Front trug den Titel *Ein Toter führt uns an*; diese Metapher verweist ebenso unbewusst wie präzis auf Form und Gehalt eines von vorneherein zum Scheitern verurteilten Experiments.

Wie die von ihm entwickelte Feierkultur ging der Austrofaschismus bald den Weg in eine tragische Bedeutungslosigkeit. Er blieb, trotz aller Brutalität, die er in der Unterdrückung und Verfolgung der Sozialdemokratie aufzubieten im Stande war, ein erbärmliches Artefakt. Niemals konnte er eine Massenbasis gewinnen, die Vaterländische Front blieb bestenfalls die Karikatur einer faschistischen Massenpartei. Er stützte sich auf einen kostspieligen staatlichen Herrschafts- und Gewaltapparat, den allerdings die Nazis zunehmend erfolgreich durchsetzten. Jene Schichten, in deren Namen er die Diktatur errichtet hatte, wandten sich in einem immer stärkeren Ausmaß dem politisch erfolgreicheren und ökonomisch potenteren Nationalsozialismus zu. Die von oben eingesetzte »Massenorganisation« der Vaterländischen Front konnte die ihr zugewiesene Funktion als Legitimationsinstrument nach Außen und als Kontrollinstrument nach Innen niemals erfüllen.[57] Trotz des Umbaus der gesellschaftlichen Interessensvertretungen und der Einrichtung neuer Kooperationsebenen kam der berufsständische Aufbau über marginale Ansätze nicht hinaus. Die Ableitung der Staatsverfassung aus päpstlichen Enzykliken, die Umbildung in einen Musterstaat der *Quadragesimo anno*, das Konstrukt einer katholischen Mission hatten in einem modernen – von der Krise wie auch immer destruierten – Industriestaat keinerlei Grundlagen und blieben ohne Fundament im Tatsächlichen. Das Regime, schrieb Karl Renner in einem Memorandum aus dem Jahre 1936, bedeute keine Abwehr, sondern »die sichere Vorbereitung des Anschlusses«. Es habe »keine einzige tragfähige Idee«, der Umsturz des Jahres 1934 habe »sichtbarlich« nichts anderes bewirkt, als

---

57 Tálos/Manoschek, Politische Struktur, 97ff.

dass »Aristokraten, Offiziere der alten Armee, unbeschäftigte Bureaukraten, Schützlinge des Klerus (C.V. katholische Studentenverbindung) alle Stellen besetzt und alle Geldquellen für sich flüssig gemacht haben«.[58]

Die um den Preis der Niederwerfung der Sozialdemokratie erkaufte Unterstützung Mussolinis[59] war in dem Moment irrelevant geworden, als Italien infolge des Abessinien-Krieges und seiner Intervention in Spanien in schwere Konflikte zu den Westmächten geriet und sich nicht mehr in Gegensatz zu Hitler-Deutschland setzten konnte. Erst in allerletzter Sekunde und viel zu zögerlich suchte Schuschnigg den Ausgleich mit der illegalisierten Arbeiterbewegung. Wie immer in Österreichs Schicksalsstunden war es zu spät.

---

58 Verein für Geschichte der Arbeiterbewegung, Wien, Memorandum Renner, Mai 1936, Nachlass Otto Bauer, VII, Inv. Nr. 44.
59 Vgl. Wolfgang Maderthaner/Michaela Maier (Hg.), »Der Führer bin ich selbst«. Engelbert Dollfuß – Benito Mussolini – Briefwechsel, Wien 2004.

AutorInnen und HerausgeberInnen

Prof. em. Dr. Dr. **Walther L. Bernecker**, Studium der Geschichte, Germanistik und Iberoromanischen Philologie, Professuren an den Universitäten Augsburg, Bielefeld, Fribourg, Mexiko-Stadt, Lehrstuhl für Neueste Geschichte an der Universität Bern (1988–1992) und für Auslandswissenschaft an der Universität Erlangen-Nürnberg (1992–2014); Forschungs- und Publikationsschwerpunkte: spanische, westeuropäische und lateinamerikanische Geschichte der Neuzeit.

Marie-Janine Calic lehrt als Professorin für Geschichte Ost- und Südosteuropas an der Ludwig-Maximilians-Universität München. Zuletzt erschienen die Bücher »Südosteuropa. Weltgeschichte einer Region (München ²2019), »Geschichte Jugoslawiens« (München ²2020) und »Tito. Der ewige Partisan« (München ²2022).

Dr. **Michael Gehler**, geb. 1962 in Innsbruck, seit 2006 Professor für Neuere und Neueste Deutsche und Europäische Geschichte an der Stiftung Universität Hildesheim und Leiter des Instituts für Geschichte; seit 2006 Jean Monnet-Chair, seit 2021 auch Professor an der Andrássy Universität Budapest.

Robert Kriechbaumer, Dr. Phil., Mag. phil., Univ.-Prof. für Neuere Österreichische Geschichte, geb. 1948 in Wels, Studium der Geschichte, Philosophie, Psychologie und Politikwissenschaft an den Universitäten Salzburg und München, Stipendiat der Görres-Gesellschaft, der Konrad-Adenauer-Stiftung und der Humboldt-Gesellschaft. Seit 1992 Vorsitzender des Wissenschaftlichen Beirates der Dr.-Wilfried-Haslauer-Bibliothek.

Florian Kührer-Wielach, Dr. phil., Dr. h. c., ist Historiker und Direktor des Instituts für deutsche Kultur und Geschichte Südosteuropas an der LMU München. Er forscht zur Zeitgeschichte Zentral- und Südosteuropas, deutschen und »altösterreichischen« Identitätsdiskursen, Regionalität, Konfession und Ethnizität sowie zur Imagologie des »Ostens«, populären Mythen und nationalen Meistererzählungen. Er ist Herausgeber der Zeitschriften »Spiegelungen« und »Halbjahresschrift für Geschichte und Zeitgeschehen in Zentral- und Südosteuropa« sowie Mitherausgeber der »Veröffentlichungen des Instituts für deutsche Kultur und Geschichte Südosteuropa an der Ludwig-Maximilians-Universität München« und der »Danubiana Carpathica«.

Wolfgang Maderthaner, Präsident des Vereins für Geschichte der ArbeiterInnenbewegung, Generaldirektor des Österreichischen Staatsarchivs i.R., Habilitationsfach Zeitgeschichte. Eine Vielzahl an Publikationen in mehreren Sprachen zu den Bereichen Arbeiter- und Sozialgeschichte sowie historische Kulturwissenschaften und Theorie der Moderne, u.a. »Die Anarchie der Vorstadt. Das andere Wien um 1900« (Campus, 1999, mit Lutz Musner). Zuletzt: »Österreich. 99 Dokumente, Briefe, Urkunden« (Brandstätter, 2018) und »Vorwärts. Österreichische Sozialdemokratie seit 1889« (Brandstätter, 2020, Hg. mit Hannes Androsch und Heinz Fischer). Im Herbst 2023 erscheint »Zeitenbrüche. Sozialrevolutionäre Aufstände in habsburgischen Landen« bei Campus (Frankfurt/New York).

Michaela Maier studierte Theaterwissenschaften, Ethnologie, Philosophie und Vergleichende Literaturwissenschaft an der Universität Wien. Ab 1996 wissenschaftliche Mitarbeiterin, Projektmanagement, Kuratorinnentätigkeit sowie Leitung der Bibliothek im *Verein für Geschichte der ArbeiterInnenbewegung* (VGA) – seit 2012 dessen wissenschaftliche Leiterin und Geschäftsführerin. Sie ist Herausgeberin der VGA-Schriftenreihe »Dokumentation«. 2004 erhielt sie den Bruno Kreisky-Preis für das politische Buch (Der Führer bin ich selbst. Engelbert Dollfuß/Benito Mussolini Briefwechsel). Seit 2013 Jurymitglied für den Victor Adler Staatspreis für Geschichte sozialer Bewegungen. Zuletzt erschienen *Friedrich Adler, Vor dem Ausnahmegericht. Das Attentat gegen den Ersten Weltkrieg* (gem. mit Georg Spitaler), Wien 2016; *Die junge Republik. Österreich 1918/19* (Hg. gem. mit R. Kriechbaumer, M. Mesner, H. Wohnout), Wien 2018 und *Karl und Ella Heinz. Exilarchiv–Brünn–Paris–Stockholm–Berkeley*, (Dokumentation), Wien 2021.

Maria Mesner ist Leiterin des Kreisky-Archivs sowie Universitätsdozentin für Zeitgeschichte an der Universität Wien. Seit 2018 fungiert sie dort auch als Studienprogrammleiterin für Geschichte. 1996–1999 war sie Leiterin der Abteilung für Sozialwissenschaften und Dokumentation des Renner-Instituts Wien, 2007 Visiting Research Professor am History Department der New York University. Außerdem lehrte sie an der Karl-Universität Prag sowie an den Universitäten Linz und Salzburg. Sie forscht zur Geschichte der politischen Kultur im 20. Jahrhundert, zur historischen Komparatistik, Frauen- und Geschlechtergeschichte sowie zur Entnazifizierung. Sie ist Mitherausgeberin der *OeZG. Österreichische Zeitschrift für Geschichtswissenschaften*. 2010 erschien ihre Monographie *Geburten/Kontrolle. Reproduktionspolitik im 20. Jahrhundert*. 2011 und 2019 leitete sie zwei große Ausstellungsprojekte unter dem Titel *Feste. Kämpfe. 100 Jahre Frauentag in Österreich* sowie *Sie meinen es politisch! 100 Jahre Frauenwahlrecht in Österreich*, die sowohl im Volkskundemuseum Wien als auch im

Frauenmuseum Hittisau gezeigt wurden. Gegenwärtig arbeitet sie unter dem Titel *Vor der Fristenlösung* zur Praxis des Schwangerschaftsabbruchs von 1918 bis 1974.

Béla Rásky, Wiener Historiker, arbeitet zur österreichischen und ungarischen Geschichte im 19. und 20. Jahrhunderte Er war Mitkurator zahlreicher Ausstellungen zur österreichischen Zeitgeschichte, zwischen 1994 und 2003 Leiter der Außenstelle Budapest des Österreichischen Ost- und Südosteuropainstitutes sowie von 2010 bis 2020 Geschäftsführer des Wiener Wiesenthal Instituts für Holocaust-Studien (VWI).

Grzegorz Rossoliński-Liebe ist Alfred Landecker Lecturer an der Freien Universität Berlin. Seine Forschungsschwerpunkte sind die Geschichte des Holocaust, europäische und ostmitteleuropäische Geschichte sowie die Geschichte des Antisemitismus, Gewalt und des transnationalen Faschismus. 2014 veröffentlichte er die erste wissenschaftliche Biografie von Stepan Bandera, die 2021 in Kiew auf Russisch und Ukrainisch erschienen ist.

Federico Scarano (Napoli 1963) ist Professor für Geschichte der Internationalen Beziehungen an der Università della Campania »Luigi Vanvitelli«. Sein Hauptforschungsthema ist das politische und diplomatische Verhältnis zwischen Italien und dem deutschsprachigen Raum im letzten Jahrhundert.

MMag. Dr. **Stefan Schima**, MAS, ist Jurist und Historiker und außerordentlicher Universitätsprofessor an der Rechtswissenschaftlichen Fakultät der Universität Wien. Zu seinen Forschungsschwerpunkten gehören das österreichische und europäische Religionsrecht, die Rechtsstellung der religiösen Minderheiten in der österreichischen Rechtsgeschichte und religiöse Rechtssysteme (insb. katholisches Kirchenrecht, islamisches Recht).

Johannes Schönner, Mag. Dr. phil., Studium der Geschichte und Politikwissenschaft an der Universität Wien. Nach der Promotion Lehrtätigkeit am Privatgymnasium der Wiener Sängerknaben, seit 1994 Archivar sowie seit 2020 Geschäftsführer des Karl von Vogelsang-Instituts. Wissenschaftliche Arbeiten zu Themen der Zeitgeschichte und politischen Bildung, darunter mehrere Quelleneditionen zur österreichischen Parteiengeschichte und der allgemeinen politischen Geschichte Österreichs. Im Jahre 2023 Verleihung des Berufstitels »Professor«. Forschungsschwerpunkte: Nationalsozialismus, Wiedergutmachung, Opferforschung, Parteienkooperationen in Europa nach 1945. Organisation und Gestaltung von verschiedenen Ausstellungsprojekten in Wien und in den Bundesländern.

Dr. **Helmut Wohnout**, Priv. Doz. für Österreichische Geschichte an der Karl-Franzens-Universität Graz, ist seit 2019 Generaldirektor des Österreichischen Staatsarchivs. Er war von 1992 bis 2000 in der Parlamentsdirektion tätig und wechselte anschließend ins Bundeskanzleramt. Von 1993 bis 2019 war er zusätzlich Geschäftsführer des Karl von Vogelsang-Instituts. Helmut Wohnout ist Verfasser zahlreicher geschichtswissenschaftlicher Bücher und Publikationen.

Stephanie Zloch, geb. 1975, Privatdozentin für Neuere und Neueste Geschichte und für Osteuropäische Geschichte an der TU Dresden. Zu ihren wichtigsten bisherigen Veröffentlichungen zählen die Monographien *Das Wissen der Einwanderungsgesellschaft. Migration und Bildung in Deutschland 1945 – 2000* (2023), *Polnischer Nationalismus. Politik und Gesellschaft zwischen den beiden Weltkriegen* (2010), zwei Herausgeberschaften zur Wissens- und Erinnerungsgeschichte sowie zahlreiche Aufsätze zur Demokratie-, Migrations-, Wissens- und Bildungsgeschichte.

Die Gründung der Ersten Republik Österreich 1918/19

Robert Kriechbaumer, Michaela Maier, Maria Mesner, Helmut Wohnout (Hg.)

Die junge Republik
Österreich 1918/19

2018. 220 Seiten. Gebunden
€ 39,00 D | € 41,00 A
ISBN 978-3-205-20660-6
Auch als E-Book erhältlich!
E-Book: € 39,00 D | € 41,00 A

Republik Österreich war kein revolutionärer nationaler Schöpfungsakt, sondern das Ergebnis der militärischen Niederlage und des Zerfalls der Habsburgermonarchie. Ihre Gründung erfolgte nicht in einer Phase kollektiven Erhebung, sondern einer der tiefsten Depression. Zu unterschiedlich waren die Befindlichkeiten in der revolutionären Umbruchsphase, weshalb der Republikgründung ein parteien- und klassenübergreifendes Narrativ fehlte. Der Sammelband vereint die Referate des Symposions, das die Plattform zeithistorischer politischer Archive vom 8. bis 10. November 2017 in Wien veranstaltete und das sich den Transformationsprozessen in der Entstehungsgeschichte der Ersten Republik widmete.

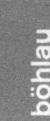

Preisstand 25.5.2023